Staats- und sozialwissenschaftliche Forschungen

herausgegeben

von

Gustav Schmoller und **Max Sering.**

Heft 164.

E. Reich, Der Wohnungsmarkt in Berlin von 1840—1910.

München und **Leipzig,**

Verlag von Duncker & Humblot.

1912.

Der Wohnungsmarkt in Berlin von 1840—1910.

Von

Dr. Emmy Reich.

München und **Leipzig**,
Verlag von Duncker & Humblot.
1912.

Altenburg
Pierersche Hofbuchdruckerei
Stephan Geibel & Co.

Dem Andenken meines Vaters.

Inhaltsverzeichnis.

Einleitung.

In der großen Literatur, die die Wohnungsfrage hervorgerufen hat, nehmen die Klagen über Wohnungsmangel einen breiten Raum ein. Man sagt, die Bodenspekulation verschulde ihn, die durch Zurückhaltung des Geländes die Wohnungsproduktion beschränke, oder die Industrie entziehe dem Baumarkt gerade dann die notwendigen Kapitalien, wenn er sie am meisten bedürfe. Anderseits aber spielt in der Geschichte der Wirtschaftskrisen die Überproduktion im Wohnhausbau mit allen ihren Folgen für das Baugewerbe und den städtischen Grundbesitz eine wichtige Rolle. Jetzt werden die Übertreibungen der Bodenspekulation zur Erklärung angeführt und es wird auf die schlechte Organisation des Baugewerbes hingewiesen oder auch auf die Verfassung des Bodenkredits, der es dem Kreditgeber ermögliche, einen Gewinn zu machen, ohne Rücksicht auf das endgültige Resultat der Produktion. Mögen alle diese Momente auf die genannten Mißstände nicht ohne Einfluß sein, so wird doch der Wechsel zwischen beiden gegensätzlichen Erscheinungen zu wenig berücksichtigt, und gerade er weist auf ihre wesentliche Ursache hin. Auch der Wohnungsmarkt ist in das allgemeine Wirtschaftsleben verflochten, das nicht gleichmäßig verläuft, sondern schwankt zwischen Aufschwung, Hausse, Depression, so daß auch hier die Nachfrage bald lebhafter, bald matter auftritt, ein reichliches Angebot durch ein ungenügendes abgelöst wird.

Die folgende Untersuchung bezieht sich auf den Wohnungsmarkt in Berlin von 1843 bis 1910. Die zeitliche Begrenzung ist zum Teil gegeben durch das statistische Material, das wenigstens in dem wichtigsten Teil bis auf diese Zeit zurückreicht, aber auch die innere Begründung fehlt nicht. Erst jetzt sind die wesentlichen Bedingungen erfüllt, die zur Ausbildung des modernen Wohnungsmarktes führten. Denn zur Befriedigung des Wohnungsbedürfnisses bildet sich nicht immer ein Markt. Auf dem Lande wird er niemals entstehen. Hier muß jeder selbst für seine Behausung und derjenigen, die von ihm abhängen, sorgen. In den nur langsam sich entwickelnden oder gar stillstehenden Städten tritt die neu entstehende Nachfrage an die Stelle ausgeschiedenen Bedarfs. Die Bautätigkeit hat vor allem die baufälligen Häuser zu ersetzen oder durch Neubauten gesteigerten Ansprüchen zu genügen. Die Ausdehnung der Stadt vollzieht sich ganz allmählich. Anders in Städten, die sich eines schnellen Wachstums besonders durch eine starke Zuwanderung erfreuen.

Eine Periode schnellen städtischen Wachstums erlebte Preußen schon im 18. Jahrhundert. Berlin zählte bei der Vereinigung der vier Teilgemeinden 55 000, beim Tode Friedrichs des Großen aber 145 000 Einwohner einschließlich der Militärbevölkerung. War diese Vermehrung der merkantilistischen Wirtschaftspolitik des preußischen Staates zu danken, der auf jede Weise eine Einwanderung zur Ausbildung der städtischen Gewerbe heranzuziehen suchte, so sorgte er auch durch Schenkung von Bauplätzen und Baumaterialien, durch Bauprämien, ja durch direkten Bauzwang, der zu manchen Härten führte, für die Unterbringung der neugewonnenen Bevölkerung. Entstand so ein Wohnungsmarkt, so war doch der Bedarf wie das Angebot einer sorgfältigen Regelung unterworfen. Beides fiel fort, als die Ideen Adam Smith' in der Wirtschaftspolitik und Gesetzgebung Preußens mit dem Beginn des vorigen Jahrhunderts zum Siege gelangten. In den vierziger Jahren ungefähr ist die Übergangszeit zwischen diesen Wirtschaftssystemen überwunden, und jetzt setzt mit dem beginnenden Eisenbahnbau die industrielle Entwicklung ein, die zu der zunehmenden städtischen Agglomeration führte. Sind also die wesentlichen rechtlichen Grundlagen gegeben, vor allem durch die Freizügigkeit und die Gewerbefreiheit, die beide in Preußen nur noch wenigen Beschränkungen unterlagen, so gestalten sich seit dieser Zeit auch die wirtschaftlichen Verhältnisse immer mehr zu denen, die noch heute herrschen. Alle Veränderungen, die sich seitdem vollziehen, sind Durchsetzung und Verstärkung der Tendenzen, die schon in jenen Jahren vorhanden sind.

Das Bild, das wir vom Wohnungsmarkt aus den Berliner Verhältnissen gewinnen, hat eine allgemeine Bedeutung. Allein durch die Größe des Markts treten alle wesentlichen Züge klarer hervor, da nach dem Gesetz der großen Zahl sich alle kleinen Abweichungen ausgleichen. Trotz des lokalen Charakters des Wohnungsmarktes fallen die Phasen auch zeitlich in den meisten Städten mit denen Berlins zusammen. Als Beweis sind die Mehreintragungen an Hypotheken wiedergegeben. I in dem Stadtkreis Berlin und den städtischen Bezirken der Provinz Brandenburg und II denen des übrigen Preußen.

(in Millionen Mark)

	I	II
1886/1887 . .	216	218
1887/1888 . .	300	267
1888/1889 . .	356	377
1889/1890 . .	**359**	**455**
1890/1891 . .	296	413
1891/1892 . .	325	434
1892/1893 . .	362	*389*
1893/1894 . .	277	408
1894/1895 . .	271	470
1895/1896 . .	*194*	491
1896/1897 . .	218	533
1897/1898 . .	265	656
1898/1899 . .	279	755
1899/1900 . .	**377**	785
1900/1901 . .	312	**792**
1901/1902 . .	*302*	*765*
1902/1903 . .	468	767
1903/1904 . .	549	**927**
1904/1905 . .	649	*882*
1905/1906 . .	**747**	**995**
1906/1907 . .	685	943
1907/1908 . .	550	885
1908/1909 . .	*532*	747

Beide Reihen weisen bis auf geringe Abweichungen eine gleiche Entwicklung auf. Wenn auch die Vermehrung der Hypotheken nicht ausschließlich auf gesteigerte Produktion zurückzuführen ist, so sind doch die Zeiten, in denen diese vorhanden ist, dieselben wie die einer reinen Preissteigerung und Mehrbelastung des Grund und Bodens. Aber nicht nur für Preußen und Deutschland gilt die Gleichzeitigkeit in der baulichen Entwicklung der Städte, zum Teil greift sie auch auf das Ausland über. Wien weist bis 1900 eine ähnliche Entwicklung wie die deutschen Städte auf, und Paris erlebt in den fünfziger Jahren, wie Berlin und Wien, eine große allgemeine Wohnungsteuerung. Natürlich machen sich Unterschiede bemerkbar, die bald von dem Bausystem bald von der Stellung des lokalen Terraingeschäfts und Baugewerbes bedingt sind. Aber auch eine vollkommene gegensätzliche Entwicklung ist zu beobachten. Manche Stadt bleibt von den allgemeinen Wirtschaftskonjunkturen unberührt, sei es daß das Gewerbe, das den größten Teil ihrer Bewohner nährt, einer stetigen Entwicklung sich erfreut; sei es, daß sie als Beamten- oder Rentnerstadt überhaupt unabhängig ist von der Lage in Handel und Industrie. Die ländliche Bautätigkeit ist natürlich allein von der Lage der Landwirtschaft bestimmt, so daß z. B. die große Bauperiode Ende der achtziger Jahre auf die Städte beschränkt blieb, da die Landwirtschaft nach einer langen Reihe ungünstiger Jahre Neuinvestitionen vermied.

Wie auf jedem freien Markt reguliert der Preis Angebot und Nachfrage auch auf dem Wohnungsmarkt. Die Mieten bilden also den Mittelpunkt unserer Betrachtung, aber nur die Bewegung der Mieten, wie sie dem wechselnden Verhältnis von Angebot und Nachfrage parallel geht. Ein Versuch, die absolute Höhe der Mieten zu erklären, wird nicht unternommen. Er erforderte eine andere Abgrenzung der Untersuchung und ein ganz anderes Material. Damit aber scheiden die hierher gehörigen, viel umstrittenen Probleme, vor allem das der Bildung der Bodenpreise und ihres Einflusses auf die Mieten, aus. Allerdings liegt in den Momenten, die in verschiedenen Zeiten eine ungenügende Versorgung des Wohnungsmarktes und eine Wohnungsteuerung herbeiführten, auch eine Erklärung der jetzigen Höhe der Mieten. Wenn also z. B. nach dem Urteil vieler Beobachter Berlin und andere deutsche Großstädte höhere Mieten als viele ausländische aufweisen, so ist das nicht zum wenigsten auf die sich überstürzende Entwicklung Ende der sechziger und Anfang der siebziger Jahre zurückzuführen, die mit einem plötzlich steigenden Wohnungsbedarf eine große Wohnungsnot und eine ungeheure Mietssteigerung hervorrief. Denn folgen auch auf Zeiten der Mietssteigerung wieder Jahre der Ermäßigung — und haben sich besonders nach jenen Jahren die Wohnungspreise stark gesenkt — so bildet jeder neue Preis sich nicht selbständig, sondern mit Rücksicht auf den vorhergehenden. Jeder einmal vorhandene Preis wirkt lange nach, wenn nicht eine vollkommene Änderung aller Bedingungen, z. B. einschneidende Veränderungen der Technik, eintritt. Dieser Zusammenhang der Preise ist überall vorhanden, wird aber für die Miete durch natürliche und rechtliche Bedingungen, die besonders dem Charakter des Bodens entspringen, verstärkt.

Im folgenden wird zuerst versucht, ein allgemeines Bild davon zu geben, wie auf dem Wohnungsmarkt die Nachfrage sich entwickelt, welcher Art das Angebot und die Organisation seiner Produktion heute ist und unter welchen Bedingungen und Begleiterscheinungen der Ausgleich zwischen beiden erfolgt. In einem zweiten Teil folgt die historische Darstellung des Wohnungsmarktes in Berlin von 1843 bis 1910.

Erster Teil.

Erstes Kapitel.

Die Nachfrage.

Ein Bedürfnis nach Wohnungen entsteht in einer Stadt durch Eheschließungen und durch Einwanderungen. Die durch Eheschließungen sich bildenden neuen Haushaltungen ersetzen zu einem Teil nur die durch den Tod sich auflösenden. Oft hat auch wenigstens ein Teil der Heiratenden schon vor der Eheschließung in der Stadt einen selbständigen Haushalt geführt und schließlich nehmen nicht alle Ehepaare in dieser Stadt ihren Wohnsitz. Dennoch gibt die wechselnde Größe der Zahl der Eheschließungen den besten Anhalt für den Bedarf, den die Stadt aus sich selbst heraus schafft. Denn das Verhältnis der Fälle, in denen ein Neubedarf entsteht, zu denen, in denen er nicht entsteht, unterliegt nicht allzu einschneidenden Veränderungen. Die Nachfrage nach einer eigenen Wohnung, die bei Selbständigmachung einzelner Personen auftritt, ist an sich unbedeutend.

Auch der Wanderungsgewinn bedeutet nicht in seiner Gesamtheit eine Vermehrung des selbständigen Wohnungsbedarfs. Am Anfang der betrachteten Periode fand ein großer Teil der männlichen Zuwandernden als Geselle und Lehrling beim Meister Unterkommen. Heute überwiegt bei weitem das Schlafgängerwesen, das aber schon in den vierziger Jahren des 19. Jahrhunderts mit allen seinen Mißständen bekannt und gerügt war. Die weiblichen Einwandernden aber wurden damals und werden noch heute als Dienstboten in bestehende Haushaltungen aufgenommen.

Dennoch tragen auch diese Teile des Mehrzuzugs schließlich dazu bei, den vorhandenen Wohnungsspielraum zu verengen. Besonders aber bewirken sie, daß die Zahl der selbständigen Haushaltungen in der Stadt selbst sich schneller vermehrt. 1906 standen 68 % der Zuziehenden in einem Alter von 15 bis 30 Jahren. Diese Altersstufen erhalten also in der Stadt eine mehr als durchschnittliche Besetzung, wie die umstehende Tabelle ergibt.

Von 1000 Einwohnern standen					
in einem Alter	in Berlin	in Deutschland	in einem Alter	in Berlin	in Deutschland
0—5	94	131	45—50	53	46
5—10	84	114	50—55	43	42
10—15	79	114	55—60	33	36
15—20	90	94	60—65	24	29
20—25	121	90	65—70	19	21
25—30	105	79	70—75	10	14
30—35	95	70	75—80	5	8
35—40	78	61	80—85	3	5
40—45	65	57			

Die Folge ist, daß die Zahl der Eheschließenden in Berlin eine weit größere ist, als im übrigen Deutschland. Pro Tausend der Bevölkerung beträgt sie im Reich jährlich heute 15—17, in Berlin 19—23.

Aus diesen Zahlen geht zugleich hervor, daß auch die Schwankungen in der Zahl der Eheschließungen in Berlin weit stärker sind als im übrigen Deutschland, denn je nach den Aussichten, die die wirtschaftliche Konjunktur für die Erhaltung einer Familie bietet, steigt und fällt die Zahl der Heiratenden. In Berlin bewegt sie sich auf 1000 der mittleren Bevölkerung

von 17,74 im Jahre 1854 auf 25,28 im Jahre 1865,
„ 20,57 „ „ 1871 „ 30,63 „ „ 1875,

d. h. absolut von 8200 auf 14 500,

von 19,76 im Jahre 1879 auf 23,01 „ „ 1890.

Auf die späteren Zahlen ist verzichtet, da sie ihre Bedeutung verlieren durch die enge Verbindung Berlins mit seinen Vororten.

Noch stärker unterliegt dem Einfluß der wirtschaftlichen Konjunktur die Wanderungsbewegung. Die Hoffnung auf besseren Verdienst zieht neben anderen weniger entscheidenden Motiven die Massen in die Stadt; sinkt sie, weil Handel und Gewerbe daniederliegen, so läßt die städtische Zuwanderung nach, nimmt die Abwanderung zu. Nach Brückner [1] betrug die durchschnittliche jährliche Vermehrung der Bevölkerung I im Reich, II in 25 Städten, die 1890 mehr als 100 000 Einwohner hatten: a) ohne Vororte, b) mit Vororten, III a in Berlin ohne, III b mit weiterem Polizeibezirk auf 1000 Einwohner:

	I	IIa	IIb	IIIa	IIIb
1861/1864 . .	10,8	35,7		48,4	47,8
1864/1867 . .	6,6	22,0		34,5	34,8
1867/1871 . .	5,9	28,2	30,9	40,5	42,0
1871/1875 . .	10,0	32,1	38,9	39,2	47,8
1875/1880 . .	11,4	25,3	27,6	29,3	30,2
1880/1885 . .	7,0	24,2	27,1	31,7	34,2
1885/1890 . .	10,7	30,8	35,5	36,5	46,0

[1] Allgemeines Statistisches Archiv 1890.

In den Jahren 1861/1864, 1871/1875, 1885/1890, einer fruchtbaren Tätigkeit in Handel und Gewerbe, wächst die städtische Agglomeration, in den dazwischen liegenden Zeiten bedrückter wirtschaftlicher Lage ist diese Entwicklung langsamer fortgeschritten.

In dieser Abhängigkeit der Bevölkerungsvermehrung vom allgemeinen Wirtschaftsleben liegt auch die wesentliche Ursache für die Ähnlichkeit des Wohnungsmarktes in verschiedenen Städten zu gleichen Zeiten. In dem statistischen Anhang Tab. I sind die genauen Zahlen über die Entwicklung des Mehrzuzugs von Berlin in den einzelnen Jahren angegeben. Aus ihnen wird deutlich, wie groß die Gegensätze in den einzelnen Jahren sind. 1889 z. B. muß ein Mehrzuzug von 72 000 Menschen untergebracht werden, 1892 verliert Berlin durch Abwanderung 2400 seiner Einwohner. In Groß-Berlin (Tab. II) vermindert sich die jährliche Vermehrung von 131 000 Köpfen im Jahre 1903 auf 46 000 im Jahre 1908. Der Mehrzuzug, der noch schärfere Unterschiede aufweisen würde, läßt sich aus der Gesamtvermehrung Groß-Berlins leider nicht ausscheiden.

Gibt aber die Bewegung der Zahlen für die Eheschließenden und für den Mehrzuzug nicht ein zahlenmäßig genaues Bild der Entwicklung des Mehrbedarfs an Wohnungen, so muß sie doch sicherlich ungefähr entsprechende Schwankungen aufweisen. Das läßt sich denn auch aus einer Berechnung schließen, die das Berliner Statistische Amt aufgestellt hat. Danach vermehrte sich der tatsächliche Wohnungskonsum 1906 um 18 367 Wohnungen, 1907 um 7697, 1908 um 1656, also in einem Verhältnis von 100 : 42 : 9, während der Mehrzuzug in denselben Jahren eine ähnliche Bewegung aufweist (siehe Tab. I).

Die Schwankungen in der Größe des Wohnungsbedarfs sind nicht für alle Arten von Wohnungen gleich groß, da der Wechsel des Wirtschaftslebens nicht allen Schichten der Bevölkerung in demselben Grad fühlbar wird. Die Klassen mit einem geringeren Einkommen müssen bei der Gründung einer Familie wie bei ihren Wanderungen die augenblicklichen Erwerbsmöglichkeiten am meisten berücksichtigen. Die Statistik der Eheschließungen enthält gar keine Gliederung, aus der diese Tatsache zu belegen wäre. Auch die der Wanderung sagt wenig darüber aus. Deutlich wird nur, daß die weiblichen Wanderungen stetiger sind als die männlichen. Der weibliche Mehrzuzug bewegt sich für Berlin zwischen 1 und 29 pro Mille der durchschnittlichen weiblichen Bevölkerung, der männliche dagegen zwischen — 9 und + 30 pro Mille der männlichen durchschnittlichen Bevölkerung. Die wandernden Frauen sind zumeist Angehörige und Dienstboten, und besonders der Bedarf nach letzteren ist weniger von der Konjunktur abhängig, so daß die weibliche Wanderungsbewegung den Wirtschaftsperioden nicht parallel geht. Alle anderen Angaben, auch die beruflichen, aus denen auf das Einkommen zu schließen wäre, erlauben keine Schlüsse über den tatsächlichen Wechsel der Zusammensetzung der Wandernden, da die polizeilichen Anmeldungen, nach denen die örtliche Bewegung der Bevölkerung berechnet wird, zu ungenau sind.

Um also ein Bild zu gewinnen, in welchem Grade die Nachfrage nach kleinen, mittleren oder großen Wohnungen sinkt und steigt, müssen wir uns auf die Wiedergabe des Resultates am Wohnungsmarkt beschränken, das nach dieser Richtung sicherlich stärker durch die Nachfrage als durch das Angebot bestimmt wird. Nach dem Mietssteuerkataster stehen leer in dem Zeitraum von 1862 bis 1895 von den Wohnungen und Gelassen im Werte von

1— 150 ℳ . .	10—132	pro Mille
151— 300 ℳ . .	4— 85	„ „
901—1500 ℳ . .	7— 45	„ „
über 3000 ℳ . .	3— 25	„ „

Daß der Vorrat in der billigsten Gruppe weniger sinkt als in den anderen, ist wohl dadurch zu erklären, daß in ihr die Schuppen und ähnliche Gelasse, für die nie ein drängender Bedarf auftritt, eine große Rolle spielen. Zur weiteren Veranschaulichung seien nach derselben Quelle Zahlen für die verschiedenen Stadtteile genannt. Der Anteil der leerstehenden Wohnungen schwankt in demselben Zeitraum am Wedding, dem ärmsten und zum Teil neuesten Arbeiterviertel, zwischen 6 und 191 pro Mille aller vorhandenen Wohnungen und Gelasse, in der Rosenthaler Vorstadt, die eine wohlhabendere Arbeiterbevölkerung bewohnt, zwischen 4 und 105 pro Mille, in der Schöneberger Vorstadt, in der die mittleren und großen Wohnungen überwiegen, zwischen 10 und 70 pro Mille.

Unterliegt die Quantität der Nachfrage einem starken Wechsel, so nicht weniger die Qualität, denn das Einkommen des größten Teils der städtischen Bevölkerung ist abhängig von der wirtschaftlichen Konjunktur. Wieder werden die Massen mit einem niedrigen Verdienst am stärksten betroffen. In der Depressionszeit sinkt der Lohn der industriellen Arbeiter, wenn nicht Arbeitslosigkeit zeitweise jedes Einkommen raubt; umgekehrt wird er erhöht und auch regelmäßiger in günstigen Zeiten. Entscheidend für unser Gebiet aber ist, daß bei diesen Klassen die Befriedigung der notwendigen Lebensbedürfnisse eher durch eine Änderung des Gesamteinkommens berührt wird, da sie eine viel größere Quote davon beanspruchen, als es bei einer großen Einnahme der Fall ist. Nach Schwabe wurden 1867 für eine Wohnung bei einem Einkommen unter

1000 Taler 58—15 % der Gesamteinnahme ausgegeben, bei mehr als 1000 Taler 27,5—0,6 %. In Charlottenburg betrug 1906 die mittlere Miete bei einem Einkommen

von	900— 1 050 ℳ . . .	32,7 %
„	3 300— 3 600 ℳ . . .	22,3 %
„	17 500—20 000 ℳ . . .	10,4 %
„	40 000—50 000 ℳ . . .	5,1 %

Deutlich geht aus diesen Zahlen hervor, wie mit der Größe des Einkommens die Sicherheit, gleichmäßige Aufwendungen für die Wohnungen machen zu können, wächst.

Allerdings stehen einer schnellen Anpassung der Mieten an die Veränderung des Einkommens mancherlei Hindernisse entgegen. Mit der Art der Wohnung ist ein großer Teil des sozialen Ansehens verknüpft, so daß nach der allgemeinen Erfahrung hier zu allerletzt eine Einschränkung vorgenommen wird. Auch erschweren die Kosten des Umzugs den Entschluß zum Wohnungswechsel und vor allem sind die Mietverträge für längere Termine abgeschlossen. Dieses Hindernis kommt für die kleinen Wohnungen jedoch weniger in Betracht. Sie haben meist wöchentliche und monatliche Kündigung, und Verträge auf mehrere Jahre kommen gar nicht vor. Tatsächlich ist der Wohnungswechsel bei den kleinen Wohnungen weit größer. Nach Schwabe kamen 1876 auf 100 Wohnungen

im Werte von	Umzüge
1— 100 Taler	45,9
101— 200 „	42,5
201— 300 „	38,9
301— 400 „	36,3
401— 600 „	31,5
601—1000 „	30,3
Über 1000 „	24,0
	42,3

Die Bewohner der kleinen Wohnungen gleichen also leichter die Miete ihrem Einkommen an. Sie können besser einen großen Wohnungsvorrat zu ihren Gunsten ausnutzen und leichter einer Mietssteigerung ausweichen. Dieser letzte Vorteil wird aber dadurch illusorisch, daß, wenn eine Mietssteigerung vorgenommen werden kann, der Wohnungsvorrat so eng ist, daß es schwerlich möglich ist, andere billigere Wohnungen zu finden. Sinkt doch der Vorrat gerade der kleinen Wohnungen oft so weit, daß man annehmen muß, die noch freibleibenden Wohnungen sind aus irgend welchen Gründen überhaupt unbrauchbar. Der Umzug kann also nicht vor einer höheren Ausgabe für die Miete bewahren, dagegen könnte man annehmen, daß gerade bei den kleinen Wohnungen bald die Grenze der Zahlungsfähigkeit der für sie in Betracht kommenden

Mieter erreicht wird. Doch ist es schwer, hierüber etwas auszusagen, da die vorhandenen statistischen Angaben kaum einen Schluß erlauben. Vielleicht deutet die geringe Steigerung des Nutzertrages der Häuser in Berlin in den Depressionsjahren 1902 und 1903 (s. Tab. XXII a) darauf hin, daß damals die Zahlungsfähigkeit der Masse der Mieter erschöpft war. Denn der Wohnungsvorrat war noch nicht so weit gestiegen, um einen Rückgang der Mietssteigerung zu erklären. Im allgemeinen fällt eine Verengerung des Wohnungsvorrates, der eine Mietssteigerung ermöglicht, auch mit einer günstigen Wirtschaftslage zusammen, so daß sich auch die Grenzen der für eine Miete verfügbaren Summen erweitern, und gleichzeitig die Mietssteigerung weniger psychologische Hemmnisse findet. Die Frage aber, wann die Arbeitermassen den größten Teil des Einkommens für die Miete ausgeben müssen, ob in der Depression, trotz allen Mietrückgangs, oder in den Aufschwungszeiten, trotz der Einkommenssteigerung, ist bei dem vorhandenen statistischen Material nicht zu beantworten.

Aus der geschilderten größeren Veränderlichkeit der Quantität wie der Qualität in der Nachfrage nach kleinen Wohnungen sind offenbar zu einem Teil die stärkeren Schwankungen ihrer Mieten gegen die übrigen Gruppen zu erklären. Die Mietssteigerungen wie die Mietherabsetzungen sind bei den Wohnungen mit 1—2 heizbaren Zimmern größer als bei den größeren Wohnungen, und die Schwankungen nehmen mit der Größe der Wohnung ab (Tab. X). Der Vergleich der Stadtteile nach den Angaben der Mietssteuerkataster ergibt dasselbe Resultat. Danach betrug I. die Mietssteigerung von 1869 bis 1875, II. der Mietrückgang von 1876 bis 1880/1881

	I	II
in dem Schöneberger Viertel	108 %	26 %
„ der Rosenthaler Vorstadt	100 %	35 %
am Wedding	114 %	36 %

Zweites Kapitel.

Das Angebot.

a) Allgemeines.

Ergeben sich aus der geschilderten ungleichmäßigen Bildung der Nachfrage Schwierigkeiten für ihre regelmäßige Befriedigung, so werden sie verstärkt von seiten des Angebots durch den Charakter des Gutes, des Hauses. Vier Eigenschaften des Hauses bewirken, daß das Angebot nur schwerfällig der Nachfrage folgt:

1. die Bindung des Hauses an den Boden,
2. die lange Dauer seiner Produktion,
3. die lange Dauer seiner Konsumtion,
4. sein hoher Wert.

Durch die Bindung des Hauses an den Boden bleibt die Produktion nur auf die Nachfrage einer Stadt beschränkt. Ja von der gesamten Nachfrage des lokalen Marktes kommt für jedes Grundstück meist nur ein kleiner Ausschnitt in Betracht. Denn nur auf Bewohner, deren Beschäftigungsort oder sonstiges Interessenzentrum in einer bestimmten Entfernung liegt, kann gerechnet werden. Dieser Kreis aber wird weiter dadurch verengt, daß die Lage des Grundstücks auch die Art der Bewohner nach ihrem Einkommen bestimmt. Haben sich doch gerade in der neusten Zeit immer schärfer die Gegenden nach ihrem Wohncharakter geschieden. Durch die Unmöglichkeit, das Haus zu transportieren, kann der Produzent der Verschlechterung seines bestimmten Marktes nicht ausweichen, indem er sein Produkt einem anderen Markt zuführt. Allerdings wird durch die Ausbildung der Verkehrsmittel, die dem Bewohner die Entfernung verkürzt, der Umfang der Nachfrage erweitert. Aber selbständig und planmäßig kann der Produzent nicht die Verkehrsmittel wie die Transportfähigkeit der Waren für sich ausnutzen. Höchstens die kapitalkräftigsten Terraingesellschaften machen von ihnen zu ihrem eigenen Vorteil Gebrauch.

Durch die lange Dauer der Produktion des Hauses kann sich die Nachfrage bis zur Vollendung des Hauses so vollkommen geändert haben, daß alle Berechnungen der Unternehmer hinfällig werden. Die langsame Konsumtion, durch die das Haus lange auf dem Markt wirksam bleibt, macht ihn unübersichtlich und schwer abschätzbar. Alle diese Momente wiegen um so schwerer, da es sich hier, besonders bei dem Berliner Bausystem, um ein Produkt von hohem Werte handelt.

Diese Eigenart des Hauses gibt auch der Organisation seiner Produktion den Charakter, die wiederum auf den Markt zurückwirkt. Durch die Schwierigkeit, das Angebot im Gleichgewicht zur Nachfrage zu halten, erhält die Spekulation eine große Bedeutung. Sie spielt als selbständiges Glied, als reiner Spekulationshandel, in allen Lebensphasen des Hauses eine große Rolle, und sie gibt allen Unternehmungen, die an der Versorgung des Wohnungsmarktes beteiligt sind, mehr oder weniger das Gepräge, da in allen Berechnungen das spekulative Moment, der Handelsgewinn, mehr als auf anderen Gebieten mitspielt, und für alle die Versuchung zu unmittelbarer Bodenspekulation naheliegt.

Die lange Dauer der Herstellung und Benutzung des Hauses führt dazu, den langsamen Produktions- und Reproduktionsprozeß an verschiedene selbständige Unternehmungen zu verteilen. Die einzelne ist so weniger von dem endgültigen Resultat der Produktion abhängig, als von der Meinung, die das nächstfolgende Glied von ihm hat.

Die zeitliche und persönliche Verteilung des Marktrisikos, der die selbständige Spekulation wie die Zerlegung des gesamten Wirtschaftsprozesses dient, ist sicherlich an sich nicht ungesund. Doch entstehen dadurch mancherlei faux frais, die einer Verbilligung des Wohnungsbaues Hemmungen entgegenstellen. Gleichzeitig entspringt aber daraus die Tendenz, das Risiko auf Teile abzuwälzen, die nach der Art ihrer Beteiligung am Hausbau nicht dazu berufen sind, wie die Bauhandwerker und die Baulieferanten.

Die weitere Folge derselben Eigenschaften des Hauses ist der starke Kreditbedarf dieses Wirtschaftsgebietes, da eine einzelne Unternehmung die großen notwendigen Summen auf den notwendig langen Zeitraum nicht aufbringen kann. Fehlt also dem Kreditbedarf nicht die innere Begründung, so hat er doch dazu geführt, das Risiko und damit den spekulativen Charakter des Gewerbes zu verstärken. Denn der Kredit beschränkt sich möglichst auf die Teile, die den Schwankungen des Marktes entzogen sind. Das Risiko wird nur von einem sehr kleinen Wertteil getragen und wirkt darum um so schärfer.

Die Bedeutung der Spekulation und der große Kreditbedarf im gesamten Baugewerbe haben das Urteil über die heutige Organisation zu einem sehr ungünstigen gestaltet. Wenn tatsächlich nach mancherlei Richtungen Klagen berechtigt sind, so sind neben den angegebenen Ursachen vielleicht auch die historischen zu berücksichtigen. Die Aufgaben, die der großstädtische Wohnungsbedarf stellte, traten so rasch und in solcher Stärke auf, daß die Erfahrungen zu einer Neuorganisation mangelten, und man mit der noch vorhandenen wohl oder übel allen Ansprüchen zu genügen suchte. Auf diesem Wirtschaftsgebiet blieben auch große Umwälzungen der Technik aus, denen auf anderen das Motiv zu Änderungen der gesamten Organisation entsprang. Vor allem aber war wohl bis in die neueste Zeit die Kapitalkonzentration noch nicht so weit gediehen, daß eine einheitliche Unternehmung einen so langen Produktionsprozeß eines so wertvollen Objektes, gar mit dem Reproduktionsprozeß vereint, übernehmen konnte. Soweit das Großkapital vorhanden war, widmete es sich den Aufgaben der neuen Technik mit seinen offenbar größeren Gewinnaussichten. Erst heute scheint es dem Großkapital, vor allem durch die Unterstützung der Großbanken, möglich, auch diese Produktion zu übernehmen.

Betrachten wir zunächst während der untersuchten Periode die Organisation dieses Wirtschaftsgebiets in seinen wesentlichen Zügen.

b) Die Terrainunternehmung.

Der erste Teil der Produktion für die Befriedigung des Wohnungsbedürfnisses besteht in der Vorbereitung des Bodens zur Bebauung, in der Herstellung baureifer Baustellen. Zu diesem Zweck muß zunächst das notwendige Gelände zusammengekauft werden, eine Aufgabe, die mancherlei Anforderungen stellt. Es gilt, genau mit den Bedürfnissen der Bevölkerung in einer Stadt vertraut zu sein, und voraus zu bestimmen, in welchem Grade und in welcher Richtung die Ausdehnung der Stadt erfolgen wird. Der Erwerb des notwendigen Bodens zu Bedingungen, bei denen ein geschäftlicher Erfolg des Unternehmens möglich ist, ist meist nur großer kaufmännischer Geschicklichkeit zu danken. Handelt es sich doch gewöhnlich um ein Gelände in bestimmter Abgrenzung und Lage, das sich dem meist schon vorhandenen Bebauungsplan anpaßt und Anschluß an das bestehende Straßensystem hat. Ist der Boden im Besitze eines Eigentümers, so ist die Aufgabe sehr erleichtert; muß er aus Streubesitz zusammengekauft werden, so bringt das meist einen großen Zeitverlust und große Verteuerung mit sich. Der Besitzer eines sogenannten Sperrgrundstückes, das zum Anschluß an eine Straße oder aus anderen Ursachen nicht umgangen werden kann, vermag die Entwicklung einer ganzen Gegend aufzuhalten. Als ein Beispiel seien aus neuester Zeit die Klagen der Vorortgemeinde Reinickendorf angeführt. Der Eigentümer eines einzigen Grundstücks, in diesem Falle sogar ein Gemeindevertreter, der es nur zu dieser Spekulation erworben hatte, verhinderte 1908 durch seine Preisforderung die Aufschließung des ganzen westlichen Teils dieses Vorortes durch eine Terraingesellschaft, und bis heute hat die Gemeinde kein Mittel gefunden, ohne dieses Grundstück eine gute Verbindung mit Berlin für dieses Gebiet herzustellen.

Ist aber der Besitz glücklich zusammengebracht, dann muß der Bebauungsplan endgültig festgesetzt werden, das Straßenland ausgeschieden, von allen finanziellen Verpflichtungen befreit und der Gemeinde zur Verfügung gestellt werden. Das übrige Gelände muß in Baustellen gegliedert werden, was wieder materielle und rechtliche Veränderungen erfordert. Schließlich muß die Kanalisation, die Wasserleitung, die Beleuchtungsanlage ausgeführt werden.

Allen diesen Maßnahmen entspringt ein großer Kapitalbedarf. Um eine ungefähre Vorstellung über die Höhe dieser

Kosten zu geben, seien genaue Berechnungen Paul Voigts[1] für die Kurfürstendamm-Gesellschaft wiedergegeben. Danach betrugen die Selbstkosten für 1 qm, der 1882 mit 13 ℳ bezahlt worden war, 1885 nach Abtretung des Straßenlandes, durch die Aufwendungen der Meliorationen und die Zinsen für die ausgegebenen Obligationen 38,6 ℳ. Natürlich erstreckt sich eine solche Unternehmung auf ein möglichst großes Gebiet, um eine einheitliche und gewinnbringende Durchführung zu sichern. Auch ist zu berücksichtigen, daß das Kapital für lange Jahre festgelegt wird. Vom Erwerb des Bodens bis zum Verkauf der ersten Baustellen vergehen mindestens zwei Jahre. Die vollständige Abwicklung der Unternehmung zieht sich oft durch mehrere Jahrzehnte hin.

Allerdings war am Anfang unserer Periode der Kapitalbedarf noch nicht entfernt so groß, wie in den letzten Jahrzehnten. Leider fehlen genaue Angaben, wer die Aufschließung des Geländes damals übernahm. Doch kann man annehmen, daß bei den geringen Kapitalansprüchen es die Urbesitzer oder Bauunternehmer selbst waren, die die Vorbereitungsarbeiten ausführten. Fehlten doch die großen Investitionen, die heute Wasserleitung, Kanalisations- und Beleuchtungsanlagen erfordern. Vor allem aber war es in Preußen nach der Kabinettsordre von 1832 noch möglich, Wohnhäuser an unregulierten Straßen zu errichten. Waren dann genügend Bewohner vorhanden, so konnte aus öffentlichem Interesse die Herstellung der Straße von der Gemeinde erzwungen werden. Der Anlieger war nur verpflichtet, die eigentlichen Kosten des Straßenbaus zu ersetzen, nicht aber den Straßenboden zu erstellen. Das aber änderte sich mit dem Gesetz vom 2. Juli 1875 über die Anlegung und Veränderung von Straßen und Plätzen. Der Bau von Häusern an unregulierten Straßen wurde untersagt und die Anlieger mußten der Gemeinde fast die sämtlichen Kosten der Straßenregulierung wieder erstatten, auch die Kosten für den Bodenkauf. Es war daher für den Grundbesitzer vorteilhafter, die Straßenanlage selbst zu übernehmen, wenn er nicht ganz in der Bebauung seines Geländes von der Gemeinde abhängig werden wollte. Die Folge war, daß das Parzellierungsgeschäft sich verselbständigte und durch den Charakter seiner Aufgabe immer mehr Gegenstand der Großunternehmung, vor allem der Aktiengesellschaft, wurde.

Allerdings war schon vor diesem Gesetz der Anstoß zur Bildung von Terrainaktiengesellschaften gegeben worden. Die Anfang der sechziger Jahre des vorigen Jahrhunderts lebhafter werdende Agitation für Wohnungsreform gab ihn. In un-

[1] Grundrente und Wohnungsfragen in Berlin und seinen Vororten. Jena 1891.

klarem Besserungsbedürfnis erwartete sie alles Heil von der Kapitalassoziation, ohne nach den vorhandenen oder fehlenden Gewinnabsichten zu scheiden, und von dem Landhausbau. Tatsächlich widmeten sich die ersten Terraingesellschaften, die Ende der sechziger Jahre entstanden, dem Landhausbau. Als aber nach dem deutsch-französischen Krieg die ungeheure Wohnungsnot sich fühlbar machte, vermehrten sich die sogenannten Baugesellschaften, die aber nicht selbst bauten, ins ungemessene, und jetzt gingen sie, weil ja wirklich dem drängenden Bedarf auf diese Weise am schnellsten zu genügen war, zur Parzellierung für den Hochbau über. Als dann die großen Gewinnmöglichkeiten dieses Bausystems erprobt waren, war es nur durch öffentliche Bauordnungen möglich, weiträumige Bausysteme in der Nähe Berlins durchzusetzen.

Fehlte damals den Baugesellschaften die Erfahrung, die eine gesunde Entwicklung verbürgte, so wurden sie außerdem Gegenstand des allgemeinen Spekulations- und Gründungsfiebers. Aber trotz aller Auswüchse haben sie Nützliches geleistet und verhältnismäßig schnell der Wohnungsnot gesteuert. In der Krise, die schließlich die Bewegung beendigte, gingen die meisten zugrunde. Die übrig bleibenden und neu entstehenden erhielten durch das Ortsstatut von 1877, das zur Ausführung des oben erwähnten Gesetzes von 1875 erlassen wurde, eine Erweiterung ihrer Tätigkeit. Ebenso zwang das Aktiengesetz von 1884 zu einer soliden Finanzgebarung, und die einwandlose, von betrügerischen Maßnahmen freie Geschäftsführung wuchs, je mehr sich das Großkapital, vor allem die Großbanken, an der Terrainunternehmung beteiligte. — Besonders seit dem Anfang der neunziger Jahre nahm die Teilnahme der Berliner Großbanken am Terraingeschäft so zu, daß heute Sachkundige meinen, neun Zehntel des gesamten Geländes, das in der nächsten Zeit zur Bebauung komme, stehe unter ihrem Einfluß. Ein genauer Beleg ist für diese Tatsache aus den Geschäftsberichten leider nicht zu geben. Welche Wichtigkeit dies Geschäft aber für die Banken selbst erhalten kann, geht daraus hervor, daß unter den Konsortialbeteiligungen der Deutschen Bank, des Schaaffhausenschen Bankvereins, der National-Bank, die in ihren Geschäftsberichten Angaben darüber machen, 8—14 % Terrainwerte in den letzten 15 Jahren sind. Denn nicht nur ihr eigenes großes Kapital begünstigt sie bei diesen Unternehmungen, auch die enge Verbindung mit den Instituten, die den Realkredit gewähren, kommt ihnen dabei meist zugute.

Neben den Aktiengesellschaften wird seit dem Gesetz von 1892 immer mehr die Gesellschaft mit beschränkter Haftung als Unternehmungsform im Terraingeschäft gewählt; unter ihnen finden sich bei der geringen öffentlichen Kontrolle, zu der sie verpflichtet sind, viel zweifelhafte Gründungen; besonders in den letzten Jahren haben die Mißbräuche bei ihnen die Öffentlichkeit sehr beschäftigt.

Gibt es in Groß-Berlin darum kaum große einzelne selbständige Terrainunternehmer, so liegen doch auch heute die ersten Vorbereitungen, die ersten Käufe und notwendigen Verträge bei einzelnen erfahrenen Persönlichkeiten. Ihre Kapitalkraft würde niemals zur Durchführung all der Unternehmungen reichen, die sie oft einleiten, so daß sie ihre Rechte zumeist an eine Bank abtreten. Auch hier ist die Schilderung Paul Voigts für die Kurfürstendamm-Gesellschaft typisch.

Bei diesen ersten Operationen werden gewöhnlich auch die größten Gewinne gemacht. Hier unterliegt meist der Boden zum erstenmal einer höheren Wertung als der des reinen Ackerbodens. Aber diese Gewinne sind schwer zu kontrollieren. Dagegen sind die finanziellen Resultate der Terrainaktiengesellschaften selbst bisher meist geringe geblieben. Nach Wagon betrug von 1870 bis 1900 das durchschnittliche Einkommen eines Aktionärs der Baugesellschaften, die an der Berliner Börse gehandelt wurden, bei Einrechnung der liquidierten und der in Konkurs geratenen Gesellschaften 0,58 % des nominellen Kapitals. Von 1884 bis 1900 jedoch 1,56 %. Nur die Tuchfabriken, die ein viel geringeres Kapital darstellen, haben in demselben Zeitraum schlechtere Ergebnisse. Nach der Statistik in den Vierteljahrsheften für die Statistik des Deutschen Reichs über die Geschäftsergebnisse der deutschen Aktiengesellschaften, die sämtliche in Deutschland tätigen, also nicht die liquidierenden oder in Konkurs geratenen Gesellschaften umfaßt, betrug von den Immobiliengesellschaften, von denen die meisten in Berlin tätig sind, der Jahresgewinn

	vom dividendenberechtigten Kapital	vom Unternehmungskapital
1907/8	4,8	4,4
1908/9	3,87	3,54
1909/10. . . .	4,02	3,68

Natürlich gibt es einzelne Ausnahmen, z. B. verteilte eine Berliner Terraingesellschaft mehrere Jahre eine Dividende von 100 %.

Die durchschnittlich geringen Einnahmen sind für die Terraingesellschaften wohl zu erklären. Sie stellen zuerst die Wahrscheinlichkeitsrechnung auf, wann ein bestimmter Boden bebaut wird und in welcher Höhe die Mieten zu erzielen sein werden. Die Möglichkeit eines Irrtums und einer tatsächlichen Änderung ist also hier am größten. Aus allen geschilderten

Maßnahmen können Hemmungen entstehen, und bei der Höhe des investierten Kapitals kann jede Verzögerung den Gewinn aufzehren, selbst wenn schließlich die erzielten Preise sehr hoch sind.

Im rechten Augenblick zu verkaufen, ist die Aufgabe und das Ziel einer jeden Terrainunternehmung. Selbst wenn noch nicht der höchste Preis erreicht ist, muß oft verkauft werden, da die denkbare Preissteigerung den gleichzeitig wachsenden Zinsverlust nicht ausgleicht. Der drohende Zinsverlust ist es auch, der das Zurückhalten baureifen Geländes als allgemein angewandte Taktik einer Parzellierungsgesellschaft unmöglich macht [1]. Vereinzelt mag es vorkommen, bei Urbesitzern, die kein Kapital aufgewendet haben, oder überhaupt bei Besitzern der schon erwähnten Sperrgrundstücke. In allen Berliner Marktberichten, auch der der Bauhandwerker, die immer an einer möglichst lebhaften Bautätigkeit interessiert sind, wird auch niemals gegen die Terrainunternehmer dieser Vorwurf erhoben. Allerdings wird über hohe Baustellenpreise geklagt, aber dann in demselben Sinne und zu derselben Zeit, wie über hohe Materialpreise und Arbeiterlöhne, nämlich als Hausse-Erscheinung. Dagegen aber legt man den Terrainverkäufen viel häufiger eine ungesunde Überproduktion zur Last, da sie mit allen Mitteln den Verkauf ihres Besitzes forcierten und so zu übertriebener Bautätigkeit verführten. — Nur allzu häufig müssen die Bauparzellanten selbst mit Verlust verkaufen, da sie die Zinsen für ihre Schulden nicht aufbringen können. Bei der Höhe der notwendigen Kapitalien verzichtet auch die kapitalkräftigste Unternehmung nicht, Kapitalien als Hypothek auf ihren Besitz oder in einer anderen Form aufzunehmen. Nach der oben genannten Statistik betrug die Verschuldung der Immobiliengesellschaften

	(in Millionen Mark)		
	bei einem dividendenberecht. Aktienkapital von	in Hypotheken	in Schuldverschreibungen
1907/8 . . .	352	240	106
1908/9 . . .	373	261	130
1909/10 . . .	378	258	131

Welchen Einfluß das auf die Gewinne der Gesellschaften hat, ergibt die Berechnung Wagons, daß das regelmäßig arbeitende Kapital 1880 bis 1900 einen Ertrag von 2,54 %

[1] Einen statistischen Nachweis findet man für diese Tatsache bei H. Peter: Wert und Preis unbebauter Liegenschaften in den modernen Großstädten.

hatte. Das Aktienkapital aber mit den Reserven nur von 1,48 %. Die Schuldzinsen hatten den größten Teil der Einnahmen aufgezehrt.

Nicht nur, daß sie die Zinsen für das eigene Kapital aufs Spiel setzen, sondern daß sie sie für das geschuldete Kapital bar aufbringen müssen, zwingt dazu, jede Gelegenheit, einen Teil des Besitzes abzustoßen, auszunützen. Nur die kapitalkräftigsten Terraingesellschaften können eine regelmäßige Verkaufspolitik durchführen. Sie müssen nicht zu Krisenpreisen verkaufen, können zur rechten Zeit, trotz der höchsten Preise, den Verkauf einstellen, um eine Überproduktion für ihr Gebiet zu vermeiden. Zu diesen beiden Zwecken finden wir bei einer einzigen Berliner Terraingesellschaft, der erfolgreichsten, die Sistierung des Parzellenverkaufes in den Geschäftsberichten erwähnt. Sie hat es auf diese Weise verstanden, ihr Gebiet von den Übelständen des Baumarktes in der Hausse wie in der jetzigen Depression freizuhalten.

Weil aber bisher das noch wenig möglich ist, gelingt es auch nicht, auf den Spekulationshandel zu verzichten. Die reine Bodenspekulation ist vor allem eine Hausse-Erscheinung. In Berlin hören wir zum erstenmal in größerem Umfang von ihr zu Anfang der sechziger Jahre des vorigen Jahrhunderts, als nach längerer Pause eine lebhafte Bautätigkeit einsetzte. Damals wurde ein Grundstück vielleicht zweimal im Jahre umgesetzt, während heute der Umsatz auf das sechs- und mehrfache steigt. Der Spekulationshandel beschränkt sich in solchen Zeiten nicht nur auf baureife Parzellen, die einem Parzellierungsgeschäft abgenommen werden, sondern erstreckt sich auch auf Land, das bisher noch als reiner Ackerboden bewertet wurde, und auch auf bebaute Grundstücke. In solchen Zeiten einer schnellen Ausdehnung der Stadt entstehen ja plötzlich hohe Werte, und Konjunkturgewinne von großer Höhe sind möglich. Das lockt alle, die auf einen schnell erworbenen Reichtum hoffen. Die mannigfaltigsten Berufsklassen beteiligen sich an der Spekulation. Natürlich fehlt auch der gewerbsmäßige Spekulant nicht, doch ihre Zahl mag tatsächlich geringer sein, als man glaubt. Zu dieser kleinen Spekulation gehören vor allem die unsoliden, wucherischen Elemente, die durch hohe Bodenpreise, geschickte Verträge, sogar durch direkten Betrug jede Gewinnmöglichkeit für sich vorausnehmen.

Kann die kleine Spekulation große Gewinne machen, so trägt sie auch nicht zum wenigsten die Verluste des Rückschlags. In diesen Kreisen nehmen in solchen Zeiten dann die oft geschilderten Tauschverträge, in denen Grundstücke gegen Hypotheken getauscht werden, aber auch gegen andere Häuser, Güter, industrielle Unternehmungen, überhand. Die

Preisbildung hat jede reale Basis aufgegeben, und beide Teile verlieren dabei.

Erfüllt also auch diese Spekulation wie jede die Funktion, Gewinn und Verlust zeitlich und persönlich zu verteilen, so erleichtert sie die Aufgabe der Terrainunternehmung auch nach einer anderen Seite, indem sie das direkte Geschäft mit dem Bauunternehmer zu einem Teil übernimmt. Denn mit dem Verkauf der Baustelle an den Bauunternehmer ist das Geschäft heute noch nicht abgewickelt. Die Baustelle wird von ihm in günstigen Fällen mit einer Anzahlung von 10 % gekauft, doch ist es sogar möglich, eine Parzelle allein durch die Erlegung der Gerichtskosten und Steuer zu erwerben. Der Rest des Preises wird als Restkaufgeld gestundet, entweder bis zur Ablösung des Baugeldes durch die erste Hypothek oder bis zur Erlangung der zweiten Hypothek. Manchmal wird es auch auf mehrere Jahre fest geschuldet. Nimmt es als Hypothek die erste Stelle ein, so ist sie ziemlich sicher, da der Wert des Grundstücks bei der Bebauung sich erhöht. Aber immer mehr wird es üblich, daß dem Baugeld Priorität eingeräumt wird. Gerät also der Bauunternehmer in Zahlungsschwierigkeiten, so muß der Verkäufer das Grundstück in der Subhastation übernehmen. Die Terraingesellschaften scheuen meist das Odium dieser Notlage, so daß sie Strohmänner vorschieben oder eine Gesellschaft mit beschränkter Haftung neuerdings zur Übernahme gründen. Eine sorgfältige Auswahl unter den Bauunternehmern, die allein vor dieser Notwendigkeit schützen könnte, ist heute sehr schwierig. Hinzu kommt, daß der Baustellenverkäufer meist das Baugeld selbst gibt oder wenigstens vermittelt. Zu dieser Ausdehnung ihres Geschäftes für den ganzen Umfang ihres Besitzes sind aber heute nur die wenigsten Terraingesellschaften fähig.

c) Das Baugewerbe.

Die Herstellung des Hauses hat in der Zeit der Umwälzung der gesamten Technik wenig Veränderungen erfahren. Auch heute kommen auf dem Bau kaum Maschinen zur Anwendung. Aber viele Arbeiten sind vom Bau in die Fabrik oder an den Ursprungsort der Rohprodukte verlegt, wie z. B. die Arbeiten der Zimmerer und Tischler oder die Mörtelbereitung. Aber das gesamte Gebiet der Baumaterialherstellung hat die Technik revolutioniert. Einmal hat sie den Produktionsprozeß eines Materials verändert, wie die Ziegelbrennerei. Hier hat sie ein Material durch ein anderes ersetzt, wie das Holz durch das Eisen. Dort hat sie ganz neue Materialien geschaffen, wie den Kalksandstein, die Dachpappe u. a. m. Dem Fortschritt der Technik entspricht der Übergang zum Großbetrieb und zur Großunternehmung. Hier finden wir auch schon seit den neunziger Jahren Verkaufsorganisationen, Kartelle und Syndikate. Ein auf Zahlen begründetes Bild dieser Entwicklung wäre höchstens für ganz Deutschland, nicht für Berlin im besonderen, zu geben. Denn die wenigsten Baumaterialien werden seit der Vergrößerung Berlins in Berlin selbst hergestellt. Sie bilden einen wesentlichen Bestandteil der Berliner Einfuhr. 1910 betrug die Einfuhr an Baumaterialien aus Steinen und an Erden allein 14,4 % der gesamten. Sie kommen noch heute zum Teil, wie die Ziegel, aus der nächsten Umgebung Berlins, zum Teil, wie das Holz, aus dem Ausland. Die Entfernungen der Produktionsorte dieser Baumaterialien ist mit dem Wachstum Berlins und der Verbesserung der Transportmittel ständig gewachsen. Hinzu kommt, daß diese Gewerbe auch kaum einheitlich zusammenzufassen wären, da sie ganz verschiedenen Gruppen der Statistik angehören.

Finden wir hier alle modernen Erscheinungen der Unternehmungsform und der Marktorganisation, so fehlen sie im eigentlichen Baugewerbe, d. h. den Gewerben, die auf dem Bauplatz tätig sind. Noch heute trägt in Berlin ein Teil des Baugewerbes den Charakter der Kleingewerbe. Vor allem die Glaser, Maler, Stukkateure, Tapezierer, Bauklempner, die Installateure der Wasserleitung, der Klingel- und Beleuchtungsanlagen beschäftigen meist nicht mehr als 1—10 Personen. Dagegen waren die beiden wichtigsten Baugewerbe, das Maurer- und Zimmerergewerbe, schon früh über diese Zahl hinausgewachsen. In Berlin kamen 1840 auf einen Zimmermeister 18,67 Abhängige, auf einen Maurermeister 16,92. Die Größe der Berliner Wohnhäuser, die schon damals mehrere Stockwerke hatte, namentlich auch die wachsende Größe der staatlichen Aufgaben erklären die Höhe dieser Zahl. Auch die notwendige Beschleunigung des Baues, die nur durch eine Vermehrung der gleichzeitig auf einem Bau arbeitenden Kräfte zu erreichen war, wirkte dahin, diese Entwicklung fortzusetzen. Das Zimmerergewerbe hat allerdings an Bedeutung verloren, da das Holz immer mehr durch das Eisen ersetzt wurde. 1907 beschäftigte ein Zimmermeister in Groß-Berlin nur 17,9 Abhängige, ein Maurermeister 56,89. Im Maurergewerbe hat also der Großbetrieb einen vollkommenen Sieg errungen. Die größten unter diesen Unternehmungen übernehmen nicht nur die eigentlichen Maurerarbeiten, sondern sie übergeben auch zum Teil schlüsselfertig den Bau dem Auftraggeber, d. h. sie führen Entreprise-Bauten aus. Die Arbeiten, die sie sich noch nicht selbst angegliedert haben, verleihen sie selbständig an andere Unternehmungen. Doch finden wir diese Organisationsform schon in den vierziger und sechziger Jahren des vorigen Jahrhunderts.

Aber nicht nur im Maurergewerbe, auch in allen anderen Zweigen des Baugewerbes, selbst in denen, die wir als typische Kleingewerbe genannt haben, gibt es heute Großunternehmungen. Trotz des mehr oder minder individuellen Charakters der Arbeit für jeden Bau und der fehlenden Maschinentechnik hat auch hier der Großbetrieb den Vorzug der besten Ausnutzung und Ausbildung der Arbeitskräfte, des billigen Bezugs der Materialien, des leichteren Kredits, der sorgfältigen Kundenauswahl.

Wir geben nachstehend die Zahlen für die Betriebsstatistik des gesamten Berliner Baugewerbes.

Das gesamte Baugewerbe umfaßt Betriebe mit:

	0 Arbeiter	1—5 Arbeiter	6—10 Arbeiter	11—50 Arbeiter	51—200 Arbeiter	201—1000 Arbeiter
1875 . . .	—	2463	120	287	78	—
1882 . . .	2158	1252	192	355	61	—
1885 . . .	2081	913	221	307	57	—
1890 . . .	3222	1110	330	367	90	—
1895 . . .	2334	1472	464	547	118	20
1907 . . .	1741	1898	511	594	134	31

Die Alleinbetriebe und die Betriebe mit 1—5 Gehilfen haben sich mit einigen Schwankungen verringert. Die auffällig starke Vermehrung der Alleinbetriebe von 1885 zu 1890 erklärt sich daraus, daß diese Zählung in einem Winter stattfand, und zwar nach einer starken Bauperiode. Viele Bauarbeiter hatten sich anscheinend durch Reparaturarbeiten in Berlin zu halten gesucht. Am meisten haben sich die Betriebe mit 6—10 Personen vermehrt. Eine Tatsache, die die erwähnte starke Bedeutung der handwerksmäßigen Betriebe erhärtet; aber dennoch werden sie schon an Zahl von den Mittelbetrieben mit 11—50 Arbeitern übertroffen, bei denen der Schwerpunkt liegt. Sie beschäftigen den größten Teil der Arbeiter, und das würde noch deutlicher hervortreten, wenn wir das Maurergewerbe ausscheiden könnten, in dem schon 1890 57 % aller Arbeiter in Betrieben mit mehr als 50 beschäftigt waren. Bei der schnellen Vermehrung der größten Betriebe seit den neunziger Jahren ist zu berücksichtigen, daß die statistische Gruppe des Baugewerbes auch den Eisenbahnbau umfaßt. Nach dem Erlaß des Kleinbahngesetzes haben sich diese Unternehmungen, die sämtlich zu den großen zählen, stark in Berlin vermehrt.

Ist also die Veränderung der Betriebsgrößen in Berlin nicht so groß, als man nach dem beschriebenen Umfang der Aufgaben erwartet, so ist dennoch der Charakter der alten Baugewerke verloren gegangen. Die Ursache liegt in dem spekulativen Wohnhausbau. Nicht mehr für einen Bauherrn wird das Haus hergestellt, der es für seinen eigenen Bedarf errichten läßt, sondern ein Bauunternehmer baut es, um es möglichst schnell zu vermieten und zu verkaufen. Schon in den vierziger Jahren wurde ein großer Teil der Bauten von dem spekulativen Wohnhausbau ausgeführt, und schon damals legt man ihm alle Schäden des Wohnungswesens und des Baumarktes zur Last. Heute hat er wohl, abgesehen von den Villen, den ganzen Wohnhausbau übernommen. 1902 bis 1908 — für die vorangehenden Jahre gibt es keine Statistik — waren in Berlin 28—41 % der Eigentümer der Neubauten Angehörige des Baugewerbes, 16—18 % Kaufleute, von denen wohl nur ein kleiner Teil für den eigenen gewerblichen Bedarf gebaut haben wird. Der Bauunternehmer, der sich im wesentlichen mit diesen beiden Gruppen deckt, beschränkt sich aber nicht auf einen Bau, sondern in Berlin bringen 10—25 % der Eigentümer mehr als einen Bau jährlich zur Gebrauchsabnahme, nach welcher die Statistik aufgenommen wird. In Schöneberg, das den Anteil der Eigentümergruppen an den Neubauten aussondert, kamen 1906 75 %, 1907 81 % der Neubauten auf Angehörige des Baugewerbes. Gleichgroß würde allerdings ihre Beteiligung in Berlin selbst wohl nicht sein, da Berlin nicht wie Schöneberg ein reiner Wohnort ist und die gewerblichen Bauten eine große Zahl ausmachen. Doch werden auch von den übrigen Bauten manche als spekulative anzusprechen sein. Ein Teil der Neubauten wird noch vor der Gebrauchsabnahme durch den Bauunternehmer verkauft, andere sind Entreprise-Bauten auf Rechnung eines Grundstücksbesitzers, der nichts als den spekulativen Baugewinn sucht.

Wie aus den für Berlin und Schöneberg angegebenen Zahlen hervorgeht, rekrutieren die Bauunternehmer sich heute vor allem aus dem Baugewerbe selbst. Ebenso war es in den Jahrzehnten vor dem Erlaß der Gewerbeordnung von 1869, da die Gewerbeordnung von 1845 auch von dem Bauunternehmer den Befähigungsnachweis forderte, den nach der Gewerbeordnung von 1811 auch die Maurer, Zimmerleute, Brunnenmacher erbringen mußten. Kapitalisten und Grundbesitzer, die in Bauten spekulieren wollten, mußten sie also solchen Meistern in Entreprise übergeben. Dennoch hinderte der Befähigungsnachweis nicht, daß in den sechziger Jahren in einer lebhaften Bauperiode schon sehr über die Bauausführung geklagt wurde und zahlreiche Bauunfälle vorkamen. Allerdings wurde der Befähigungsnachweis wohl in Erwartung der Gewerbefreiheit schon sehr milde gehandhabt. Da beseitigte die Gewerbeordnung von 1869 alle Schranken, an der Bauunternehmung beteiligten sich Kräfte aus allen Berufen und Schichten, darunter zahlreiche zweifelhafte Existenzen. Doch mag die ungeheure Aufgabe, die der drängende Bedarf Anfang der siebziger Jahre stellte, kaum ohne diese Hilfskräfte zu erledigen gewesen sein. Die große Krise Ende der siebziger Jahre beseitigte sie wieder, aber jede Hochkonjunktur zieht diese Elemente wieder an. Im ganzen sollen nach fachmännischem Urteil die technischen Kenntnisse im Bauunternehmertum gestiegen sein. In Schöneberg tritt heute der Maurer- und Zimmermeister schon gegen den Baumeister und Architekten zurück. Leider aber fehlen ähnliche Angaben für die Vororte mit überwiegender Arbeiterbevölkerung. Hier soll der kleine Bauhandwerker ohne große Erfahrung und auch der Bauunternehmer ohne alle technischen Kenntnisse noch heute herrschen.

Die Möglichkeit der Beteiligung von Nichtfachleuten deutet schon darauf hin, daß die technische Leitung des Baues nicht die einzige Aufgabe des Bauunternehmers ist. Tatsächlich ist seine wesentliche Funktion immer mehr die des Händlers, ja nach Lederer, die des Bankiers geworden. Er arbeitet für den Markt und sein Gewinn ist nicht nur von dem Produktionserfolg seiner Arbeit, sondern ebensosehr von der Höhe des Preises und der Schnelligkeit des Absatzes abhängig. Dem Bankier ist er deshalb zu vergleichen, weil die finanziellen Operationen, die er für die Kapitalbeschaffung auszuführen hat, nicht die unwichtigsten sind. Wie wir gesehen haben, wird die Baustelle nur mit einer kleinen Anzahlung erworben und der Bauunternehmer deckt auch die Baukosten nicht aus seinen eigenen Mitteln. Die Baukosten betragen heute, trotz der hohen Bodenpreise, in den Neubaubezirken Groß-Berlins noch mindestens 60 % des Gesamtwertes des Grundstücks. Es sei hier der durchschnittliche Feuerkassenwert eines Grundstücks in Berlin wiedergegeben. Er betrug

1860	50 798,
1870	65 340,
1880	106 149,
1890	137 622,
1900	163 188,
1905	176 985.

Er umfaßt zwar nicht den gesamten Gebäudewert — alle Untermauerungskosten fehlen z. B. —, und der Durchschnittswert der ganzen Stadt ist natürlich niedriger als der der Neubauten. Doch erhalten wir aus diesen Zahlen ein Bild, wie sehr in der beobachteten Periode dieser Wert gestiegen ist. Bei der Höhe dieser Produktionskosten war darum schon früh eine ausgedehnte Kreditbenutzung üblich.

Über die Formen dieses Kreditgeschäftes ist in den Jahrzehnten vor 1870 wenig bekannt. Jedenfalls beruhten sie auch damals auf dem Hypothekarkredit. Schon 1851 heißt es in dem Bericht des Berliner Stadtgerichts über den Hypotheken- und Grundstücksmarkt an das Justizministerium: „Die neu aufgebauten Häuser werden zum größten Teil von unbemittelten Bauunternehmern mit fremden, durch Hypothek gesicherten Mitteln erbaut" (s. Weyermann S. 176). Ungefähr seit den siebziger Jahren aber haben wir das ausgebildete Baugeschäft. Das Baugeld wird grundbuchlich eingetragen; die Auszahlung erfolgt nicht in einer Summe bei der Eintragung, sondern in 10—14 Raten, je nach dem Vorrücken des Baues, das durch Sachverständige bescheinigt werden muß. Die Zinsen werden pränumerando bei der Auszahlung einer jeden Rate erledigt. Gewöhnlich wird das Baugeld für zwei Drittel des Gebäudewertes, der nach den beigebrachten Bauzeichnungen abgeschätzt wird, gewährt. Doch soll in Berlin nach der Art der Abschätzung das Baugeld tatsächlich einen viel größeren Teil des Wertes decken. Am Ende der Bauzeit, die meist auf 1—1½ Jahre begrenzt wird, wird es durch die Aufnahme der ersten Hypothek für das fertige Grundstück abgelöst. Oft erfolgt die Zusicherung des Baugeldes und seine Umwandlung in eine dauernde Hypothek in demselben Vertrage.

Auf diese Weise hätte der Bauunternehmer während des Baues nur ⅓—¼ der Baukosten selbst gestellt. Mit der Aufnahme der ersten Hypothek, die ja 50—60 % des Gesamtwertes des Grundstücks decken kann, sind nach Angaben der Baugenossenschaften meist 75 % der Selbstkosten, einschließlich des Bodenpreises, ersetzt. Dennoch ist der private Bauunternehmer zur Befriedigung der Baulieferanten und Handwerker meist auf die Aufnahme einer zweiten Hypothek angewiesen. Auch die Art der Zahlungsbedingungen für die Baulieferungen erleichtert es ihm, die Anforderungen an seine eigene Kapitalkraft so weit zu verringern. Die strengsten Zahlungsbedingungen, die aber kaum für den spekulativen Wohnungsbau in Betracht kommen, fordern ⅓ des Preises bei der Bestellung, ⅓ bei Beginn der Arbeit und ⅓ nach Fertigstellung. Die gewöhnlichen Termine lauten: ⅓ in einem bestimmten Stadium, ⅓ bei der Fertigstellung der Arbeit und den Rest drei Monate später. Die letzte Rate wird auch oft von der Aufnahme der zweiten Hypothek oder dem Verkauf des Grundstückes abhängig gemacht.

Auf diese Weise ist es möglich, daß ganz unbemittelte Unternehmer, oder wenigstens unbemittelt im Verhältnis zu dem Produkt ihrer Unternehmung, einen Bau übernehmen. Damit aber ist der Bauunternehmer für seine eigentümliche Aufgabe des Händlers, den Baulieferanten und Bauhandwerker vor den Folgen der wechselnden Marktlage so weit als möglich zu schützen, unfähig geworden. Auch diese tragen, trotz ihrer Kundenarbeit, einen großen Teil des Marktrisikos, wie es schon deutlich aus den letztgenannten Zahlungsbedingungen hervorgeht. Ist die Marktlage günstig, so kann der Bauunternehmer selbst einen hohen, zu seinem eigenen Kapital in keinem Verhältnis stehenden Gewinn machen, und auch alle übrigen Interessenten des Baues kommen auf ihre Rechnung. Kann der Bauunternehmer sein Haus nicht vermieten und verkaufen, ja nur die zweite Hypothek nicht rechtzeitig erlangen, so kann er mit eigenen Mitteln seinen Schuldner nicht befriedigen. Alle Glieder der Kette, der Parzellant, der Baugeldgeber, die Baulieferanten, die Bauhandwerker, ja selbst die Arbeiter werden getroffen. Bleiben die Bauunternehmer doch in manchen Fällen auch ihnen den Lohn rückständig, und selbst die Versicherungsgelder sind nicht eintreibbar. Am härtesten werden aber gewöhnlich die Bauhandwerker in solchen Fällen geschädigt, besonders die, deren Arbeit der Vollendung des Baues am nächsten liegt. Schon wenn sie sich mit einer Hypothek als Zahlung begnügen müssen, bedeutet das eine Festlegung ihres Kapitals, die für sie zu groß ist, und von dem letzten Mittel, ihre Forderungen zu decken, der Subhastation, können sie bei ihrer geringen Kapitalkraft kaum Gebrauch machen. Das bleibt dem Baugeldgeber, dem Parzellenverkäufer und den größeren Baugewerben überlassen.

So hat sich mit den Klagen der Bauhandwerker die Öffentlichkeit und die Gesetzgebung am meisten, besonders seit Anfang der neunziger Jahre beschäftigt, und es ist schließlich zu dem Gesetz vom 1. Juni 1909 zum Schutze der Bauforderungen gekommen. Der Mittellosigkeit der Bauunternehmer würde der zweite Teil des Gesetzes am kräftigsten steuern. Er verlangt, daß beim Beginn des Baues entweder $1/3$ der von dem zu schaffenden Bauschöffenamt abgeschätzten Baukosten als Sicherheit hinterlegt oder daß ein sogenannter Bauvermerk eingetragen wird. Mit dem Bauvermerk erhalten die Bauforderungen der Baugläubiger das Recht auf Eintragung einer Hypothek mit dem Vorrang vor allen übrigen bis zu $3/4$ des vom Bauschöffenamt abgeschätzten Baustellenwertes. Von der zweiten Möglichkeit würde wohl kaum Gebrauch gemacht werden, da es den vollkommenen Verzicht auf die heutige Form des Baustellenverkaufs und Baugeldergeschäfts bedeuten würde. Eine Kaution aber in der verlangten Höhe könnten nur wenige der heute tätigen Bauunternehmer stellen. So ist dieser Teil des Gesetzes bisher nirgends durch Ortsstatut rechtskräftig geworden. Man scheut sich, den Wohnungsmarkt plötzlich von einer ganz anderen Regelung des Baugewerbes abhängig zu machen. Auch kommt in Betracht, daß damit eine der wenigen Möglichkeiten in dem modernen Wirtschaftsleben beseitigt würde, die es einem tüchtigen Mann auch mit geringem Kapital erlauben, selbständig zu bleiben und sich verhältnismäßig schnell emporarbeiten zu können. Nicht nur der kleine Bauunternehmer würde verschwinden, auch die Arbeiten der kleinen Bauhandwerker würden von den großen Auftraggebern an große Firmen, mit denen leichter zu arbeiten wäre, vergeben werden, wenn sie sie ihrem eigenen Betriebe nicht angliederten.

Der erste Teil des Gesetzes von 1909 sucht wenigstens durch die Vorschrift, ein Baubuch zu führen, eine geordnete Buchführung zu erzwingen, zu der die Bauunternehmer bisher nicht verpflichtet waren, soweit sie nicht eine handelsrechtlich eingetragene Firma führten. Das Baubuch soll nachweisen, daß die Baugelder nur für den Bau verwandt worden sind, für den sie gewählt waren. Denn es bedeutet eine starke Gefährdung der Forderungen aller Gläubiger, wenn der Bauunternehmer mit dem Baugeld, das für einen Bau bewilligt war, einen zweiten vor der Vollendung des ersten beginnt, daneben aber noch davon seinen eigenen oft üppigen Lebensaufwand bestreitet, ganz abgesehen von den vielfach geschilderten betrügerischen Maßnahmen. In keinem anderen Gewerbe aber sind solche Mißbräuche und offenen Unterschlagungen häufiger als im Baugewerbe. Die Möglichkeit, einen großen Gewinn zu machen, ohne selbst allzuviel zu riskieren, lockt abenteuerliche, unsichere Elemente in dieses Geschäft.

Die notorisch unlauteren Existenzen sucht die Abänderung der Gewerbeordnung vom 7. Juni 1907 auszuschließen. Sie ermächtigt die Ortspolizei, den Betrieb des Gewerbes als Bauunternehmer und Bauleiter, sowie den Betrieb einzelner Zweige des Baugewerbes zu untersagen, wenn Tatsachen vorliegen, welche die Unzuverlässigkeit des Gewerbetreibenden in bezug auf diesen Gewerbebetrieb dartun. Soweit man nach der kurzen Geltungsdauer dieser Bestimmung urteilen kann, ist der Erfolg sehr gering.

Die Skrupellosigkeit der Bauunternehmer hat auch die Minderwertigkeit der ausgeführten Arbeiten zur Folge. Durch Anwendung billiger Materialien, geringer gelohnter Arbeiten wird es erreicht, daß das Baugeld möglichst die gesamten Baukosten deckt. Der Unternehmer aber, der überhaupt zweifelhafte Manöver nicht scheut, hat auch kein Gefühl für die Ehre, die in der ausgeführten Arbeit liegt. Der möglichst große Gewinn ist das einzige Ziel. Und an dieser Demoralisierung der Arbeit nimmt auch der Bauhandwerker teil. Bis zu einem gewissen Grade kann auch er heute die Kreditwürdigkeit seiner Auftraggeber prüfen, wenn er auch in ihrer Auswahl nicht so frei ist, wie ein größerer Unternehmer. Für die geringe

Sicherheit seiner Forderung sucht er sich durch höhere Preise und durch schlechtere Arbeiten zu schützen, so daß auf jeden Fall für ihn die Schädigung nicht allzu groß wird. Spricht man im Baugewerbe doch von zwei Arten von Preisen, von den Submissionspreisen bei öffentlichen Arbeiten und von allen anderen Preisen mit einem mehr oder minder großen Risikoaufschlag.

So gilt die durchschnittlich minderwertige Ausführung der Mietshäuser als anerkannte Tatsache. Der äußere Schein des Luxusses, der modernen Ausstattung genügt, die Dauerhaftigkeit oder gar ästhetische und hygienische Rücksichten sind Nebensache. Natürlich fehlen auch die Ausnahmen nicht, aber sie sind allein fast bei dem Wohnhausbau für die wohlhabenderen Klassen zu finden. Denn dieser Markt zeigt durch die gleichmäßigere Nachfrage geringere Schwankungen, so daß es hier leichter tüchtigen Kräften möglich wird, in regelmäßiger Tätigkeit ihren Verdienst zu suchen. Dann gilt es auch für Bauten, daß hochwertige Produkte einen größeren Gewinn tragen können als minderwertige. Der weit größere Kapitalbedarf bringt es mit sich, daß die untersten Schichten der Bauspekulanten hier mehr ausgeschlossen werden als bei dem Kleinwohnungsbau.

Dennoch ist auch bei jenen das eigene Kapital des Bauunternehmers sehr gering. Der Unternehmer, dessen Kapital für den einzelnen Bau allen Ansprüchen genügen würde, scheut sich, seinen ganzen Gewinn auf eine Karte zu setzen. Er verteilt sein Risiko, privatwirtschaftlich mit Recht, auf mehrere Bauten. Dieser Ausgleich des Risikos bei mehreren Bauten, trotz genügender Beteiligung mit eigenem Kapital an jedem Bau, wäre nur für das Großkapital möglich. Der spekulative Wohnungsbau erscheint also als seine eigentliche Aufgabe. Die Ursache, daß die Großunternehmung ihn auch heute nicht, trotz gesteigerter Kapitalkonzentration, übernommen hat, liegt in der Art der Gewinne der Bauunternehmung. Er ist, wie schon gesagt, weniger Produktionsgewinn, sondern Händlergewinn, und zwar an einer Ware, deren Markt großen Schwankungen unterliegt. Er trägt also im hohen Grade den Charakter eines Spekulations- und Konjunkturgewinns.

Großen Gewinnen stehen ebenso große Verluste gegenüber, so daß es schwer ist, eine dauernde Tätigkeit mit Erfolg aufrecht zu erhalten. Der Bauunternehmer, der mit Glück gearbeitet hat, zieht sich bereichert von seiner Tätigkeit zurück. Andere müssen aufhören zu bauen, weil sie ihr Kapital und ihren Kredit verloren haben. Die Personen, die am Baumarkt tätig sind, wechseln so verhältnismäßig schnell. Großunternehmungen, die auf eine längere Dauer berechnet sind, und die auf eigenes Risiko spekulative Bauten ausführen, haben bisher im allgemeinen nur Geschäfts- und Bureauhäuser, Hotels und ähnliche Zweckbauten errichtet. Das erforderliche Kapital, das hier größer als bei jedem Wohnhausbau ist, begünstigt sie, anderseits können solche Bauten einen höheren Gewinn einbringen.

Die Unregelmäßigkeit der Einnahmen gilt auch für den Bauhandwerker, der nicht selbständig spekuliert, infolge der Unsicherheit des Eingangs seiner Forderungen und des wechselnden Beschäftigungsgrades. In dieser Tatsache liegt auch die entscheidende Ursache, daß wir auch hier, wie wir gesehen haben, so wenig Großunternehmungen finden. Soweit sie vorhanden sind, übernehmen sie die großen öffentlichen und gewerblichen Aufgaben und den Villenbau. Hier kann der mittlere und kleine Betrieb im allgemeinen nicht konkurrieren, da seine Kapitalkraft und Organisation für die Größe des Auftrages nicht ausreicht, er vor allem nicht mit der notwendigen Schnelligkeit arbeiten kann. Übernehmen die Großunternehmungen Aufträge für den spekulativen Bauunternehmer, so geschieht es nur unter möglichst vorsichtiger Auswahl der Auftraggeber. Im allgemeinen kommen für diese Fälle nur die reich ausgestatteten Bauten des Berliner Westens in Betracht. Hier finden auch allein die großen modernen Industrien für die Eisenkonstruktion, für die Warmwasserleitung, für die Zentralheizung ihr Tätigkeitsfeld.

Zum Siege gelangt ist die Großunternehmung allein, wie schon gesagt, in den Baumaterialienindustrien. Abgesehen davon, daß die Lieferung für den Baubedarf nur ein Teil des Geschäftsgebiets vieler dieser Gewerbe ist, so hat ein Teil, wie z. B. die Ziegeleibesitzer, es verstanden, das Marktrisiko anderen Schultern zu übertragen, indem sie selbst einen kräftigen Handelsstand unterstützen. Gewöhnlich arbeiten diese Gewerbe auch nicht nur für einen lokalen Markt, sondern für mehrere inländische, ja sogar ausländische, wie z. B. die Zementindustrie, so daß auf diese Weise sich das Risiko ausgleicht. Ihre Gewinne zeigen deshalb wenigstens, soweit sie in die statistische Gruppe der Industrie der Steine und Erden zählen, kein auffallendes Gepräge (s. Tab. XXV). Nach Wagon betrugen die Einnahmen der Aktionäre von 1871 bis 1900 7,62 %.

Für das Baugewerbe und die spekulative Bauunternehmung gibt es keine Dividendenstatistik, aus der man einen Anhalt über die durchschnittliche Höhe der Gewinne entnehmen könnte, da hier Aktiengesellschaften fehlen. Die Statistik für die Aktiengesellschaften des Deutschen Reichs zählt für das Baugewerbe nur fünf auf. Denn die Gründe, die gegen die Großunternehmung sprechen, wirken noch mehr gegen alle gesellschaftlichen Unternehmungsformen. Allerdings sind in der neuesten Zeit zahlreiche Gesellschaften mit beschränkter Haftung für die Bebauung eines oder mehrerer Grundstücke entstanden. Doch steht hinter ihnen meist auch nur eine Persönlichkeit, die diese Form meist aus irgend welchen zweifelhaften Rücksichten wählt, um die eigene Haftung zu beschränken, um Steuern zu hinterziehen, oder weil sie auf den eigenen Namen keinen Kredit mehr erhält.

Die Durchschnittseinnahmen können aber weder für den Bauunternehmer, noch für die Bauhandwerker allzu hohe sein. Jedenfalls gilt in Fachkreisen für eine Aktiengesellschaft in Berlin, die fast nur für öffentliche Auftraggeber und andere gleich sichere arbeitet, eine Dividende von 10 % als außergewöhnlich hoch. Denn mindern für Baugeschäfte dieser Art nicht die großen Verluste die Einnahmen, so werden sie durch die lebhafte Konkurrenz um die Arbeiten, bei denen die Bezahlung sicher scheint, beschnitten. Auch die Submissionspolitik der öffentlichen Auftraggeber hat dazu geführt, die Preise ungemein zu drücken. Neuerdings aber scheint sich eine Änderung dank gesetzlicher Maßnahmen auch für die Produktion von Wohnhäusern vorzubereiten.

Der erhöhte Umsatzstempel beim Grundstückswechsel und die Wertzuwachssteuer scheinen die Terraingesellschaften, in denen ja eine großkapitalistische Organisation am Baumarkt schon besteht, zu zwingen, zur Selbstbebauung ihres Terrains überzugehen. In diesem Jahr hat eine Terraingesellschaft, die zum Konzern der Dresdner Bank gehört, in Lichtenberg mit dem Bau von 25 Arbeiterhäusern begonnen. Ein großer Teil der geschilderten Schäden würde auf diese Weise beseitigt. Dagegen taucht die Gefahr einer monopolartigen Stellung solcher Riesenunternehmungen auf, die zu einer weiteren Erhöhung der Mieten ausgenutzt werden könnte. Eine Hilfe gegen eine solche unsoziale Preispolitik würden allein die oft empfohlenen Mittel einer geschickten Verkehrspolitik und eines reichlichen Bodenbesitzes der Gemeinde bringen. Ja, sie würden wohl erst dann wirksam werden, während es heute bei der zersplitterten Produktion am Baumarkt einer Gemeinde von Groß-Berlin kaum möglich wäre, durch sie einen größeren Einfluß auf die Mietshöhe zu erlangen. Dazu müßte aber eine lebendigere Kontrolle als heute durch die öffentliche Meinung treten, die ein lebhaftes Interesse an der Durchführung eines allen hygienischen und ästhetischen Anforderungen genügenden Bebauungsplanes und Bauordnung nimmt.

d) Der Hausbesitz.

Hat der Bauunternehmer sein Haus verkauft, dann ist die Rolle des Hauses am Markt noch nicht vollendet, da die Eigentümerwohnung heute ganz hinter der des Mieters zurücktritt. In

Berlin wohnten nach Paul Voigt schon 1785 drei Viertel aller Haushaltungen, einschließlich der selbständig wirtschaftenden Einzelpersonen, zur Miete. Seitdem hat die Entwicklung nach dieser Richtung große Fortschritte gemacht, wie aus folgenden Zahlen hervorgeht:

Unter 100 Wohnungen sind Eigentümerwohnungen in Berlin:

1843	9,14	1880	3,79
1853	7,18	1885	3,65
1863	7,20	1890	3,54
1868	5,64	1895	2,91
1871	4,97	1900	2,51
1875	4,53	1905	2,33

in Berlin und 29 Vororten: 1905 3,19.

Die Zahlen sind 1843 bis 1863 nach dem Mietssteuerkataster [1] berechnet und beziehen sich auf sämtliche Wohnungen und Gelasse. Für die späteren Jahre sind die Grundstücks- und Wohnungsaufnahmen benutzt. Da die letzteren sich nur auf die bewohnten Wohnungen beziehen, ist anzunehmen, daß für diese Jahre der Anteil der Eigentümerwohnung größer erscheint als für die ersten Jahre. Die stärkste Veränderung hat offenbar zwischen 1863 und 1871 stattgefunden. Einmal vermehrten sich die Wohnungen in diesen Jahren in den vorhandenen Häusern stark, anderseits fanden zahlreiche Subhastationen statt. Daß der Anteil der Eigentümerwohnungen in Berlin kleiner ist als in Groß-Berlin, ist darauf zurückzuführen, daß in der City die Geschäftshäuser ohne Wohnungen immer zahlreicher werden.

Die geringe Bedeutung der Eigentümerwohnungen erklärt sich zum Teil aus dem Berliner Etagenbau, der schon im 18. Jahrhundert herrschte. Entscheidend aber sind die starken Binnenwanderungen der Bevölkerung. In Berlin wanderten von 1875 bis 1906 126—175 ‰ der männlichen mittleren Bevölkerung zu und 113—158 ‰ ab; für die weibliche Bevölkerung lauten die entsprechenden Ziffern 83—112 ‰ und 63—108 ‰. Eine Zunahme der Wanderung ist in dieser Periode für die männliche Bevölkerung nicht zu beobachten; soweit sie für die Frauen vorhanden ist, seit Mitte der neunziger Jahre, beruht sie auf dem stärkeren Austausch der Dienstboten zwischen Berlin und den Vororten, die erst jetzt in enge Verbindung miteinander treten. Bei dieser geringen Seßhaftigkeit ist also für einen großen Teil der Bevölkerung eigener Hausbesitz unmöglich. Kauf und Verkauf des Hauses sind mit mancherlei

[1] Beilage 12 zum Kommunalblatt der Haupt- und Residenzstadt Berlin 1868.

Verlustmöglichkeiten verbunden und nehmen mehr Zeit in Anspruch als die Mietung einer Wohnung. Hinzu kommt nun aber die Bewegung der Bevölkerung innerhalb der Stadt, die durch Verlegung der Arbeitsstätte notwendig wird oder dazu dient, neuere, bessere Wohngelegenheiten, die durch Schaffung neuer Verkehrsmittel geboten werden, auszunutzen. Allerdings mögen auch unwirtschaftliche Motive beim starken Wohnungswechsel mitspielen.

Es ist also notwendig, daß Wohnungen vorhanden sind, die der Eigentümer nicht für seinen eigenen Gebrauch bedarf, sondern besitzt, um aus der Vermietung einen Gewinn zu ziehen. Welcher Zustand sich ergeben würde, wenn niemand diesen Bedürfnissen nachkäme, davon gibt ein Bild die Lage der Offiziere und Beamten, die in eine Stadt ohne lebhafte Bevölkerungsbewegung und daher ohne Wohnungsmarkt, versetzt werden. Es ist ihnen in vielen Fällen unmöglich, ohne einen glücklichen Zufall eine Wohnung zu finden. Ein eigenes Haus können sie trotz der vielleicht vorhandenen Mittel nicht erbauen, da sie damit rechnen müssen, bald versetzt zu werden. Wagt also wirklich ein Bauunternehmer, Häuser auf eigener Rechnung für diesen Zweck zu bauen, so vermietet er sie sehr schnell, findet aber keinen Käufer, und er selbst gerät in Bankrott, da er zu viel seiner Mittel festgelegt hat. Ein erwerbsmäßiger Hausbesitz, dem nicht die eigene Wohnung, sondern der Ertrag der vermieteten Wohnungen die Hauptsache ist, fehlt. In Groß-Berlin aber ist er, wie aus dem geringen Anteil der Eigentümerwohnungen hervorgeht, in großer Ausdehnung vorhanden.

Der Ertrag, auf den der erwerbsmäßige Hausbesitzer angewiesen ist, ist ein sehr schwankender. Wir haben schon gesehen, wie sehr die Miethöhe wechselt (s. Tab. III), und zwar bei den kleinen Wohnungen mehr als bei den größeren. Der Ertrag wird weiter beeinträchtigt durch den Mietausfall beim Leerstehen der Wohnung. Nach Tabelle XXII a kann der Mietausfall 4 % des ganzen Mietwertes betragen; auch hier ist der Verlust bei den Kleinwohnungen größer als bei den mittleren und großen, da sie viel häufiger leerstehen Allerdings ist bei ihnen der einmalige Mietausfall kleiner als bei den größeren Wohnungen, da die einzelne Wohnung billiger ist, und auch wohl kürzere Zeit leer steht. Eine genauere Berechnung ist nach dem vorhandenen Material unmöglich. Schließlich ist zu berücksichtigen, daß der Mietausfall bei den Kleinwohnungshäusern dadurch vergrößert wird, daß ein Teil der Mieten wegen der Mittellosigkeit der Mieter nicht eintreibbar ist.

Schwankt der Mietertrag eines Hauses, so ist der Hausbesitzer doch dagegen machtlos. Denn die Miethöhe, wie die

Zahl der leerstehenden Wohnungen, wird durch die Marktlage bestimmt, auf die der Hausbesitzer einflußlos ist. Die Produktion liegt ja nicht in seinen Händen — kein Wunder, daß die Stadtparlamente, die ja vor allem aus Grundbesitzern sich zusammensetzen, oft einer starken Bautätigkeit nicht günstig sind. Nicht einmal sein eigenes Angebot kann der Hausbesitzer seiner Art nach verändern, es bleibt ein gegebenes. Denn nur mit großen Kosten läßt sich z. B. ein Haus, das für größere Wohnungen erbaut ist, für kleinere einrichten. Noch schwerer ist die Umwandlung eines Gebäudes, das für gewerbliche Zwecke bestimmt ist, in ein Wohnhaus. Das umgekehrte ist häufiger der Fall. Höchstens durch gute Instandhaltung des Hauses, geschickte Behandlung der Mieter, kann er sich für sein Haus dauernd Mieter sichern und auch die Mieten über den durchschnittlichen halten. Neuerdings soll auch versucht werden, das Risiko durch eine Versicherung gegen Mietverluste auszugleichen. Im ganzen ist durch den gewerbsmäßigen Hausbesitz die Mietbildung aber eine geschäftsmäßigere geworden, unpersönlicher und rücksichtsloser gegen früher, da die Mieteinnahme ein Nebenertrag des Hauses war, das dem persönlichen Wohnbedürfnis diente.

Entsprechend dem geringen Einfluß des Hausbesitzers auf die Höhe des Ertrages ist auch das umlaufende Kapital und die Arbeitsleistung in diesem Erwerb sehr gering, im Verhältnis zu dem Gesamtwert des Grundstücks. Für Unkosten, Steuern und Aufwendungen für Reparaturarbeiten werden in Berlin erfahrungsmäßig 15—25 % des gesamten Mietertrages berechnet. Der höhere Prozentsatz gilt für ein Haus mit vielen kleinen Wohnungen, da hier die Abnutzung eine stärkere ist, und daher die Reparaturkosten steigen. Außerdem verlangt heute der Käufer eines Hauses 1 % des Gesamtpreises neben einer 5 %igen Verzinsung seines Anlagekapitals als Entschädigung für die Mühen der Verwaltung. Für Häuser mit vielen Mietparteien werden jedoch meist 1¼—1½ % verlangt, da durch die vielen kleinen Wohnungen mit kurzen Mietterminen die Verwaltungsarbeit sich erschwert. Dagegen begnügt sich der Käufer eines eleganten Wohnhauses auch mit einem geringeren Überschuß, weil hier die eigene Wohnung auch heute eine größere Rolle spielt.

Faßt man also den Hausbesitz als Erwerb auf, so scheint es nur logisch, daß er auf einem viel geringeren Kapital basiert als der Grundstückswert beträgt. Nach den Schätzungen des Berliner Stadtgerichts betrug schon in den vierziger Jahren die Verschuldung des Berliner Grundbesitzes mehr als zwei Drittel des Wertes. Für die neuere Zeit eine solche allgemeine Schätzung zu geben, die immer angreifbar ist, verzichten wir. Sicherlich ist die durchschnittliche Verschuldung gestiegen, denn die Verschuldungsursachen bestehen ungeschwächt weiter, die Kreditgelegenheiten aber haben sich nur noch vermehrt. Nur einige Daten, die Paul Voigt gibt, seien wiedergegeben [1]. 1895 waren 1576 Grundstücke in den alten Teilen Berlins bis zu 73 % des gemeinen Wertes mit Hypotheken überlastet, in den neueren sogar bis 88,1 %. In Charlottenburg stellt Paul Voigt 1899 für die älteren Straßen eine Verschuldung von drei Viertel des gemeinen Wertes der belasteten Grundstücke fest, in den neueren von 92 %. Unbelastet waren nur einzelne Villengrundstücke, bei einzelnen Miethäusern aber überschritt die Verschuldung den gemeinen Wert.

Bei einer solchen geringen Beteiligung mit eigenem Kapital am Gesamtwert erscheint die Bruttoeinnahme von 1 % Überschuß als hoch, und es wird erklärlich, warum kleine Kapitalisten, die die Verwaltung selbst übernehmen, diese Kapitalanlage bevorzugen. Betrachten wir zur Erklärung ein Beispiel, das Haberland [2] gibt. Ein Käufer zahlt für ein Haus im Werte von 300 000 *M* 30 000 *M* an und wendet 6000 *M* für Steuern und Gerichtsunkosten auf. Seine Einnahmen belaufen sich auf

1800 *M* = 5 % von 36 000 *M* (die Kaufunkosten werden zum Anlagekapital gerechnet)
3000 *M* = 1 % des Kaufpreises
4800 *M* = 13 % von 36 000 *M*,

eine Verzinsung des Anlagekapitals, die gewiß sehr hoch erscheint. Aber mit diesen 13 % soll das Risiko des Mietausfalls getragen werden, über dessen Höhe schon gesprochen ist. Auch Unkosten, wie sie bei der Neuregelung einer Hypothek entstehen, sollen davon gedeckt werden. Die durchschnittlichen Einnahmen des Hausbesitzers werden also weit hinter jenem Wert bleiben und, abgesehen von günstigen Fällen, werden sie kaum hoch sein.

Dagegen spricht nicht, daß dennoch der Hausbesitz gesucht ist. Die Ursache dafür liegt in einem anderen Moment. Nicht der Gewinn aus der Verwaltung, nicht der regelmäßige Ertrag ist das Ziel des Hausbesitzers, sondern die Aussicht auf einen Gewinn beim Wiederverkauf des Hauses ist bestimmend. Ist der Ertrag gestiegen, so wird das Haus zu einem Preis verkauft, der diesen Gewinn kapitalisiert. Auch jede andere mögliche Preissteigerung, wie sie sich z. B. aus dem Sinken des Hypothekenzinsfußes ergibt, wird auf diese Weise ausgenutzt. Tritt aber umgekehrt eine Ertragsminderung ein durch Mieterniedrigung oder durch größeren Mietausfall, so kann der Besitzer des hochverschuldeten Hauses sein Haus

[1] Andreas Voigt: Schriften d. Vereins f. Sozialpolitik, Bd. 94.

[2] Der preußische Gesetzentwurf zur Verbesserung der Wohnungsverhältnisse.

nicht halten, da er die Hypothekenzinsen nicht aufbringen kann oder die Hypotheken, wenn sie fällig werden, nicht prolongiert erhält. Er muß um jeden Preis verkaufen oder es kommt sogar zu einer Subhastation. Der Nachfolger, der zu dem reduzierten Preis das Grundstück erwirbt, kann wieder mit größerem Recht auf eine erneute Preissteigerung hoffen, bis das Spiel von neuem beginnt. Das Haus ist eine Ware geworden, deren Preisveränderungen Gegenstand der Spekulation sind, und, wie bei jeder marktgängigen Ware, prägt sich in seinem Preis jede vorübergehende Veränderung der Marktlage aus. Auch der Preis der bebauten Grundstücke ist den schärfsten Schwankungen unterworfen (s. Tab. XXII a, Spalte 9).

Die weitere Folge der schnellen Gewinnrealisierung und der Unsicherheit des Besitzes ist ein starker Besitzwechsel durch freihändigen Verkauf und durch Subhastation. Der gesamte Umsatz an Grundstücken stieg 1889 in Berlin auf 19 % und die Subhastationen im Jahre 1893 auf 1,73 % aller vorhandenen Grundstücke (s. Tab. XXII a Spalte 2). Die Gründerjahre schalten wir als zu anormale aus, und für die neueste Zeit würden nur Zahlen für Groß-Berlin, die nicht vorhanden sind, ein richtiges Bild geben. Auf diese Weise wird die Besitzdauer für das einzelne Grundstück sehr verkürzt.

Unter 1000 bewohnten Grundstücken waren im Besitz ihres Eigentümers seit:

in Berlin	weniger als 5 Jahren	weniger als 10 Jahren	mehr als 20 Jahren
1890	459	615	138
1895	336	600	204
1900	280	513	206
1905	303	483	220
in Berlin und 23 Vororten			
1900	321	563	178

Nach dieser Tabelle haben sich für Berlin die Verhältnisse gebessert, doch erscheint das Bild nur darum so günstig, weil die Neubauten im Verhältnis zu den schon länger bebauten Grundstücken geringer geworden sind, und mit fortschreitender Citybildung die Zahl der Geschäftsgrundstücke, die feste Besitzer haben, zunimmt. Vergleicht man aber das Berlin von 1890 mit dem Groß-Berlin von 1900 — ein Vergleich, der berechtigter ist, als der der Stadtgemeinde Berlin in diesen beiden Jahren —, so ergibt sich nur eine weit weniger lange Besitzdauer, und zwar nach einem Jahrzehnt mäßiger Bautätigkeit, während 1890 gerade eine Hochkonjunktur auf dem Baumarkt beendigt war.

Der spekulative Handel mit den Grundstücken macht auch die Verschuldung zu einer dauernden, und anderseits wäre er ohne sie nicht möglich. Das hochverschuldete Grundstück ist nämlich leichter verkäuflich, und der Gewinn wird meist nicht bar, sondern durch eine Eintragung realisiert. Hat also der Besitzer kein Interesse, Schulden abzutragen, so ist es ihm bei der Kürze der Besitzdauer und bei dem geringen Ertragsanteil, der ihm zusteht, auch unmöglich. Auch aus seinen übrigen Einnahmen kann der Hausbesitzer gewöhnlich die Hypothekenlast nicht verringern; sind es doch meist kleine Rentner und Beamte, die die Verwaltungsarbeit gern auf sich nehmen, und die die im günstigen Falle hohe Verzinsung des eigenen Kapitals lockt. Nach einer Untersuchung des Charlottenburger Statistischen Amts hatten dort unter 1141 Besitzern 1906

277 = 24 % ein Einkommen bis 3000 *M*,
285 = 25 % „ „ „ 6000 *M*,
147 = 12 % „ „ „ 9000 *M*.

Der Geschäftsmann aber, der, um sein Geschäftslokal oder seine private Wohnung sich zu sichern, das Eigentum an einem Hause besitzt, läßt eine hohe Schuldenlast auf seinem Grundstück stehen, weil sein Kapital sich ihm in seinem Geschäftsbetrieb höher verzinst als durch die Anlage in einem größeren Teil seines Hauses. Ein großer Teil der Gesamtsumme der Hypothekenschulden Berlins ist heute sogar direkter Geschäftskredit.

So mißlangen alle Versuche, für den städtischen Realkredit die Amortisation einzuführen. Nach Weyermann kannte der städtische Grundbesitz schon seit Mitte des 18. Jahrhunderts keine Abmachungen über die Rückzahlung der Hypothekenschuld mehr. Und für den privaten Realkredit war die lange Amortisationsdauer, wie sie Anfang des 19. Jahrhunderts durch die Landschaften für den ländlichen Grundbesitz eingeführt wurde, ungeeignet. Erst in den sechziger Jahren, bei der Neuorganisation der städtischen Realkreditvermittlung, versuchte man, sie besonders in Preußen durch die Normativbestimmungen einzuführen. Aber schon in den achtziger Jahren war es deutlich, daß die Amortisation den städtischen Bedürfnissen nicht entspräche, und so ist die Zahl der Amortisationshypotheken in beständiger Abnahme. Selbst die Hypothekenbanken, die sie am längsten durchzusetzen suchten, geben jetzt zu, daß der Versuch vergeblich ist. Wo sie aber noch besteht, ist ihre Bedeutung durch die Hinausschiebung des Beginns der Amortisation, oft auf zehn Jahre, sehr beeinträchtigt.

Unterbleibt aber die regelmäßige Entschuldung, wie vollzieht sich der Ersatz für die Abnützung des Hauses? Die Lebensdauer eines Berliner Hauses wird heute vielfach nur auf

30—40 Jahre geschätzt, weniger aus technischen Gründen, sondern weil die Ansprüche an eine Wohnung und ihre Lage sich heute so rasch verändern, daß das Haus der Spitzhacke verfällt, oft lange bevor es unbrauchbar ist. Aus diesem Grunde ist die Lebensdauer eines Hauses überhaupt schwer zu bestimmen und ein regelmäßiger Abschreibungsplan des Hauswertes wird fast unmöglich gemacht. Ein Umstand, der neben der Höhe dazu notwendiger Amortisationsquoten am meisten gegen die Amortisation spricht.

Der Geschäftsmann, der ein Haus besitzt, sichert sich die Wiedererbauung durch den Ertrag seines Geschäftes und ist deshalb vielleicht weniger zu einer Amortisation, entsprechend der Abnutzung des Hauses, verpflichtet. Nur der Kreditgeber müßte sich in solchen Fällen bewußt sein, daß er nicht mehr Realkredit gewährt, sondern Geschäftskredit. Zu einem Teil leistet die Gesamtheit für den Grundbesitzer den Ersatz für den gesunkenen Gebäudewert, da nach der Erfahrung der letzten Jahrzehnte die Steigerung des Bodenwertes die Wertverminderung ersetzte. Aber nicht immer ist das der Fall, und der erwerbsmäßige Hausbesitzer ist dagegen nicht gerüstet. Die Wertminderung trifft ihn in dem Mietrückgang, in der Unmöglichkeit, Hypotheken in der alten Höhe zu erneuern und das Grundstück zu dem alten Preis zu verkaufen. Die Folge ist auf jeden Fall ein plötzlicher Verlust, oder gar die Subhastation, bei der nicht nur er, sondern auch seine Gläubiger geschädigt werden. Wie hoch die Verluste bei solchen veralteten Grundstücken, z. B. in der jetzigen Depressionsperiode sind, lehren die Subhastationsberichte, wie sie der Deutsche Ökonomist veröffentlicht.

Wir haben also für den Hausbesitz ein ähnliches Bild wie für die Produktion des Hauses. Die Gewinne dienen nicht dazu, die Verluste zu ersetzen, da sie sich gewöhnlich auf verschiedene Personen verteilen. Der schnellen Bereicherung des einen steht die Vernichtung der wirtschaftlichen Existenz des andern gegenüber. Und hier handelt es sich um einen Stand, dessen soziale und politische Bedeutung ehemals auf den gerade entgegengesetzten Eigenschaften beruhte, auf der Sicherheit und Fundierung seines Einkommens, auf seiner Seßhaftigkeit und damit der Gleichmäßigkeit seiner Zusammensetzung.

e) Der Realkredit.

Wir haben in dem vorhergehenden Abschnitt gesehen, daß weder der Terrainunternehmer, noch der Bauunternehmer noch der Hausbesitzer seine Aufgabe erfüllen kann ohne eine starke Verschuldung seines Besitzes. Daraus ergibt sich die entscheidende Bedeutung des Realkredites für den Wohnungsmarkt.

Die gesetzlichen Grundlagen des Realkredites waren in Preußen im wesentlichen schon im Anfang der betrachteten Periode gegeben. Das römisch rechtliche Bodeneigentumsrecht hatte schon lange die deutsch-rechtliche Scheidung von Grund und Bauwerk verdrängt, und die Formularisierung des Hypotheken- und Grundbuchrechts, wie es sich vor allem in dem Prioritätsprinzip ausspricht, war seit der Mitte des 18. Jahrhunderts allmählich durchgeführt. Die Novelle zum Hypothekengesetz von 1853 und die Gesetze von 1875 sind nur die letzten Durchführungen der schon lange aufgenommenen Tendenzen. Sie brachten vor allem einige Erleichterungen im Grundstück- und Hypothekenverkehr, um die Nachteile der Hypothekendarlehne gegen die in jener Zeit an Bedeutung wachsenden Börsenpapiere auszugleichen. Die Rechtseinheit, die das Bürgerliche Gesetzbuch 1900 im Deutschen Reich auch für das Grundeigentum und Pfandrecht herstellte, beruht auf den Grundlagen der preußischen Gesetzgebung.

Weyermann, der diese Entwicklung wiedergibt, schildert zugleich, wie bei der Durchführung der geltenden Rechtsgrundsätze seit Mitte des 18. Jahrhunderts sich die Art der Kapitalisation des Bodenertrages änderte, der Preis des Bodens stieg, die Verschuldung dauernd zunahm und die Amortisation der Schulden vernachlässigt wurde. Er betonte aber auch, daß diese Umbildung, die die Anwendung der Prinzipien der modernen Verkehrswirtschaft auf Grund und Boden bedeutet, nur dort sich vollzog, wo andere soziale und wirtschaftliche Bedingungen auf dasselbe Relultat hinwirkten. Wir haben gezeigt, durch welche Ursachen der städtische Grund und Boden zur Ware wurde. Die Entwicklung im 19. Jahrhundert bedeutet auch hier nur die Durchbildung der vorhandenen Ansätze. Doch berühren diese Fragen der Einordnung des Bodenertrages in das gesamte Wertsystem der Volkswirtschaft mehr Verteilungsprobleme, die uns hier nicht beschäftigen, während die Höhe des Bodenertrages und seine Entwicklung von ihnen unabhängig ist. Wenigstens für den landwirtschaftlich benutzten Boden.

Für den städtischen Grund und Boden wäre dennoch ein Einfluß des Bodeneigentums und Pfandrechts auf die Höhe des Ertrages eines Grundstücks, also auf die Höhe der Mieten, denkbar, wenn sie nämlich eine Verringerung des Angebots an Wohnungen dauernd oder zu gewissen Zeiten bewirkten. Dieser Vorwurf wird nun heute tatsächlich dem deutschen Bodenrecht und Realkreditsystem gemacht. Durch die römischrechtliche Einheit des Bodens mit dem Bauwerk und durch die Herrschaft des Prioritätsprinzips, das den Unterschied zwischen einer Besitz- und Meliorationshypothek verwische und den Besitzkredit bevorzuge, wäre die Kapitalbeschaffung für den Wohnhausbau dauernd oder wenigstens teilweise erschwert und verteuert. Wie weit und zu welchen Bedingungen dem Meliorationskredit ein Vorzug einzuräumen wäre, ohne überhaupt jeden Besitzkredit nicht unmöglich zu machen, auf den bei den heutigen Verhältnissen, besonders in Berlin, nicht ganz verzichtet werden kann, ist schwer theoretisch zu bestimmen. Auch bei einem Meliorationskredit würde die Kapitalbeschaffung für die großen Wohnungen einen Vorzug genießen, da ja auch hier die Sicherheit des Darlehns nicht nur auf den Aufwendungen in der Produktion, sondern auch auf dem Erfolg der Produktion am Markt beruht, der bei diesen ein gleichmäßigerer ist. Daß aber bei einer solchen vollkommenen Umgestaltung des Boden- und Realkreditrechts eine größere Gleichmäßigkeit des Kredits, die doch nur durch die Unabhängigkeit von dem gesamten Wirtschaftsleben zu erreichen wäre, gesichert wird, ist kaum zu erwarten, jedenfalls aber schwer vorauszubestimmen. Wenden wir uns zur Betrachtung der tatsächlichen Verhältnisse in der beobachteten Periode.

Die Anlage von Kapital in einer ersten Hypothek steht bei dem geltenden Recht an Sicherheit der in Staatspapieren und ähnlichen fest verzinslichen Werten gleich. Dennoch ist der Zinsfuß für eine erste Hypothek immer etwas höher als für jene Papiere (s. Tab. XXIII). Wer sein Kapital auf ein Grundstück ausleiht, bindet es für eine längere Zeit, gewöhnlich für 5—10 Jahre. Er muß also darauf verzichten, günstigere Anlagegelegenheiten in der vereinbarten Zeit für sich auszunutzen, und anderseits bei einem für ihn notwendigen Verkauf der Hypothek größere Verluste tragen. Hinzu kommen die höheren Unkosten bei Aufnahme einer Hypothek, die durch das Taxverfahren und die schwierige Verwaltung der Hypothek entstehen. Die Hypothekenverwaltung verlangt die ständige Beobachtung des Pfandobjekts, eine Forderung, gegen die oft auch von den Hypothekenbanken gefehlt wird. Denn jede Veränderung an dem Grundstück berührt auch die Sicherheit der Hypothek.

Der Gefährdung, die aus den Preisschwankungen des Pfandobjekts folgt, wird die Hypothek entzogen, wie man heute annimmt, wenn sie auf 50—60 % des Wertes beschränkt bleibt. Die Hypothek, die über diese Grenze hinausgeht, trägt ein höheres Risiko und muß deshalb höher verzinst werden. Die Risikoprämie ändert sich auch mit der örtlichen Lage des Grundstücks, denn von der Lage des Grundstücks ist die Stetigkeit des Ertrages und der Preisentwicklung abhängig. Daher ist heute allgemein der ländliche Grundkredit billiger als der städtische, und innerhalb der Stadt wechselt die Höhe des Zinssatzes auch für die erste Hypothek je nach den Stadtteilen. So scheiden die Berichte über den Berliner Hypothekenmarkt in den sechziger Jahren die erste Hypothek für die innere Stadt von der für die Stadtteile an der Peripherie, heute die für Berlin von der für die Vororte. Aus demselben Grunde muß die Terrainunternehmung die Hypothek auf ihren unbebauten Boden höher verzinsen, als der Hausbesitzer. Verschärft aber wird dieser Gegensatz weiter dadurch, daß die Zinsen im letzten Fall durch den Ertrag des Hauses gesichert sind, im ersten aber nur durch das Vermögen des Terrainbesitzers.

Der Hypothekarkredit steht dem Baugewerbe aber erst nach vollendeter Produktion zur Verfügung, wenn auch nicht nach beendetem Geschäft für den Unternehmer, da er gewöhnlich erst verkaufen kann, wenn die Beleihung des Grundstücks gesichert ist. Dennoch ist auch dieser Kredit von entscheidender Bedeutung für die Wohnungsproduktion. Er sichert erst die volle Bezahlung für Bauhandwerker und Baumaterialien, und er befreit das Unternehmungskapital zum größten Teil zu neuer Produktion. Jedenfalls wird durch ihn auch für den Unternehmer der teure Betriebskredit in einen billigeren Anlagekredit verwandelt, ähnlich wie für Aktiengesellschaften heute der billige Obligationskredit den teuern Bankkredit ablöst.

Den Betriebskredit für das Baugewerbe stellt das Baugeld dar, das auch hypothekarisch gesichert wird. Auch hier sind die Zinssätze höher wie für anderen Betriebskredit, dank der langen Festlegung auf 1—1½ Jahre, die durch den langen Produktionsprozeß notwendig ist. Die höheren Zinssätze des Baugeldes gegenüber einer anderen Hypothek erklären sich daraus, daß der Gegenwert, aus dessen Verkauf der Gläubiger sich befriedigen kann, wenn dem Schuldner die Rückzahlung nicht möglich ist, erst in der Produktion entsteht. Die Kontrolle über die richtige Verwendung der Baugelder aber ist mit mancherlei Unkosten verbunden. Die heute immer zunehmende Übung, dem Baugeld die erste Stelle einzuräumen, stellt zwar die Befriedigung aus dem Verkauf sicher, doch drohen bei einer Subhastation auf jeden Fall Verluste durch Zinsrückstände und durch die Verzögerung der Rückzahlung.

Durch die lange Bindung des Kapitals ist der Hypothekenzinsfuß weniger veränderlich als andere Zinsarten. Tab. XXIII zeigt, wieviel Schwankungen im Diskont, dem Zinssatz für den kurzfristigen Kredit, jenen nicht berühren. Die bestehenden Verträge werden zunächst nicht geändert, für ein neues Darlehen anderseits scheuen sich die vertraglichen Parteien, den der augenblicklichen Lage des Kapitalmarkts entsprechenden Zinsfuß für eine Reihe von Jahren festzulegen. Am unmittelbarsten folgt nach seinem Charakter das Baugeld den Diskontveränderungen. Manche Baugeldgeber setzen sogar den

Lombardzinsfuß der Reichsbank mit einer festen Provision für ihre Darlehen fest. Für die eigentliche Hypothek sucht man den Ausgleich in der wechselnden Höhe der Provision, ähnlich wie das Agio oder Disagio eines Wertpapieres seinen Nominalzinsfuß der augenblicklichen Kapitalmarktlage anpaßt, eine Ansicht, die zuerst das Kaiserliche Aufsichtsamt für Privatversicherung vertreten hat. Leider haben wir darüber genaue Angaben nur für drei Jahre nach Geschäftsberichten des Amtes. Es betrug nämlich in Berlin und Vororten (I für Umleihungen, II für Neubaudarlehen, a) der Zinsfuß, b) die Provision, also c) der Ertrag:

	I			II		
	a	b	c	a	b	c
1908 . .	4,184	0,953	4,400	4,402	1,199	4,525
1909 . .	4,107	0,610	4,190	4,230	1,024	4,339
1910 . .	4,072	0,635	4,139	4,170	0,952	4,266

(„Der Ertrag ist dergestalt berechnet, daß den Zinsen — der Einfachheit halber ohne Berücksichtigung der Zwischenzinsen — ein Betrag hinzugeschlagen worden ist, der das Ergebnis der Teilung der Provision für die Anzahl derjenigen Jahre darstellt, für welche die Hypothek fest gegeben ist, z. B. ein Darlehen auf 10 Jahre zu 4 % bei 1 % Provision, Ertrag $4^1/_{10}$%.")

Aus der Tabelle geht zugleich hervor, daß der Ertrag für die Darlehen auf Neubauten höher ist, als auf schon früher beliehene Grundstücke, da hier der Ertrag und die Preisentwicklung weniger gesichert und feststellbar ist als auf jenen. Im Jahre 1910 ermäßigt die Steigerung der Provision für die Umleihung den Ertragsrückgang, den die Zinsherabsetzung bewirkte, so daß jetzt die Ertragsverminderung seit 1908 für beide Darlehensarten fast gleich ist, während bis jetzt die Ermäßigung für die Neubaudarlehen zurückgeblieben war, da die unsichere Lage des Baumarkts ein größeres Risiko erforderte.

Man erklärt die Provision aber auch als Vergütung für die Vermittlergebühren und die Kosten des Taxverfahrens. Aber beide Momente werden auch zur Erklärung der Zinshöhe herangezogen. Theoretisch ist es gleichgültig, wie die Zurechnung erfolgt und auch praktisch wird es verschieden gehandhabt. In Berlin ist der Zinssatz niedriger, die Provision für eine Hypothek aber höher als im übrigen Deutschland. In Berlin legt man offenbar mehr Wert darauf, die jährlich fälligen Zinsen herabzudrücken, da auf diese Weise der Überschuß, der von den Mieten dem Besitzer zufällt, größer erscheint.

Derartig genaue Angaben besitzen wir für die vorhergehenden Jahrzehnte nicht. Provision oder Damnum waren in der ganzen betrachteten Periode in wechselnder, schwer feststellbarer Höhe üblich. In den sechziger Jahren berichtet Wilmanns von Valutaabzügen von 3—5 % für die erste Hypothek und 8—10 % für die zweite Hypothek bei einem Zinssatz von 5 %. Zum Teil erklärt sich die Höhe dieser einmaligen Verluste durch die Beschränkung des Zinssatzes auf 5 %, die erst 1867 aufgehoben wurde, ein Zinssatz, der bei der damaligen Kapitalteuerung nicht genügte. Hinzu kommt aber, daß damals die Vermittlung zwischen den Kapitalbesitzern und dem Grundbesitz, vor allem dem städtischen, vollkommen versagte.

Bis in die sechziger Jahre war der städtische Grundbesitz auf den Kredit, den Private gewährten, angewiesen. Daneben liehen auch die Sparkassen, Stiftungen, Mündelverwaltungen ihre Gelder in Hypotheken aus. In Berlin spielte auch das Vermögen der königlichen Familie für diese Zwecke eine Rolle. Keine dieser Gruppen hatte eine überragende Bedeutung. Bis zum Beginn der vierziger Jahre hatte dieses Kapitalangebot vollkommen genügt. Damals aber schon war die Stadt zu groß geworden, als daß der persönliche Verkehr die Kapitalgewährung noch erleichterte. Vor allem aber war in den Inhaberpapieren, die sich mit dem Eisenbahnbau durch Aktiengesellschaften schnell vermehrten, der Hypothek eine stark begünstigte Konkurrenz erstanden, die sich in Berlin, als einem Börsenplatz, besonders fühlbar machte.

So vergeht von 1840 bis 1862 kaum ein Jahr, ohne Vorschläge für die Reorganisation des Hypothekarkredits zu bringen, und 1850 beschäftigte sich auch das Abgeordnetenhaus mit ihnen. Die meisten Pläne suchten das Vorbild der Landschaften nachzuahmen und schlugen genossenschaftlichen Zusammenschluß zur Risikoverteilung und Kreditverstärkung und Pfandbriefausgabe zur Kapitalbeschaffung vor. Aber alle Pläne fanden bei der preußischen Regierung keinen Beifall, da sie meist starke Garantien oder direkte Unterstützung des Staates oder gar das Recht der Notenausgabe verlangten.

Auch die Stadt Berlin scheute sich, irgendeine finanzielle Hilfe oder eine Garantie zu übernehmen. Erst 1867, als unter den Folgen einer starken Bautätigkeit wie unter der Kapitalteuerung der Berliner Grundbesitz schwer litt, kam es zur Gründung des Berliner Städtischen Pfandbriefamtes, eines Grundbesitzervereins mit freiwilligem Beitritt. Das Kapital wurde durch Ausgabe von Pfandbriefen beschafft. Die Stadt übernahm die Organisation und Aufsicht. Das Pfandbriefamt gewann aber keine allzu große Bedeutung, da die ausgeliehenen Darlehne einem Amortisationszwang unterlagen und die Beleihung von Neubauten erst nach dreijähriger Vermietung möglich war. Immerhin vermehrte sich bis 1883 der Hypothekenbestand dauernd bis auf 60 Mill. Mk., das sind 2,72 % der damaligen Gesamtverschuldung Berlins. Von da ab aber ging bis 1895 der Darlehnsbestand sogar zurück, bis eine Statutenänderung, die die Amortisation wesentlich erleichterte und auch die Beleihung von Neubauten eher ermöglichte, erfolgte. 1907 waren so wieder 216 Mill. Mk. ausgeliehen, das sind 3,47 % der Gesamtbelastung Berlins.

Aber schon 1862 war die entscheidende Wendung in der Organisation der Realkreditvermittlung eingetreten. Nach dem Beispiel des Crédit fonçier schlug zuerst F. Engel 1862 die Aufgabe des genossenschaftlichen Gedankens vor. Eine Unternehmung sollte auch die Bodenkreditbeschaffung übernehmen, wie es seit einigen Jahren auf anderen Gebieten des Kreditverkehrs geschah. Hypothekenbanken sollten die kleinen verstreuten Kapitalien sammeln, den lokalen Markt zu einem einheitlichen inländischen erweitern, vor allem aber den Grundbesitzern einen langfristigen, womöglich unkündbaren Kredit sichern. Die Pfandbriefe aber beseitigten für den Kapitalgeber die Nachteile der langfristigen, illiquiden Hypotheken. Genossenschaften konnten diese Aufgabe, die die Landschaften für den ländlichen Grundbesitz schon lange geleistet hatten, nicht übernehmen, da der städtische Grundbesitz viel größere Gegensätze in sich schließt, als der ländliche — die Landschaften sind ja auch auf den Grundbesitz einer bestimmten Größe beschränkt — und die Preisentwicklung der städtischen Grundstücke viel ungleichmäßiger und sprunghafter verläuft. Das vergrößerte Risiko nimmt darum besser ein Unternehmungskapital auf sich, das in einer Dividende seine Entschädigung dafür findet.

Schon 1862 erfolgte die Gründung der ersten selbständigen Hypothekenbanken, die durch Pfandbriefausgabe Kapitalien beschaffte. Die Banken, die bisher vor allem in Süddeutschland Hypothekendarlehen gewährten, hatten darin nur einen Teil ihrer Geschäfte gesehen. 1863 und 1867 wurden in Preußen Normativbestimmungen für die Hypothekenbanken erlassen und auf ihrer Grundlage die ersten Hypothekenbanken konzessioniert. Sie richteten sich nach dem Muster der Landschaften, beschränkten also sehr die Beleihungsgrenzen, ebenso wie die kündbaren und nicht amortisierbaren Darlehen und bemaßen auch die Nebengeschäfte sehr kurz. Sie waren so im wesentlichen auf den Bedarf der ländlichen Grundstücke zugeschnitten und konnten so weniger den städtischen genügen.

So entsprach die Tätigkeit der Hypothekenbanken in den ersten Jahren nicht den Erwartungen. 1870 aber konzessionierte die preußische Regierung die Preußische Zentral-Boden-Kredit-Aktien-Gesellschaft, ohne sie den beschränkenden Normativbedingungen zu unterstellen, und gleichzeitig begannen die außerpreußischen Hypothekenbanken, denen auch eine freiere Geschäftsführung gestattet war, ihre Tätigkeit in Preußen, besonders in Berlin, stark auszudehnen. Unter dem Einfluß des industriellen Aufschwungs nach dem deutsch-französischen Kriege setzte mit der ungeahnten städtischen Entwicklung eine plötzliche Ausdehnung der Tätigkeit der Hypothekenbanken ein. Von 1870 bis 1873 vermehrten sich die deutschen Hypothekenbanken von 11 auf 25 und ihre Darlehen stiegen von 175 auf 1378 Mill. Mk. Aber in der Hast der Entwicklung und durch den Mangel an Erfahrung und Vorsicht blieben auch die Hypothekenbanken in der folgenden Krise von Verlusten nicht verschont. Ende der siebziger Jahre mußten sie allein in Berlin gegen 400 Grundstücke in der Subhastation übernehmen, um ihre Hypotheken zu sichern. Das Publikum entzog den Pfandbriefen sein Vertrauen und ihre Tätigkeit wurde eine beschränkte.

Erst Ende der achtziger Jahre nahm ihre Entwicklung einen neuen Anlauf, als die Bautätigkeit in den Städten ihre Kapitalvermittlung nicht entbehren konnte. Jetzt gab auch die preußische Regierung dem Drängen auf eine Abänderung der Normativbestimmungen nach. 1893 erschienen die neuen Normativbestimmungen. Sie gaben die alten, unzulänglichen Beleihungsvorschriften auf, ebenso wie die Beschränkung der kündbaren, nicht amortisierbaren Hypotheken. Der preußischen Gesetzgebung schloß sich die einheitliche Regelung des Hypothekenbankwesens im Reich durch das Reichshypothekenbankgesetz von 1899 an, nur sicherte sie etwas besser die Stellung der Pfandbriefgläubiger.

Durch dieses Gesetz waren jetzt die Hypothekenbanken als besondere Kreditinstitute des städtischen Grundbesitzes anerkannt. Denn hatte man bei ihrer Gründung auch gedacht, daß sie den ländlichen und den städtischen Kreditbedürfnissen nachkommen sollten, so hatte sich doch ihre Tätigkeit allmählich so weit auf das städtische Geschäft konzentriert, daß 1909 94 % der Registerhypotheken = 9502 Mill. Mk. auf städtischen Boden ausgeliehen waren. Der Rest an ländlichen Hypotheken entfällt auf die Preußische Zentral-Boden-Kredit-Aktien-Gesellschaft und die süddeutschen Hypothekenbanken, die dort zum Teil für die fehlenden Landschaften eintreten müssen.

Und wie in den siebziger Jahren, empfangen Berlin und seine Vororte heute den größten Teil der auf städtischen Boden ausgeliehenen Kapitalien. Leider gibt es keine einheitliche örtliche Gruppierung der ausgeliehenen Kapitalien, doch sei als Beispiel angegeben, daß die Hamburger Hypothekenbank 1910 von 592 Mill. Registerhypotheken 266 Mill. Mk. auf Objekte in Groß-Berlin ausgegeben hat, die Hypothekenbank in Meiningen von 556 Mill. 130 Mill. Mk.

Neben den Hypothekenbanken sind aber seitdem dem städtischen Realkredit noch andere organisierte Kapitalgeber erwachsen, die Sparkassen und Versicherungsgesellschaften. Beide weist die günstige rechtliche Organisation des Bodenkredits und die Entwicklung des deutschen Wertpapiermarkts auf diese Anlage für ihre Kapitalien hin. Den Sparkassen war schon 1838 durch eine Verordnung die Anlage ihrer Gelder in Hypotheken aufgetragen, aber ihre Bedeutung ist erst allmählich mit der zunehmenden Höhe der ihnen anvertrauten Kapitalien gewachsen. Die preußischen Sparkassen liehen 1851 erst 13 Mill. Taler aus, 1908 beträgt ihr Hypothekenbestand 5990 Mill. Mk. Dem lokalen Charakter der Sparkassen gemäß leihen sie ihre Kapitalien vor allem dort aus, wo sie sie sammeln, so daß ihr Hypothekenbestand sicherlich am zersplittertsten ist. Eine Statistik nach der örtlichen Verteilung ihrer Hypotheken existiert leider auch hier nicht. Dennoch besteht die oft gerügte Tatsache, daß auf dem Berliner Markt auch Provinzsparkassen ausleihen. Aber diese Kapitalien werden, wie die der Berliner Sparkasse selbst, die 1907 59 Mill. Mk. Hypotheken aufwies, nicht allzusehr ins Gewicht fallen für Berlin.

Viel größer ist für den Berliner Grundbesitz die Bedeutung der Kapitalien, die die Versicherungsgesellschaften dem Hypothekenmarkt zuführen. Sie liehen 1887 — ungefähr seit den achtziger Jahren hat ihre Entwicklung ungeahnte Ausdehnung gewonnen — 1847 Mill. Mk. in Hypotheken aus, das sind 63 % ihrer Aktiven. 1909 aber, soweit sie dem Kaiserlichen Aufsichtsamt für Privatversicherungen unterstehen, 4355 Mill. Mk., das sind 73,8 % ihrer Aktiven. Hat also ihr Hypothekenbestand noch nicht die Höhe der Hypothekenbanken erreicht, so kommen doch die jährlichen Neuaufleihungen der Versicherungsgesellschaften denen der Hypothekenbanken immer näher. Von 1905 bis 1909 liehen die unter Aufsicht stehenden Versicherungsgesellschaften durchschnittlich jährlich 323 Mill. Mk. auf Grund und Boden aus, die Hypothekenbanken dagegen 440 Mill. Mk., Summen, die eine allzu große Differenz nicht zeigen.

Wie die Hypothekenbanken beleihen die Versicherungsgesellschaften nur Grundstücke in Städten mit mehr als 10 000 Einwohnern aus und unter diesen Städten bevorzugen diese wie jene besonders Berlin. Von den städtischen Deckungshypotheken der in- und ausländischen Versicherungsunternehmungen — die ländlichen betragen nur 1,1 % des Gesamtbestandes — kamen Ende 1909 58,2 % = 2119 Mill. Mk. auf Groß-Berlin. Dieses Übergewicht Berlins entspricht zum Teil nur der Stellung, die der Groß-Berliner Markt in dem gesamten Hypothekenverkehr Preußens einnimmt, wie aus folgender Tabelle hervorgeht. Sie stellt die Mehreintragungen an Hypotheken I für alle ländlichen, II für alle städtischen Bezirke, III für den Stadtkreis Berlin und die städtischen

Bezirke der Provinz Brandenburg nebeneinander, und zwar für die Jahre größter städtischer Bautätigkeit 1889 und 1905 und für die Depressionsjahre 1895 und 1908:

	I	II	III
1889	179	815	359
1895	265	685	194
1905	469	1742	747
1908	584	1274	532

In Berlin aber erlaubt auch die Größe der einzelnen Pfandobjekte, die durch die Höhe der Bodenpreise und das Mietkasernensystem bedingt ist, größere Beleihung. Das bedeutet eine Ersparung an Verwaltungskosten, die aber an sich schon aus der Konzentration an einem Ort folgt.

Die Bevorzugung der großen einheitlichen Darlehen hat in Berlin nicht dazu geführt, wie es in Städten mit einem anderen Bausystem vielleicht der Fall ist, die Beleihung von Arbeiterwohnhäusern zu verhindern. Nach Paul Voigts [1] Untersuchung gehörten bei den von ihm untersuchten Grundstücken in der Oranienburger Vorstadt 1895 64 %, am Wedding und Gesundbrunnen 67,4 % der Hypotheken den Hypothekenbanken, 15,4 % und 20,1 % den sonstigen Geldinstituten, so daß gerade in diesen reinen Arbeitervierteln von allen untersuchten Stadtgegenden die Institutsgelder die größte Rolle spielen.

Die Leistungsfähigkeit des privaten Kapitalisten entsprach aber auch immer weniger der wachsenden Größe der Berliner Beleihungsobjekte. Zugleich wuchs durch die Tätigkeit jener Banken die übliche Höhe der ersten Hypothek, die jetzt die gesetzlich gestattete Grenze schon erreichte oder gar bei zu hohen Taxen überschritt. Nach Paul Voigt [2] entfiel von der Gesamtbelastung in einigen Charlottenburger Straßen 1895 auf die

	1. Hypothek	2. Hypoth.	3. u. folg. Hypothek
in den älteren Straßen	60,5 %	20.5 %	19,2 %
„ „ neueren „	78,5 %	14,4 %	7,1 %

Der private Gläubiger kann nur selten ein Grundstück bis zu dieser Höhe beleihen. Daher erhält er auch gewöhnlich für sein Darlehen an erster Stelle eine etwas niedrigere Verzinsung als die Institute. Nach dem Bericht des Vereins Berliner Hypothekenmakler verzinsten sich die ersten Hypotheken z. B.

der Privaten 1906 mit 3¾—4 %, der Institute mit 4⅓—4½ %,
„ „ 1907 „ 4—4½ %, „ „ „ 4½—4¾ %.

[1] Andreas Voigt, a. a. O.

[2] Grundrente u. Wohnungsfrage in Berlin u. seinen Vororten.

Daher ist das Kapital der privaten Geldgeber ganz gegen das der großen Gesellschaften zurückgetreten, und zwar in Berlin mehr als in kleineren Städten. Nach Paul Voigt beträgt 1895 die Beteiligung der Hypothekenbanken oder sonstigen Geldinstitute 67,2 %, in Mannheim [1] aber 1903 nur 44, %. Der Vergleich ist nicht vollkommen, da es sich in der Berliner Untersuchung nur um einzelne Grundstücke in den älteren Stadtteilen handelte und seit 1895 die Entwicklung in dieser Richtung sicherlich weiter fortgeschritten ist. Denn die Geldinstitute übernehmen vor allem die Beleihung der Neubaubezirke, weil hier der Ertrag für sie etwas höher ist, anderseits der Bauunternehmer auf gleichmäßige Beleihung Wert legt. Daher waren von den Kapitalien, die die Versicherungsgesellschaften gewährten, 1908 78 %, 1909 68 %, 1910 63 % auf Neubauten ausgeliehen. (Der Rückgang, der in diesen Jahren vorhanden ist, beruht auf der sich verschlechternden Lage des Berliner Baumarktes, nicht auf einer veränderten Geschäftstätigkeit der Banken.)

Am Baugeldgeschäft dürfen sich allerdings die Versicherungsunternehmungen mit den Kapitalien der Prämienreserve nicht beteiligen. Auch die Hypothekenbanken sind in diesem Geschäft durch das Reichshypothekengesetz beschränkt, während vorher für die außerpreußischen Hypothekenbanken keine Vorschriften darüber gegeben waren. Danach darf die Gesamtsumme der auf Bauplätze und noch nicht ertragsfähige Neubauten ausgeliehenen Darlehne nicht den zehnten Teil des Hypothekenbestandes und die Hälfte des eingezahlten Aktienkapitals überschreiten, wenigstens soweit diese Hypotheken zur Pfandbriefdeckung benutzt werden. Daher belief sich die Summe dieser Hypotheken nur auf

68,8	Mill.	Mk.	1907,
77,9	„	„	1908,
77,2	„	„	1909.

Daneben sollen manche Hypothekenbanken einen großen Teil der sonst verfügbaren Kapitalien auf diese Weise anlegen, obwohl nicht feststeht, ob nicht der Gesetzgeber auch das verhindern wollte. Auch darf man bei der Beurteilung der Höhe dieser Summen nicht vergessen, daß diese Hypotheken natürlich einem viel schnelleren Wechsel unterliegen als die übrigen Registerhypotheken. Ein großer Teil der Hypothekenbanken aber legt viel Wert auf dieses Geschäft, weil es einerseits einen hohen Gewinn gewährt, anderseits ihnen die besten Beleihungsobjekte sichert, während gleichzeitig eine sorg-

[1] Carl Freudenberg: Das Verhältnis von Mietzins und Verschuldung in der Stadt Mannheim. Karlsruhe 1906.

fältige Kontrolle während des Baues eine bessere Prüfung der Beleihungsobjekte erlaubt.

Als Baugeldgeber kommen, wie schon erwähnt, auch die Terraingesellschaften und Grundstückshändler in Betracht. Auch die Großbanken mögen einen Teil ihrer Kapitalien auf diese Weise nutzen. Haben doch die Deutsche Bank, Dresdner Bank, der Schaaffhausensche Bankverein Abteilungen oder Tochtergesellschaften für die Hypothekenvermittlung errichtet. Als dauernde Hypotheken vermitteln sie vor allem die Kapitalien der Versicherungsgesellschaften, die verhältnismäßig wenig Gelder direkt ausleihen. Dennoch müssen als Baugeldgeber viele kleine sogenannte Baubanken, die allein dieses Geschäft pflegen, und private Kapitalgeber einspringen, und unter ihnen finden sich zahlreiche unlautere Elemente, die auf mannigfaltige Weise ihre Kunden wucherisch ausbeuten.

Ausschließlich bleibt den privaten Geldkapitalisten heute nur die zweite Hypothek wie alle folgenden Posten überlassen. Das höhere Risiko, das mit diesen Stellen verbunden ist, da der Wertteil, der für sie verpfändet ist, leichter durch eine Preisveränderung berührt wird, hat es bisher verhindert, daß Gesellschaftsunternehmungen Darlehen an zweiter Stelle ausleihen. Aus demselben Grunde, des höheren Risikos wegen, bleiben dem privaten Gläubiger die Außenbezirke Groß-Berlins, die die Institute von ihrer Beleihung ausschließen, ganz überlassen. Der Zinssatz, den der private Gläubiger für diese Darlehen empfängt, ist natürlich höher als für die weniger gefährdeten.

Wie also durch den Realkredit in seiner Gesamtheit der sichere Rentenbezug von der mit einem mehr oder weniger großen Risiko belasteten, auf einer mehr oder weniger großen wirtschaftlichen Tätigkeit beruhenden Einnahme des Terrainunternehmers, des Bauunternehmers, des Hausbesitzers geschieden wird, so finden wir innerhalb des Realkredits in der verschiedenen Funktion des gesellschaftlichen und privaten Kredits dieselbe Rollenverteilung. Es sind dies Erscheinungen des großen Vergesellschaftungs- und Differenzierungsprozesses, der sich durch das moderne Wirtschaftsleben vollzieht. Auf der einen Seite wird die Abhängigkeit aller voneinander erweitert und verstärkt, aber auch versachlicht und damit das Leben der Gesamtheit gleichmäßiger und gesicherter. Auf der anderen Seite wird die einzelne Persönlichkeit isoliert, ihr Bewußtsein und ihre Verantwortung gesteigert.

Drittes Kapitel.

Die Entwicklung des Wohnungsmarktes.

a) Schilderung.

Durch die Eigenart des Bedarfs und des zu seiner Befriedigung dienenden Gutes (und der Organisation seiner Produktion), die wir kennen gelernt haben, erhält die Produktion des Hauses im gesamten Wirtschaftsleben eine eigentümliche Stellung, die ganz der Bedeutung der Herstellung der Produktionsmittel gleicht.

Hat das Wirtschaftsleben aus irgend welchem Grunde durch eine gute Ernte, durch einschneidende technische Erfindungen, durch die Eröffnung eines neuen Auslandsmarktes den Anstoß zu einer gesteigerten Tätigkeit empfangen, so konzentriert sich schließlich die Nachfrage auf die Produktionsmittel. Gleichzeitig nimmt die städtische Einwanderung zu, da ja die industrielle Produktion und der Handel, die allein einer solchen Ausdehnung fähig sind, in den Städten sich befindet, und hier wächst die Nachfrage nach Wohnungen. Die höheren Preise der Produktionsmittel, wie die erhöhten Mieten führen zu einer Vermehrung der Produktionsanlagen einerseits und zu einem gesteigerten Bau von Wohnhäusern anderseits. Durch die lange Dauer der Konsumtion handelt es sich aber bei diesen Produkten nach Spiethoff nicht um die Befriedigung eines gleichmäßig fortschreitenden Bedarfs, sondern um die Ausfüllung eines Vakuums. Der Sättigungspunkt ist schnell erreicht. Kulminiert also in diesen Gewerben meist die Hausse, so erleidet auch hier die wirtschaftliche Tätigkeit ihre ersten Einschränkungen. Die gemäßigte Gangart überträgt sich dann von hier auf die übrigen Wirtschaftsgebiete. Hinzu kommt, daß durch die lange Dauer der Produktion und der Konsumtion die Abschätzung der notwendigen Produktion an beiden Gütern erschwert ist. So entsteht gerade hier leicht eine tatsächliche Überproduktion und anderseits erreicht nach einer Krise auch die Überproduktion hier die schärfsten Grade. Verstärkt wird diese Erscheinung durch die Art der Preisbildung beider Güter, die sich durch Kapitalisation des Ertrages vollzieht. Der augenblickliche Preis der Produktionsmittel und die augenblickliche Miethöhe wird je nach der Marktstimmung mehr oder weniger weit auf die Zukunft übertragen, ja die herrschende Bewegungstendenz, ob fallend oder steigend, weiter vorausgesetzt. Zu der Überproduktion tritt die Überspekulation, die schon verringerte Tätigkeit wird durch eine ungünstige Beurteilung der zukünftigen Preisentwicklung weiter eingeschränkt. — Betrachten wir im einzelnen den Verlauf einer Wirtschaftsperiode auf dem Wohnungsmarkt.

Ein gewisser Gleichgewichtszustand sei gegeben: Ein genügender Vorrat an Wohnungen ist vorhanden, die Mietbewegung ist zum Stillstand gekommen, die Bautätigkeit genügt, die gleichmäßig fortschreitende Nachfrage zu befriedigen. Jetzt setzt aus irgend welchen Gründen eine Hausse ein. Die Einwanderung in die Stadt steigert sich. Die Einkommensverhältnisse verbessern sich. Immer weniger Wohnungen bleiben unbenutzt, und in den benutzten Wohnungen drängen sich die Bewohner enger zusammen. Ein größerer Teil der Bevölkerung muß sich mit einer Schlafstelle begnügen, während die Einmieter, die ein eigenes Zimmer beanspruchen, abnehmen. Nach Tab. XII erreicht in den Jahren, in denen eine günstige industrielle Konjunktur herrscht, aber der Wohnungsvorrat noch nicht beträchtlich erweitert ist, wie 1867, 1875, 1885 und 1900, der Prozentsatz der Haushaltungen mit Schlafstellen einen Höhepunkt, während die Haushaltungen mit Einmietern verhältnismäßig zurückgehen.

Wie hier haben wir dieselbe Erscheinung auf dem Markt der Produktionsmittel; die vermehrte Nachfrage wird zunächst dadurch befriedigt, daß man die vorhandenen Anlagen auf das äußerste ausnutzt. Neuinvestitionen erfolgen erst, wenn die Nachfrage soweit gegenüber dem Angebot gestiegen ist, daß die Preise zu steigen beginnen. Die verbesserte Rentabilität wird für den Unternehmer das Motiv, seine Anlage zu vergrößern. Auch auf dem Wohnungsmarkt löst die Erhöhung der Mieten die Bewegung auf dem Grundstücks- und Baumarkt aus.

Der Vorrat an leerstehenden Wohnungen ist schließlich so weit gesunken, daß der Mieter einer Mietssteigerung nicht mehr durch Wohnungswechsel ausweichen kann. Denn was schließlich noch vorhanden ist, genügt immer weniger den Anforderungen, oder ist für bestimmte beschränkte Bedürfnisse zugeschnitten. Um so eher kann die Mietssteigerung durchgesetzt werden, da sie im Augenblick vielleicht weniger hart wirkt, da die Einkommensverhältnisse sich verbessern oder wenigstens Aussicht darauf vorhanden ist, da das gesamte Wirtschaftsleben in aufsteigender Richtung sich bewegt.

Der Ertrag der Häuser beginnt sich zu heben, nicht nur durch die erhöhten Mieten, sondern auch, weil der Mietsausfall durch Leerstehen der Wohnung oder durch Zahlungsunfähigkeit der Mieter geringer geworden ist. Mancher Hausbesitzer benutzt die Gelegenheit, sein Haus zu dem entsprechend erhöhten Preis mit Gewinn zu verkaufen, während die steigende Tendenz des Ertrages manchen Kapitalisten veranlaßt, sich ein Haus zu erwerben. Die Zahl der Umsätze und die Preise der bebauten Grundstücke beginnen in die Höhe zu gehen.

Aber ehe noch diese Bewegung für die bebauten Grundstücke einsetzt, ja ehe die Mieten zu steigen beginnen, hat der Terrainunternehmer aus dem abnehmenden Wohnungsvorrat seine Schlüsse gezogen. Er muß ja auch dem tatsächlichen Bedarf in seiner Tätigkeit am meisten vorauseilen. So beginnt gewöhnlich der Umsatz unbebauten Bodens eher zu steigen, als der des bebauten (Tab. XIX). Deutlicher wäre das Bild, wenn wir genaue Angaben über den Flächeninhalt der gehandelten Grundstücke hätten. Die Käufe großer Terrains müßten jetzt einen größeren Bestandteil aller ausmachen als in der eigentlichen Haussezeit. Wir müssen uns mit den Berichten begnügen, die die Aufnahme der Geländekäufe schon am Ende der Depression melden. Manchmal gibt die Eröffnung neuer Verkehrsverbindungen das nächste Motiv zu Bodenspekulationen, in anderen Fällen entspringt der Anstoß der günstigen Konjunktur des übrigen Wirtschaftslebens.

Aber natürlich auch in der Zeit der ausgedehnten Bautätigkeit dehnt sich die Spekulation in unbebauten Grundstücken weiter aus, zum Teil auf die bisher außerhalb der Spekulationszone liegenden Gelände. Die schnelle Ausdehnung der Stadt ist ja jetzt augenscheinlich, und die optimistische Stimmung tut das ihrige, so daß man einen möglichen Stillstand oder eine langsamere Entwicklung nicht in Betracht zieht. Die meist günstige Börsenstimmung wird zur Gründung von Terrain-Aktiengesellschaften ausgenutzt. Stehen doch in solchen Zeiten auch die Dividenden der vorhandenen Terraingesellschaften auf ihrer Höhe, da sie ja jetzt einen großen Teil ihres Geländes abstoßen. Beginnt doch auch der Preis des unbebauten Bodens meist zuerst zu steigen und erreicht auch in manchen Fällen zuerst den Höhepunkt. In den Gründerjahren, in denen alle Erscheinungen ihre krasseste Ausgestaltung erhalten haben, wurden Anfang 1873 schon die höchsten Preise für unbebauten Boden gezahlt, während sich die Preise der bebauten Grundstücke vielleicht noch ein Jahr lang hielten.

Sobald aber die Mieten deutlich zu steigen beginnen, die Wohnungen sich schneller vermieten, beginnt auch die Bautätigkeit sich zu verstärken. Der Bauunternehmer erzielt durch die Schnelligkeit der Vermietung wie durch die größere Höhe der Mieten und damit der Preise, immer günstigere Resultate. Gestalten sich doch für ihn die Mieten auch tatsächlich am besten. Er bringt die neusten, allen neuen Bedürfnissen genügenden Wohnungen auf den Markt, die an sich die besten Preise erzielen. Vor allem kann er das höhere Niveau im ganzen Haus gleichmäßig durchsetzen, während in den älteren Häusern alte und neue Mietverträge nebeneinander bestehen. Wie stark dieses Moment wirkt, geht aus folgenden Zahlen hervor, die nach A. Voigt zusammengestellt sind. Der Mietwert der untersuchten I schon 1855 bestehenden, II um 1875 neuerbauten oder wesentlich umgebauten Häuser vermehrte oder verminderte sich:

	I		II	
	1877/83	1883/92	1877/83	1883/92
Leipziger Straße . . .	—2 %	+ 21 %	— 4 %	+ 31 %
Schönhauser Allee. . .	—9 %	+ 15 %	—15 %	+ 17 %
Hagelsberger Straße .	—6 %	+ 35 %	—14 %	+ 20 %

Die herausgegriffenen Beispiele, die sich noch vermehren ließen, beziehen sich auf eine Geschäftsstraße, eine Wohnstraße mit Kleinwohnungen und eine solche mit mittleren Wohnungen, die ihren Charakter in dem beobachteten Zeitraum möglichst wenig verändert haben. In den neueren Häusern ist der Mietwertrückgang größer als in den älteren, die Steigerung abgesehen von der Geschäftsstraße, geringer. Ja, nach den an derselben Stelle gegebenen zahlreichen Daten erreicht der Mietwert, der um 1875 erbauten Häuser, soweit sie in Wohnstraßen liegen, 1892 noch nicht die Höhe von 1875 und da damals die Mietssteigerung für einige Jahre ein Ende nahm, überhaupt nicht bis Ende des Jahrhunderts, während die älteren Häuser schon 1892 das Niveau überschritten hatten. Die unter dem Druck der Wohnungsnot von 1875 neu vermieteten Häuser hatten einen so hohen Ertrag sofort erreicht, daß er in 25 Jahren nicht wieder erzielt wurde.

Dem Ertrag der neuen Häuser entspricht der Preis, und gerade hier werden sich auch alle optimistischen Aussichten geltend machen, die ihnen noch weitere Mietssteigerungen diskontieren. Der Gewinn des Bauunternehmers vergrößert sich also durch die Schnelligkeit des Verkaufs und durch die Höhe des Preises. Ist diese Erfahrung einmal gemacht, so lockt sie zur Nachahmung. Die Zahl der Baubewilligungen steigt.

Aber ehe eine große Anzahl von Neubauten auf den Markt kommen kann, vergehen 1—2 Jahre. Der Wohnungsvorrat nimmt trotz vergrößerter Zufuhr ab. Denn gerade in dieser Zeit nimmt der Bedarf am stärksten zu. Zahlreichere Haushaltungen werden gegründet, immer mehr Menschen finden wachsenden Verdienst in Handel und Industrie. In den Gründerjahren und sogar in geringerem Maße um die Wende des Jahrhunderts kam es sogar so weit, daß manche Familien keine Unterkunft finden konnten. Die Mieten gehen jetzt am schnellsten in die Höhe.

Der berufsmäßige Bauunternehmer vermehrt die von ihm begonnenen Bauten, der Bauhandwerker wagt jetzt eher einen

Spekulationsbau, und jetzt ist auch die Zeit, in der der sachunkundige, vermögenslose Bauunternehmer zahlreicher auftritt. Kann er doch jetzt mit geschäftlichem Erfolg für sich und seinen Lieferanten und Handwerker arbeiten. Natürlich vermehrt sich aus diesem Grunde gerade jetzt die Zahl der schlecht ausgeführten Bauten. Ebenso wirkt dahin die Schnelligkeit, mit der jetzt mancher Bau ausgeführt wird, da jeder die günstige Marktlage noch für sich ausnutzen will. Wurde doch in der letzten Hochkonjunktur behauptet, als in Berlin ein freistehender Neubau in einem westlichen Vorort zusammenbrach, daß wohl manches der in den letzten Jahren überhasteter Bautätigkeit ausgeführten Häuser ein gleiches Schicksal hätte, wenn ihn nicht seine Nachbarn stützten. Aber noch heute behaupten einsichtige Kenner, daß ohne diese fremden, sachunkundigen Kräfte die Aufgaben einer Hochkonjunktur bei der vorhandenen Organisation am Baumarkt nicht zu bewältigen wären.

Nicht nur der Bauunternehmer gewinnt, auch der Bauarbeiter erzielt höhere Löhne, und die Zahl der Beschäftigten steigt. Ja, es kommt zu direktem Bauarbeitermangel, am schroffsten in den sechziger Jahren, als man am wenigsten auf solche Aufgaben eingerichtet war. Der Bauhandwerker erhält mehr Aufträge, schnellere, bessere und sicherere Bezahlung. Die Materiallieferanten erzielen steigende Preise bei steigendem Absatz. Die Dividenden der Aktiengesellschaften in diesen Industrien erreichen ihre höchsten Ziffern, und Neubauten werden vorgenommen. Anderseits werden zur Materiallieferung Gegenden, die bisher wegen ihrer Entfernung ausgeschlossen waren, jetzt herangezogen, da der gesteigerte Preis die Transportkosten deckt. Ebenso werden gerade jetzt manche Arbeiten, die bisher in Berlin erledigt wurden, an die Produktionsstätten der Rohstoffe verlegt.

Schließlich ist die Zahl der fertiggestellten Bauten beträchtlich geworden. Viele neue Wohnungen sind in den Konsum übergegangen. Ein Teil der Nachfrage ist absorbiert. Der Bedarf ist also weniger drängend geworden, das Tempo in der Mietssteigerung läßt nach, wenn sie nicht schon zum Stillstand kommt. Entsprechend ist die Entwicklung des Hausertrages. Gewöhnlich ist das zuerst bei den großen Wohnungen der Fall. Hier hatte meist auch die Hausse in der Bautätigkeit begonnen. Der Markt dieser Wohnungen ist ein viel kleinerer, jede Veränderung im Verhältnis von Angebot und Nachfrage macht sich eher fühlbar, um so mehr, da das einzelne Haus und die einzelne Wohnung einen viel größeren Wert darstellt. Sind hier die ersten größeren Erfolge im Beginn der Hausse zu erzielen gewesen, so geht auch hier zuerst die Rentabilität zurück.

Noch aber sind bereits eine Masse von Bauten in

Angriff genommen, die den Wohnungsvorrat beträchtlich vermehren müssen. Keine so schnelle und so günstige Vermietung und kein entsprechender Verkauf ist mehr zu erwarten. Der sorgfältig prüfende Bauunternehmer schränkt seine Tätigkeit ein. Beschneiden doch auch die Preise der Baustellen, der Baumaterialien, die Löhne, die alle jetzt auf der höchsten Höhe stehen, seinen Gewinn. Ja, mit plötzlicher Schnelligkeit nehmen die Baubewilligungen ab, da auch der allgemeine Optimismus aufhört, der selbst an den gewagtesten Bau ging. Dagegen hält der Beschäftigungsgrad im Baugewerbe noch ein oder zwei Jahre an; ist doch die größte Zahl der unternommenen Bauten noch nicht vollendet.

So kommen erst jetzt die meisten neuen Wohnungen auf den Markt, und in diese Zeit fällt der Umschwung der allgemeinen Konjunktur, wenn er nicht schon vorher eingetreten ist. Die Industrie stößt die Massen, die sie zu ihrer fieberhaften Tätigkeit herangezogen hatte, zu einem Teil wieder ab, weniger neue Kräfte werden eingestellt. Der Mehrzuzug geht zurück, ja schlägt neuerdings in einen Mehrabzug um. Die Eheschließungen sind weniger zahlreich, da die Zukunft nicht mehr so hoffnungsvoll beurteilt wird, und tatsächlich verschlechtern sich die Einkommensverhältnisse.

Und zu dieser Gestaltung trägt das Baugewerbe nicht am wenigsten selber bei. In den Jahren angestrengter Tätigkeit hatte sie nicht zum wenigsten die Massen in die Stadt gezogen. Die erhöhten Löhne und die Gewinne aller Art, die sich am Baumarkt boten, hatten vor allem das Einkommen erhöht. Jetzt setzt die umgekehrte Bewegung ein. Die Spekulations- und ähnlichen Gewinne haben schon den Höhepunkt überschritten. Je mehr Bauten zur Gebrauchsabnahme gelangt sind, während immer weniger begonnen werden, desto geringer wird der Beschäftigungsgrad. Sinkt der Arbeiterbedarf, so sinken die Löhne, so daß auch an dieser Seite die Nachfrage verschlechtert wird. Was das bedeutet, geht aus der Berechnung Wiedfeldts hervor, nach der 1890 unter 16 Berlinern einer direkt durch die Bätätigkeit lebte. 1907 gehörten in Berlin und 44 Vororten 7,28 % der Selbständigen dem Baugewerbe an. Dabei umfaßt diese Zahl nicht einmal alle Handwerker, nicht die Baumateriallieferanten und -händler, zu schweigen von den Baugeldgebern, Parzellanten, Agenten, Maklern, die alle ihren Nutzen aus einer Hausse auf dem Baumarkt ziehen.

Wir haben also hier dasselbe Bild wie in der Industrie der Erzeugungsmittel. Auch sie stellt in der Hausse sich selbst einen großen Teil ihrer Nachfrage. Sind aber diese Aufgaben erledigt, neue Produktionsanlagen geschaffen, so tritt sie mit einem erweiterten Angebot vor eine Nachfrage, die sich verringert hat, weil sie selbst ihr nicht mehr angehört. Auf diese

Weise erzeugen die Gewerbe der Erzeugungsmittel wie des Wohnhausbaues aus sich selbst heraus die Ursache, die zu verminderter Tätigkeit zwingt. Beide aber beeinflussen wiederum sich gegenseitig. Das Baugewerbe ist ein großer Auftraggeber für die Produktionsmittelindustrie, anderseits zählen diese doch auch zu städtischen Gewerben, bei deren Blüte die städtische Bevölkerung wächst, ihre Zahlungskraft zunimmt. Auf welchem Gebiete zuerst die rückläufige Bewegung einsetzt, ist schwer zu bestimmen und wohl immer verschieden. In den Gründerjahren, 1870 bis 1873, hielt die immer noch notwendige Bautätigkeit eine schnelle Einschränkung der gesamten Produktion auf. Ende der achtziger Jahre sank in der Hausse zuerst die Bautätigkeit, ebenso in der Hochkonjunktur am Anfang unseres Jahrhunderts. Wie diese Vorgänge im einzelnen ineinander greifen, ist kaum genauer festzustellen, da die Statistik das Material zum größten Teil nur nach Jahren gliedert.

Von diesen Gewerben der Erzeugungsmittel und der langandauernden Konsumgüter überträgt sich die Depression auf das gesamte Wirtschaftsleben, da ja alle, die von ihm abhängen, mit verminderter Kaufkraft auf den Markt kommen, und diese Tatsache wirkt wieder zurück auf jene Gewerbe.

Jedenfalls trifft also das größte Angebot auf dem Wohnungsmarkt auf eine zurückgehende Nachfrage. Die Zahl der leerstehenden Wohnungen nimmt zu, die Verlangsamung der Mietssteigerung schlägt in eine Mietserniedrigung um. Der Ertrag des Hauses nimmt durch die verringerten Mieten ab, der vor allem aber durch den Mietausfall eintritt, weil Wohnungen leerstehen oder weil die Mieten nicht eintreibbar sind. Und diese rückläufige Bewegung zieht sich durch Jahre hin, trotzdem vielleicht schließlich die Zuwanderung wieder zunimmt. Erst nach 5—7 Jahren ist der Tiefpunkt erreicht. Dann mindert sich oft der Ertrag eines Grundstückes sogar im Durchschnitt der ganzen Stadt, für einzelne Stadtteile ist das in jeder Depression der Fall. Immer verringert sich die durchschnittliche Miete für eine Wohnung für mehrere Jahre, ebenso die Ausgaben für Mieten pro Kopf der Bevölkerung.

Mit dem Umschlag im gesamten Wirtschaftsleben ist auch die Hausse in der Grundstücksspekulation zusammengebrochen. Ob auch hier die Spekulation den tatsächlichen Verhältnissen vorauseilt, ist nicht zu sagen, da ja hier eine Börse fehlt, auf der jede Stimmung klar zum Ausdruck käme. In den siebziger Jahren hatte die Spekulation schon längst aufgehört, als die Bautätigkeit noch in bedeutender Stärke anhielt. Nach unserer Statistik, Tab. XIV und XVIII, fällt die Zahl der höchsten Umsätze mit der größten Zahl der Baubewilligungen zusammen. Für den unbebauten Boden ist dieses Zusammentreffen selbstverständlich, denn nicht nur, daß jetzt die meisten Baustellen zu sofortiger Bebauung gekauft werden, sondern es unterliegt wohl auch die Spekulation in Grundstücken und die Aufnahme von Baubewilligungen denselben psychologischen Bedingungen. Daß aber auch die höchste Zahl der Verkäufe bebauter Grundstücke in dasselbe Jahr fällt, zeigt deutlich, wie groß der Anteil der rein spekulativen Umsätze sein muß; kommen doch noch gar nicht die meisten Neubauten an den Markt. Deutlich wird diese Tatsache dadurch, daß solange die Umsätze steigen, der durchschnittliche Feuerversicherungswert der verkauften Grundstücke unter dem Durchschnitt der ganzen Stadt steht, wenn sie aber fallen, weit über ihm, also jetzt erst die Neubauten bei den Verkäufen überwiegen (Tab. XXII a).

Ist der Unterschied der Zahl der Grundstücksumsätze in Haussejahren und im folgenden auch ein krasser, so wird der Tiefpunkt doch erst nach mehreren Jahren erreicht. Zunächst vermehren noch die Notverkäufe ihre Zahl, der Bauunternehmer sucht um jeden Preis zu verkaufen und ebenso alle jene gelegentlichen Spekulanten, die in der Hausse zeitweise halfen, die Umsätze zu vermehren. Jetzt benutzt aber auch mancher Kapitalist noch die Gelegenheit, seinen Gewinn aus der letzten Hochkonjunktur auf diese Weise anzulegen.

Über die Preisbewegung haben wir nur für den bebauten Boden einige Angaben, die auch nur für die siebziger Jahre ein richtiges Bild ergeben. Damals erreichten offenbar schon 1872, vielleicht aber erst Anfang 1873 — wenigstens nach den Berichten — die Preise ihren Höhepunkt. Die Angaben unserer Tab. XVIII für das Jahr 1874 sind nicht heranzuziehen, da in diesem Jahre der Durchschnittswert der verkauften Grundstücke aus unbekannten Gründen weit unter dem Durchschnitt der Stadt stand. Jedenfalls erreichte der Preis eine solche Höhe, daß heute, nach 40 Jahren, das Verhältnis vom Versicherungswert und Preis im Durchschnitt der ganzen Stadt noch nicht erreicht ist. In den neunziger Jahren ist die Tabelle fehlerhaft und für die letzte Periode sind die Zahlen noch nicht vollständig veröffentlicht. Aber es ist oft genug geschildert worden, wie plötzlich und unmotiviert in der Hausse die Preise der einzelnen Grundstücke in die Höhe gingen. Die Preissenkung vollzieht sich offenbar weniger rasch, die nächste Folge des Aufhörens der Spekulation ist zunächst nur ein Stillstand der Aufwärtsbewegung. Gerade wo Verluste bevorstehen, hält jeder, wenn seine Mittel es irgend erlauben, mit dem Kauf zurück und sucht das Grundstück zu halten. So vollzieht sich die Preisermäßigung sehr langsam und dauert viele Jahre fort, um so mehr, als der Ertrag, wie wir gesehen haben, ja auch so langsam zurückgeht. Nach der Hausse Ende der achtziger Jahre kamen nach den Berichten die Preise erst 1898 zum Stillstand, obwohl die Überproduktion nicht so groß war, als in den Gründerjahren.

Krasser ist das Bild, das die Preise, die in den Subhastationen erzielt werden, geben. Trotzdem oft gegen sie eingewandt wird, daß sie zu niedrig angegeben werden, können wir sie heranziehen, da wir sehen, daß sie in günstigen Jahren nicht weit hinter den bei freien Verkäufen erzielten Preisen zurückbleiben (Tab. XVIII). Nach den Gründerjahren standen 5 Jahre lang die Subhastationspreise weiter unter dem Versicherungswert. Nach der Bauperiode Ende der achtziger Jahre kamen sie 1897 und 1898 ganz nahe an diese Werte heran, während sie in einzelnen Stadtteilen auch damals unter ihnen geblieben waren. Aus den Berichten des Berliner Stadtgerichts wissen wir, daß dasselbe auch in der Krise nach dem Revolutionsjahr von 1848 der Fall war. Sie erreichen also sicher in der Depression nicht die Baukosten, soweit Neubauten in Betracht kommen, ganz abgesehen von den Aufwendungen für den Boden. Einen anderen Anhalt über die jetzt ganz veränderte Preisbildung gibt die Höhe der Löschung an Hypotheken, die bei Subhastationen erfolgen (Tab. XXI). — Entsprechend der allmählichen Preissenkung, Verringerung der Grundstücksumsätze, Ertragsermäßigung vermehrt sich auch nur langsam die Zahl der Subhastationen. Im Jahre der stärksten Umsätze weisen sie gewöhnlich die niedrigsten Ziffern auf, dann nehmen sie dauernd zu und nach der Hochkonjunktur in den siebziger und achtziger Jahren erreichten sie erst nach 7 Jahren den Gipfel mit Zahlen, die für den bebauten Boden 1879 das Zwanzigfache, 1896 das Zehnfache der geringsten betragen. Wir haben also hier eine ganz andere Entwicklung, als sie die allgemeine Konkursstatistik uns lehrt. Da finden wir gewöhnlich die höchsten Zahlen im ersten und zweiten Jahre der Depression und dann eine langsame Abnahme. Leider ist sie nirgends nach den beteiligten Gewerben gegliedert. Aber es läßt sich annehmen, daß auch die Bauhandwerker und Liferanten erst dann zum großen Teil in Konkurs geraten, wenn ihre Forderungen bei der Subhastation endgültig ausfallen. Obwohl natürlich verminderte Aufträge und der geringe Absatz, verbunden mit einer stark verlangsamten Bezahlung, manche Firma schon eher zu Fall bringt.

Daß aber der Rückgang auf dem Grundstücksmarkt so allmählich erfolgt, findet darin seine Erklärung, daß das gesamte Baugewerbe sich nur schwer in die verminderte Tätigkeit schicken will. Die Bautätigkeit bleibt zunächst noch mindestens ebenso groß als in den günstigsten Jahren. Jeder glaubt schließlich, trotz der deutlich verschlechterten Lage des Marktes, noch gewinnen zu können. Gehen doch auch die Löhne, die Materialpreise, die Baustellenpreise dauernd zurück und schon dadurch scheinen sich neue Gewinnaussichten zu ergeben, wenn auch der Preis der bebauten Grundstücke sinkt, die Mieten weniger hoch sind. Hinzu kommt, daß tatsächlich bei den Neubauten die Verschlechterung aus denselben Gründen später als bei älteren Häusern eintritt, aus denen zuerst hier die Aufwärtsbewegung einsetzte. Vor allem jene Bauunternehmer, die erst in der Hausse diese Tätigkeit aufgenommen haben, wollen nicht an die veränderte Lage glauben. Sie wagen vielleicht jetzt, was sie in den günstigsten Jahren gewonnen haben. Dieser und jener Bauunternehmer hat wohl auch noch eine Bauparzelle, die er in der Hochkonjunktur auf Vorrat kaufte, oder die er bei der Aufnahme einer Hypothek oder bei einem Verkauf hat in Zahlung nehmen müssen. Jetzt belastet ihn der Besitz stark, und er glaubt, durch die Bebauung eher die Möglichkeit zu erhalten, das Grundstück abzusetzen. Ein anderer baut auch nur, um überhaupt beschäftigt zu sein oder gar, um mit dem neuen Baugeld sich eine Zeit länger halten zu können. Die Baustellenbesitzer versuchen um jeden Preis, wenigstens einen Teil ihres Besitzes abzustoßen und fördern so die Fortsetzung der Bautätigkeit. Der Bauhandwerker beginnt auf eigenes Risiko einen Bau, um nicht ganz feiern zu müssen. Der Baumaterialienlieferant gibt seine Materialien billiger her, kreditiert sie länger, ja stellt selbst Baustellen oder gibt Baugeld, um seinen Absatz in der Depression aufrecht zu erhalten. Da entstehen die verwickelten Kreditbeziehungen, die auch alte, kapitalkräftige Firmen schließlich zu Fall bringen.

Doch die meisten Bauunternehmer haben sich getäuscht und können weder vermieten, noch verkaufen. Ein großer Teil kann sich nicht halten, seine Grundstücke kommen zur Subhastation. Jetzt ist auch die Zeit, in der die Öffentlichkeit und die Gesetzgebung sich wieder mehr mit den Klagen der Bauhandwerker und Baulieferanten beschäftigen, während man vor wenigen Jahren von allen Seiten hören konnte, daß der Bauschwindel verschwunden sei, daß das Baugewerbe aus sich selbst die Besserung geschaffen habe. Und tatsächlich mehren sich jetzt die Mißbräuche und die Fälle offenen Betrugs. In der Hausse konnte jeder auch ohne solche Mittel gewinnen. Vor dem drohenden Zusammenbruch versucht mancher wenigstens sich selbst, wenn auch nur durch Betrug, zu retten. Daß gerade im Baugewerbe in solchen Zeiten viele Elemente sind, die dieser Versuchung nicht widerstehen, haben wir schon erwähnt. Erst allmählich vollzieht sich mit der zunehmenden Zahl der Subhastationen eine Reinigung.

Dennoch ist auch in solchen Zeiten nicht das gesamte Baugewerbe zur vollkommenen Ruhe verurteilt. Mancher tüchtige Bauunternehmer führt auch in der Depression seinen Bau mit Nutzen für sich zu Ende. Durch einen günstigen Grundriß, gute Ausstattung, Fertigstellung zu dem Miettermin kann er immer Mieter für sein Haus gewinnen. Manchmal können auch ganze Bezirke den Folgen einer Depression eine Zeitlang durch die Eröffnung neuer Verkehrsmittel entgehen. So konnte Anfang der neunziger Jahre, dank der verbesserten Verbindung, die Bautätigkeit mit Erfolg in den Vororten fortgesetzt werden, und ähnliches erleben wir heute in einem kleineren Bezirk durch die Eröffnung der Berlin—Schöneberger Untergrundbahn.

Aber auch andere Aufgaben werden gerade jetzt dem Baugewerbe gestellt, zwar auch sie nur für besonders tüchtige kleine Betriebe oder überhaupt nur für Großunternehmungen, so daß auch auf diese Weise die unsoliden Elemente ausgeschieden werden. In der Depression vollzieht sich die Ausdehnung der Geschäftsstadt, nimmt die Citybildung zu. In der Hausse wurden alle Mittel in Handel und Industrie zur Fabrikation und zur Beschaffung eines großen Lagers verwandt. Jetzt werden erst Verkaufs- und Bureauräume, die dem vergrößerten Umsatz entsprechen, errichtet und so auch gleich Vorbereitung für die nächste Hausse getroffen. Auch von spekulativen Bauunternehmern werden jetzt Geschäfts- und Bureauhäuser zahlreicher hergestellt. Auch hier mag oft genug das Bedürfnis nach einer Beschäftigung als Motiv mitspielen, aber auch vom Grundstücksmarkt selbst kommt ein Anstoß.

Gerade in den alten Stadtteilen stehen die meisten Wohnungen leer, gehen am stärksten zurück, vermindert sich der Hausertrag am meisten. Der Hausbesitzer, der nicht selbst genügend Kapital hat, verkauft in günstigen Gegenden sein Haus zu erhöhten oder wenigstens zu dem alten Preis auf Abbruch. In guten Wohngegenden errichtet man jetzt die am reichsten ausgestatteten Luxushäuser, die überhaupt nur auf eine kleine, wenig veränderliche Zahl von Mietern berechnet sind. In den Stadtteilen, die der City am nächsten gelegen sind, werden die Wohnhäuser in Geschäftshäuser verwandelt.

Dieser Vorgang ist für einen Teil der Hausbesitzer ein Glück, für einen anderen verschlechtert er wiederum die Lage. Das Wohnhaus, das nicht selbst zu einem Geschäftshaus wird, verliert in einer solchen neuen Geschäftsstraße noch mehr an seiner Einnahme. Die Bodenpreissteigerung, die ja die Umwandlung in Geschäftsboden in Aussicht stellt, kann den Verlust, wenn er durch Jahre sich hinzieht, nicht vermindern. Jedenfalls bedeutet es oft den Zusammenbruch des augenblicklichen Hausbesitzers, der bei dem Ertragsrückgang die Hypothekenzinsen nicht aufbringen kann, beim Verfall einer Hypothek eine neue in der alten Höhe nicht erhält. So nehmen in der Depression nicht nur die Subhastationen neuer Häuser einen immer größeren Umfang an. Die Subhastationsstatistik gibt keine Scheidung, aus der dies deutlich würde, aber die Subhastationsberichte, die der Deutsche Ökonomist veröffentlicht, erzählen es. Daß in vielen Fällen auch die Hypothekengläubiger mit getroffen werden, haben wir schon erwähnt.

Durch die fortschreitende Citybildung vollzieht sich gleichzeitig eine Entleerung der inneren Stadtteile und eine verstärkte Abwanderung nach der Peripherie und den Vororten. Bei den Zählungen von 1875 und 1895 zeigen nach Hermann Schmidt die inneren Stadtteile den größten Bevölkerungsverlust, ebenso wieder neuerdings bei der Zählung von 1910. Daher ist in diesen Jahren der Anteil Berlins an der Gesamtvermehrung von Groß-Berlin am geringsten (s. Tab. II). Und das bedeutet, trotzdem auch in den Berliner Vororten die Mietskaserne herrscht, eine Wohnungsverbesserung.

In der Depression vollzieht sich überhaupt eine Verbesserung der Wohnungsverhältnisse; schon die Erleichterung durch die geringere Mietausgabe ist ein Vorteil. Allein in der geringeren Besetzung der Wohnungen, in der geringeren Zahl von Schlafleuten, in der Vermehrung der Einmieter ist der Aufschwung zu finden. Manche Familie hat sich aber in der Hausse an eine höhere Aufwendung für die Miete gewöhnt, sie benutzt jetzt den großen Vorrat an leerstehenden Wohnungen, eine bessere Wohnung bei der gleichen Ausgabe zu erhalten. Daß die Gelegenheit zur Auswahl benutzt wird, zeigt die folgende Aufstellung aus dem Mietssteuerkataster.

Der Wohnungswechsel betrug pro 1000 der vorhandenen Wohnungen:

1879 . . .	**647**	1887 . . .	432
1880 . . .	593	1888 . . .	*430*
1881 . . .	546	1889 . . .	455
1882 . . .	513	1890 . . .	458
1883 . . .	492	1891 . . .	471
1884 . . .	473	1892 . . .	492
1885 . . .	462	1893 . . .	507
1886 . . .	449	1894 . . .	**509**

In den Jahren der größten Zahl leerstehender Wohnungen, 1879 und 1894, finden die meisten Umzüge statt, und zwar erhöhen sie sich besonders in den Arbeitervierteln. Auf diese Weise wird vieles ausgeschieden, womit man sich im Druck der Mietteuerung noch begnügte. So vollzieht sich, wie auf allen Wirtschaftsgebieten, eine Depression auch nach dieser Richtung, die Ausscheidung des Minderwertigen.

Und um der Verbesserung der Wohnungsverhältnisse willen könnte man geneigt sein, die Überproduktion als ein geringes Übel einzuschätzen. Gerade dem vermögenslosen, weniger sachkundigen Bauunternehmer, der die Stärke der Überproduktion ja vor allem verursacht, wäre sie zu danken. Aber gerade in der Größe der Überproduktion mit allen ihren Folgen, die die Vernichtung vieler Existenzen mit sich bringen, liegt der Keim zu dem späteren Wohnungsmangel. Durch die schlechten, langanhaltenden Erfahrungen auf dem Baumarkt ist die Unternehmungslust auf Jahre hinaus von diesem Gebiet abgeschreckt. Nur langsam wächst der Bedarf in den vorhandenen Vorrat. Durch die Eigenart des Hauses kann kein Teil des Angebots zeitweise vom Markt zurückgezogen werden, so daß der gesamte Vorrat dauernd auf den Markt drückt. Einen Absatz ins Ausland oder einen entsprechenden Vorgang, der, wie in der Produktionsmittelindustrie, Erleichterung schaffte, gibt es nicht. Ist darum der Tiefpunkt der Depression überschritten, so bleibt doch die Tätigkeit so gering, daß sie auch hinter einem nur wenig wachsenden Bedarf zurücksteht. Erst wenn die Mietssteigerung deutlich einsetzt, beginnt die Tätigkeit wieder aufzuleben. So erklärt sich die Beobachtung, daß auf dem Baumarkt die Welle zwischen zwei Aufschwungszeiten länger ist, als auf anderen Wirtschaftsgebieten. Hier fällt z. B. die Hausse Ende der fünfziger Jahre, Anfang der achtziger Jahre und Ende des 19. Jahrhunderts aus. Aus der starken Vernachlässigung des Wohnungsmarktes kann darum in einer Volkswirtschaft wachsender Bevölkerung und zunehmender Agglomeration schließlich der Anstoß zu einem allgemeinen Wirtschaftsaufschwung entspringen, wie es offenbar Ende der achtziger Jahre des vorigen Jahrhunderts der Fall war.

b) Die Beziehungen des Wohnungsmarktes zum Kapitalmarkt.

In der vorangegangenen Schilderung der Entwicklung des Wohnungsmarktes ist eine entscheidende Seite bisher vernachlässigt worden: die Beziehung zum Kapitalmarkt. Auch nach dieser Richtung finden wir die schon betonte Analogie mit der Herstellung der Erzeugungsmittel und deren Anlagen, die ja mindestens ebenso hohe Werte darstellen. In beiden Fällen handelt es sich, dank der langen Konsumtionsdauer dieser Güter, nicht nur um die Befriedigung des gegenwärtigen Bedarfs, sondern zugleich wird auch die Deckung des zukünftigen bis zu einem gewissen Grade sichergestellt, hier durch Schaffung des Produktionskapitals, dort des Verbrauchsvermögens oder Konsumtionsfonds. Beide Güter haben also eine ebenso wichtige Rolle im Produktions- wie im Konsumtionsprozeß, von denen uns hier aber nur der erste beschäftigt. Die Erfüllung dieser wichtigen Aufgabe, die an sich nur höher entwickelten Volkswirtschaften gelingt, wird aber dadurch erschwert, daß sie nicht im gleichmäßigen Fortschritt, sondern zum Teil allein durch die Eigenart dieser Güter, wie wir gesehen haben, in Abschnitten, stufenweise erledigt werden muß. Es ist also notwendig, daß die Produktions- und Arbeitskräfte sich zeitweilig verstärkt diesen Gebieten zuwenden. Das aber setzt auf andern Gebieten zum mindesten eine Sättigung voraus, wenn nicht direkt größere Vorräte. In der heutigen Wirtschaftsorganisation aber ist die Verfügung über die Produktionskräfte nur zu erlangen durch die Herrschaft über das notwendige Privat- oder Erwerbskapital, durch deren Ansammlung der einzelne seine individuelle zukünftige Konsumtion sichert. — Die Frage, die also noch zu beantworten ist, lautet: Unter welchen Bedingungen und Umständen gelingt es dem Baugewerbe, das notwendige Privatkapital zur Wohnungsproduktion zu erhalten?

Das eigene Kapital ist, wie wir gesehen haben, in allen Unternehmungen, die an der Wohnungsproduktion beteiligt sind, sehr gering. Aber wie in anderen Gewerben wird es durch den schnellen Umsatz in der Haussezeit leistungsfähiger und erhöht sich durch die größeren Gewinne. Hinzu kommen schließlich Neugründungen, die sich in den Aufschwungszeiten vermehren.

Wichtiger sind, wie wir wissen, die Kapitalien, die das Baugewerbe durch Kredit erlangt. Zunächst macht das Baugewerbe, wie alle anderen Unternehmungen, Gebrauch von dem kurzfristigen Kredit, dem Wechsel-, Kontokorrent- und Lombardkredit. Dieser Teil des Kapitalmarkts spiegelt durch die Leichtigkeit, mit der das Kapital ihm zuströmt, und ohne Verluste ihn schnell verläßt, am stärksten jede vorübergehende Veränderung von Angebot und Nachfrage wider. Hier machen sich am deutlichsten die Einflüsse auswärtiger Märkte oder auch Vermehrungs- und Geldverhältnisse geltend. Die Führung in der Zinsgestaltung hat der Diskont, der Zinsfuß, der im Wechselverkehr zur Anwendung kommt.

Den eigentlichen baugewerblichen Unternehmungskredit stellt das Baugeld dar. Es wird natürlich auch aus dem allgemeinen Kapitalmarkt geschöpft, so daß es unter seinen Bedingungen steht. Doch macht sich gerade hier die besondere Lage des Baumarktes geltend und regelt die Größe der Nachfrage und des Angebots. Die angegebenen Zahlen (Tab. XXIII) über die Zinshöhe beruhen nur auf ungenauen privaten Angaben und umfassen einen zu kurzen Zeitraum, um genauer festzustellen, wie schnell und in welchem Grade das Baugeld in seiner Zinshöhe den anderen Zinssätzen folgt. Bei hohem Diskont wird sich auch hier, wie für alle Kapitalanlagen, die Konkurrenz des kurzfristigen Kredites geltend machen. Der Hypothekenzinsfuß wird zum mindesten die untere Grenze bestimmen.

Entscheidend aber ist der dauernde Hypothekarkredit. Er ist allerdings für den städtischen Grundbesitz niemals Produktions-, sondern Besitzkredit. Er erfüllt also dieselbe Funktion wie der Kauf. Der Kauf und die Aufnahme einer Hypothek bedeuten zwar nur einen privatwirtschaftlichen Besitzwechsel nach vollendeter Produktion, aber weil sie allein das Unternehmungskapital zu neuer Produktion befreien, ist von ihnen der Grad der Fortsetzung der Produktion abhängig. Die bei den Käufen bezahlten Preise zur Abschätzung der Kapitalien, die dem Baumarkt zur Verfügung stehen, anzuführen, ist schon deshalb unmöglich, weil eine gute Statistik fehlt. Aber bei dem Kauf wird, wie wir wissen, nur der kleinste Teil des Grundstückswertes ersetzt, während mindestens $^3/_4$ bis $^9/_{10}$ durch Hypotheken gedeckt werden. In der wechselnden Höhe der Vermehrung der Bodenverschuldung und der Höhe des Hypothekenzinsfußes haben wir also den besten Anhalt, wieviel Kapitalien und unter welchen Bedingungen dem Grundstücksmarkt zugeführt werden. Dagegen spricht nicht, daß nicht jeder Neubelastung eine Neuinvestition gegenübersteht, denn eine solche unscheidbare Mischung von tatsächlicher Gütervermehrung und bloßer Besitzverschiebung wird wohl jede Aufstellung, die in Geld ausgedrückte Werte umfaßt, mehr oder minder enthalten. —

Die führende Rolle in dem städtischen Realkredit haben heute noch, wenn auch hart bedrängt, die Hypothekenbanken. Sie erhalten ihre Kapitalien durch die Ausgabe von Pfandbriefen. Diese stehen als festverzinsliche Papiere mit den Staats- und Kommunalpapieren und sonstigen Obligationen im Gegensatz zu den Dividendenpapieren, den Aktien der Unternehmungsgesellschaften. Durch die Aktien wird das Kapital den Unternehmungen zugeführt, beteiligt sich dadurch an dem Unternehmungsrisiko und dem wechselnden Unternehmungsgewinn. Zwischen Unternehmungsgewinn und dem üblichen Kapitalzins aber besteht in jeder Volkswirtschaft ein bestimmtes Verhältnis, das abhängig ist von dem Kapitalreichtum der sozialen Gliederung und psychologischen Eigenschaften der Bevölkerung. Steigt also der Unternehmungsgewinn, oder ist zum mindesten Aussicht darauf vorhanden, so wendet sich das Kapital unter sonst gleichen Bedingungen stärker den Unternehmungen zu. Es bevorzugt, soweit es an den organisierten Kapitalmarkt geht, die Aktien. Die Kurse der Dividendenpapiere steigen.

Zunächst ist die Folge eine Ausgleichung der Realdividende an den noch geltenden Realzinsfuß; hält aber die steigende Tendenz des Unternehmungsgewinns an, so wird die Nachfrage nach festverzinslichen Papieren seltener, besonders, weil überhaupt das Kapital, das an den Kapitalmarkt geht, verhältnismäßig geringer wird, da es sich besser auch ohne diesen Umweg direkt an der Produktion beteiligt. Die Kurse der festverzinslichen Papiere sinken, ihr Realzinsfuß folgt der steigenden Realdividende. Das gleiche vollzieht sich in umgekehrter Richtung. Sinkt der Unternehmergewinn oder ist es zum mindesten zu erwarten, so sinken die Kurse der Aktien, während die Kurse der festverzinslichen Papiere steigen, so daß schließlich Realdividende und Realzinsfuß auf einem erniedrigten Niveau, in dem mehr oder minder alten Verhältnis stehen. Diese Bewegung überträgt sich durch die Pfandbriefe auf den Hypothekenzinsfuß. Die Hypothekenbanken können beim steigenden Passivzinsfuß keinen niedrigen Aktivzinsfuß, der meist ¼ bis ½ % über jenem steht, bewilligen. Im umgekehrten Falle ist es ihm dagegen unmöglich, den erhöhten Zinsfuß aufrecht zu erhalten. Die nachstehende Tabelle, die nach Angaben Alberts zusammengestellt ist — dem auch in der voraufgehenden Darstellung gefolgt worden ist —, gibt im einzelnen die Entwicklung des Zinsfußes in der letzten Wirtschaftsperiode.

	Realdividende	Realzinsfuß der Wertpapiere	Realhypotheken-Zinsfuß	Marktdiskont
1895	4,53	3,35	3,75—3,70	2,01
1896	5,26	3,35	3,75—3,69	3,04
1897	5,69	3,38	3,75—3,73	3,09
1898	**6,03**	3,41	3,78	3,55
1899	5,66	3,51	4,25—4,15	**4,45**
1900	5,84	**3,65**	**4,25—4,24**	4,41
1901	5,41	3,52	4,26	3,06
1902	4,92	3,43	4,25—4,14	*2,19*
1903	5,32	*3,42*	4,25—4,11—3,85	3,01
1904	*4,83*	3,43	3,91	**3,14**
1905	5,14	3,45	*3,86*	2,85
1906	5,48	3,52	4,25—4,16	4,04
1907	5,56	3,70	4,28	**5,12**
1908	4,51	**3,78**	**4,31**	3,52

Allerdings war im Anfang der betrachteten Periode die enge Verbindung des Hypothekenmarktes mit dem Kapitalmarkt nicht vorhanden. Sie war langsamer, schwerfälliger, wie wir gesehen haben, zum Schaden des Realkredits. Aber im wesentlichen müssen die Beziehungen zwischen Realkredit und den übrigen Anlagemöglichkeiten dieselben gewesen sein, da die Hypothek selbst denselben Anlagecharakter wie die festverzinslichen Papiere trägt. Aber auch heute sind ja die Hypothekenbanken nicht die einzigen Kapitalgeber am Hypothekenmarkt. Die Kapitalien Privater werden in ihren Bedingungen für den Hypothekarkredit, ohne besondere Ausnahme, keine anderen Bewegungen einschlagen, als die, zu denen die Hypothekenbanken ausleihen, da sie keine anderen sind, als die, die die Pfandbriefe bevorzugen. Anders aber scheint die Stellung der Sparkassen und Versicherungsgesellschaften zu sein, die nach ihrer Aufgabe und durch gesetzliche Bestimmungen gezwungen, vor allem die möglichst sichere Anlage ihrer Kapitalien im Auge haben müssen, anderseits Kapitalien vergeben, die nicht dem organisierten Kapitalmarkt entstammen.

Die Sparkassen, deren Kapitalien in der Hausse sich stärker vermehren als in der Depression, können wir wegen der geringen Bedeutung für den Berliner Hypothekenmarkt ausscheiden. Die Kapitalkraft der Versicherungsgesellschaften hat allein eine gleichmäßige Entwicklung, da ihre Eingänge auf Jahre hinaus vertraglich gesichert sind. Doch machte sich in der jüngst vergangenen Periode der Kapitalteuerung auch bei ihnen eine Einschränkung der verfügbaren Kapitalien bemerkbar, da sie von den Versicherten zur Beleihung der Police in Anspruch genommen wurden. Vor allem aber liegt es nicht in dem Interesse der Versicherungsgesellschaften, die Hypothekenbanken in Zeiten, in denen diese kapitalschwach sind, zu unterbieten. Sie sichern höchstens auf diese Weise sich besonders gute Stellen, aber im allgemeinen schließen sie sich in ihren Darlehnsbedingungen der allgemeinen Zinsfußbewegung an. Daß aber die Hypothekenbanken eine rückläufige Tendenz des Zinsfußes ihren Gläubigern nicht vorenthalten können, dafür sorgt die leichte Beweglichkeit des Kapitals, das bei einem höheren Hypothekenzinsfuß, als es dem Verhältnis der Zinsarten entspricht, stärker sich dem Hypothekenmarkt zuwenden würde.

Wie die Zinsfußveränderung zunächst nur den Kurs der Wertpapiere verändert, so zunächst die Bewegung des Zinsfußes den Preis des Bodens. Vorübergehende Zinsschwankungen, wie sie jeder Aufschwung und jede Depression mit sich bringt, werden meist durch die gleichzeitige Bewegung der Mieten ausgeglichen. Denn steigenden Mieten geht der sinkende Kapitalisationsfaktor bei steigendem Zinsfuß parallel und umgekehrt. Dagegen machen langdauernde Veränderungen des Zinsfußes sich wohl in den Bodenpreisen fühlbar. So verschärfte die steigende Tendenz des Hypothekenzinses seit Mitte der vierziger Jahre die Krise des Berliner Grundbesitzes, die dem Mietrückgang und dem Mietausfall nach den Unruhen der vierziger Jahre folgte. Anderseits trug die rückläufige Tendenz nach dem deutsch-französischen Kriege dazu bei, daß der Preisrückgang der Grundstücke offenbar eher zum Stillstand kam als das Fallen der Mieten.

Die Folgen der Zinsbewegung sind also zunächst nur Besitz- und Einkommensverschiebungen. Die Produktion aber wird erst dann davon getroffen, wenn es gilt, unter den veränderten Bedingungen sich neues Kapital zur Fortsetzung der Produktion zu sichern. Auch die Kursbewegung der Aktien einer Unternehmung ist für sie selbst, vor allem wegen der Neuemissionen an Aktien, von Wichtigkeit. Denn die Verfügung über das Erwerbskapital, durch das die notwendigen Güter zur Produktion gesichert werden, ist in der heutigen Wirtschaftsorganisation nur zu erlangen durch die Bewilligung des durch die augenblickliche Kapitalmarktlage bedingten Zinsfußes. Die Verzinsung ist aber nur aufzubringen, wenn die Rentabilität des Wirtschaftsgebiets die entsprechende Höhe erreicht hat. In unserem Falle entscheidet also letzten Endes die Miethöhe. Stehen die Mieten noch so niedrig, daß die Rentabilität des Hausbesitzers nicht ausreicht, den durch die gesamte Wirtschaftslage bestimmten Zins, neben der Einnahme des Hausbesitzers, abzuwerfen, so unterbleibt die Produktion so lange, bis die Mieten so weit gestiegen sind, um beides abzuwerfen. Kann der Hausbesitzer auf einen Ertrag rechnen, so kann auch der Bauunternehmer hoffen, sein Haus zu verkaufen.

Weil das aber nicht der Fall war, unterblieb in den fünfziger Jahren der Hausbau, nicht nur in Berlin, sondern auch in anderen deutschen Großstädten, und ebenso in Wien und Paris. Schließlich hatten die Mieten die Höhe erreicht, den Zinsfuß aufbringen zu können, so daß Anfang der sechziger Jahre in Berlin eine kurze Bauperiode einsetzte. Aber bald kam die Mietbewegung zum Stocken, der Zinsfuß ging im Gefolge der Kriege weiter in die Höhe. Die Wohnungsproduktion fand wieder ihr Ende, bis die krasse Wohnungsnot und Wohnungssteuerung nach dem deutsch-französischen Kriege, verbunden mit der Kapitalfülle, eine starke Bautätigkeit ermöglichte.

Eine ähnliche Erscheinung haben wir am Ende des vorigen Jahrhunderts. Durch eine starke Überproduktion war der Ertrag des Berliner Hausbesitzers stark gedrückt worden, erst gegen 1898 begann er sich wieder zu heben, doch schon seit dem Anfang des Jahres 1895 war der Gewinn auf anderen Wirtschaftsgebieten durch neue technische Erfindungen gestiegen. Während der Hausse steigt die Wohnungsnachfrage in Berlin, die Mieten gehen in die Höhe, aber nicht so schnell und so weit, um den Ertrag des Hauses soweit zu steigern, daß der durch jene Wirtschaftsentwicklung erhöhte Zinsfuß getragen werden kann. Die Hypothekenbanken stellen ihren Absatz an Pfandbriefen ein, weil sie den notwendigen Aktivzinsfuß nicht durchsetzen können. Ja, sie müssen ihre verfügbaren Kapitalien dazu verwenden, ihre eigenen Pfandbriefe aufzukaufen, um den Kursstand nicht zu weit sinken zu lassen. Ist nun diese Praxis zunächst zu dem Zweck geübt worden, die Pfandbriefe den vorübergehenden Kursschwankungen zu entziehen und ihnen dadurch ständige Abnehmer zu sichern, so ist doch deutlich, daß die oben genannten Motive mitspielen werden. Die Kapitalzufuhr für den Baumarkt stockte, die Wohnungsproduktion unterblieb, die Mieten stiegen weiter. Jetzt aber fand die allgemeine Hausse ihr Ende Der Umschlag der Stimmung überträgt sich auch auf den Baumarkt, die Unternehmungslust liegt auch hier danieder. Die Mietsteigerung nimmt nicht in gleichem Maßstab ihren Fortgang, da ja die Nachfrage nach Qualität und Quantität sich verschlechtert hat. Nun aber ist eine Zinsermäßigung im Gefolge der Depression eingetreten, und ehe noch der Hypothekenzinsfuß den Tiefstand der letzten Depression erreicht hatte, setzte die Bautätigkeit auf das lebhafteste ein. Die Rentabilität, die nach der langen Mietteuerung der Hausbesitz und das Baugewerbe erhielten, ermöglichte es, den Zinsfuß aufrecht zu erhalten. Aus der verstärkten Bautätigkeit entspringt ein Anstoß zu einer neuen Hausse, in deren Verlauf der Zinsfuß über die Höhe der vorangegangenen hinausgeht. Ähnlich war die Wirkung der Produktion für den Wohnungsmarkt am Anfang der siebziger Jahre. Die Bautätigkeit, die die Wohnungsnot auch nach dem Zusammenbruch der wilden Spekulation, die aus jener den realen Hintergrund erhalten hatte, verursachte es, daß die Produktionseinschränkung und Zinsermäßigung sich nur langsam durchsetzte. Und auch die vorübergehende Zinssteigerung in der Hausse der achtziger Jahre war nicht zum wenigsten der starken Bautätigkeit zu verdanken.

Es ist also kein Wunder, daß in diesen Wirtschaftsperioden das Jahr der stärksten Vermehrung der Bodenbelastung in Berlin zusammenfällt mit den höchsten Zahlen, die die Statistik der Neugründungen und Emissionen aufweist. In der formalen Verschiedenheit der Kapitalbeschaffung durch Aktienaufnahme und durch Hypothekenbeschaffung findet die gleichzeitige Versorgung der Wirtschaftsgebiete, die auf sie angewiesen sind, kein Hindernis. Dieser Unterschied ist von Wichtigkeit für die privatwirtschaftliche Reproduktion des Kapitals. Die Produktion bleibt von ihm unberührt.

Dennoch besteht am Kapitalmarkt eine Konkurrenz zwischen Aktienemissionen und Hypothekenaufnahme, da man sagen kann, daß jene vor allem die Produktionsmittelindustrie mit Kapital versorgen, diese vor allem den Wohnhausbau. Diese beiden Wirtschaftsgebiete aber konkurrieren miteinander, um die in jeder Volkswirtschaft begrenzte Möglichkeit Güter zu schaffen, die nicht allein dem unmittelbaren Konsum dienen. Die Rentabilität eines jeden Produktionsgebietes entscheidet bei der heutigen Wirtschaftsorganisation, welchem von ihnen schließlich die Kapitalbeschaffung gelingt. Kapitalmangel verhinderte also in den fünfziger und sechziger Jahren tatsächlich eine genügende Wohnungsproduktion, da der Eisenbahnbau die Anlage von Berg- und Hüttenwerken, schließlich der durch die Kriege gesteigerte Staatsbedarf alle vorhandenen Produktionskräfte für sich in Anspruch nahm. Ebenso waren es die Investitionen, die die Elektrotechnik am Ende des vorigen Jahrhunderts notwendig machte, die die Bautätigkeit beschränkten.

Aber Kapitalmangel macht sich am Ausgang jeder Hausse fühlbar und wirkt nicht zum wenigsten auf den Umschwung hin. Die verfügbaren Kapitalvorräte sind so schmal geworden, der Zinssatz erreicht eine solche Höhe, daß auch die Industrien, die die Hausse vor allem trugen, den notwendigen Zinssatz nicht mehr aufbringen können. Die Kapitalbeschaffung mißlingt, die Produktion kann auch aus diesem Grund nicht im alten Umfang fortgesetzt werden. Zunächst ist auch dieser Mangel ein Mangel an Erwerbskapital. Denn Kapital im volkswirtschaftlichen Sinne, Kapitalgüter für die zukünftige Produktion und Konsumtion zu schaffen, war gerade die Aufgabe der Hausse, und sie sind jetzt zum Teil im Überfluß produziert. Dennoch ist nach Spiethoff auch ein Gütermangel vorhanden, der nur in der Kredit- und Geldwirtschaft nicht tatsächlich aufzuweisen ist. Um jene Kapitalgüter herzustellen, hatten sich alle Produktionskräfte ihrer Herstellung gewidmet, dagegen waren andere Gebiete vernachlässigt worden, andere aber sind überhaupt nicht einer so plötzlichen Ausdehnung fähig, da organische Kräfte bei ihnen im ausgedehnteren Maße mitwirken. Ist also auf jenen Gebieten zum Teil eine Überproduktion vorhanden, so steht ihnen auf diesen eine Unterproduktion gegenüber. Eine Richtungsänderung der gesamten Volkswirtschaft ist also notwendig.

Man könnte nun in der Abwanderung der städtischen Bevölkerung oder wenigstens in der Verminderung der Zuwanderung, die nach dem Umschwung der Konjunktur einsetzt, ein deutliches Symptom dieser Richtungsänderung sehen. Damit wäre für unser Gebiet es besonders deutlich, daß die fehlende Nachfrage, die sich jetzt auf allen Gebieten bemerkbar macht, und Kapitalmangel nur zwei Seiten derselben Erscheinung sind, eine Tatsache, die auch für die Industrie der Produktionsmittel gilt. Weil Handel und Industrie — einschließlich des Baugewerbes — nicht mehr die notwendigen Güter zur Fortsetzung ihrer Produktion sich sichern können, vor allem nicht die Güter zum Unterhalt der Arbeiter, geht die Nachfrage nach städtischen Wohnungen zurück.

Es ist daher erklärlich, daß schwer zu entscheiden ist, was in jeder Hausse mehr zu der notwendigen Beschneidung der Tätigkeit zwingt, der Kapitalmarkt oder der Rückgang der Nachfrage. Für die Gewinnaussichten des Bauunternehmers ist es ebenso entscheidend, daß er für das Baugeld oder die Hypothek, wenn die Aufnahme überhaupt gelingt, einen höheren Zinssatz bewilligen muß oder niedrige Summen erhält, als daß er bei vermindertem Mietrückgang geringere Preise erzielt.

Hat sich die rückläufige Tendenz, die bei diesem Umschwung heute die gesamte Volkswirtschaft ergreift, durchgesetzt, so verändert sich auch die Lage des Kapitalmarkts. Privatkapital ist nach längerer oder kürzerer Zeit wieder reichlicher vorhanden. Setzt sich seine Bildung doch trotz verminderter volkswirtschaftlicher Kapitalisation fort, da beide ja getrennte Prozesse sind. Auf dem organisierten Kapitalmarkt, dem das Privatkapital in verhältnismäßig verstärktem Maße zuströmt, da es nicht unmittelbar in der Produktion Anlage findet, bevorzugt es die festverzinslichen Papiere, weil ihre Verzinsung nicht von der wirtschaftlichen Konjunktur berührt wird, wie die der Dividendenpapiere. Dieser Umschwung kommt auch den Pfandbriefen der Hypothekenbanken zugute, die in der Depression bisher — abgesehen von der Depression nach den Gründerjahren — am stärksten ihren Pfandbriefumlauf und ihre Darlehnsbestände vermehrt haben. Auch das private Kapital sucht in größerem Umfange Anlage auf dem Hypothekenmarkt.

Dennoch aber ist, wie wir schon wissen, in der Depression die Vermehrung der Gesamtverschuldung Berlins und Groß-Berlins am geringsten, und tatsächlich hören wir vom Baumarkt selbst in dieser Zeit Klagen über Kapitalmangel. Dagegen lautet der typische Bericht vom Hypothekenmarkt in dieser Zeit: Es ist mehr Kapital angeboten, als gutes Hypothekenmaterial vorhanden.

Jetzt wird deutlich, daß auch die Sicherheit der Hypothek von dem Erfolge einer Produktion am Markt abhängig ist. Und dieser ist, wie wir wissen, gerade jetzt am zweifelhaftesten. Noch stehen zahlreiche Wohnungen leer, gehen die Mieten zurück. Das Kapital scheut auch hier, wie auf dem gesamten Kapitalmarkt, das Unternehmungsrisiko, das bei der Lage des Wohnungsmarktes auf der Hypothek lastet. Der Zinssatz ermäßigt sich nur zögernd. Erste Hypotheken sind vielleicht noch zu haben, aber nur in verminderter Höhe; darum werden gerade jetzt alle Mittel angewandt, sie künstlich in die Höhe zu treiben: wie durch die Überversicherung des Gebäudewertes, durch Verschleierung der Mietverträge. Vor allem ist es unmöglich, eine zweite Hypothek zu erhalten, da sie ja am stärksten am Risiko beteiligt ist. Der Zinssatz bleibt auf seiner Höhe, daneben findet die schlechte Lage des Baumarkts ihren Ausdruck in dem sogenannten Damnum. Das Damnunm ist, wie die Provision, ein Valutaabzug bei der Aufnahme der Hypothek, nur in größerer Höhe, und dient wie diese dazu, den Zinssatz der augenblicklichen Marktstimmung anzugleichen. Auch von diesem Mißbrauch glaubte man in jeder Hausse, daß er verschwunden sei.

Und gerade die Schwierigkeit, Kapitalien an zweiter Stelle zu erhalten, hindert den Bauunternehmer am entschiedensten, seine Tätigkeit fortzusetzen. Er kann sich vielleicht halten, wenn er sein Haus nicht sofort verkaufen kann. Aber der zweiten Hypothek bedarf er zur Befriedigung der Bauhandwerker und Baulieferanten. Können sie nicht stunden, so kommt sein Grundstück zur Versteigerung; braucht er die zweite Hypothek nicht zur Deckung der Bauforderung, so ist zum mindesten sein eigenes Kapital festgelegt. Solange er also noch eine zweite Hypothek bekommt, ist es für den Bauunternehmer, der nur aus privatwirtschaftlichen Gesichtspunkten den Umfang seiner Tätigkeit bestimmt, immer noch möglich, weiterzubauen.

Darin liegt überhaupt die Gefahr eines zu reichlichen Angebots des Kapitals, zu einer Fortsetzung der Produktion zu verführen, wenn sie volkswirtschaftlich nicht mehr notwendig ist. Als nach den Gründerjahren Kapital reichlich dem Realkredit zur Verfügung stand, vor allem die Hypothekenbanken ihren Pfandbriefumlauf fortgesetzt vermehrten, unterstützten sie mit ihren Kapitalien eine überflüssige Bautätigkeit nur, um diese unterzubringen. Erst die nachfolgende Krise belehrte sie, eine solche Praxis künftig zu vermeiden. Sie und die Versicherungsgesellschaften wenden sich darum heute in den Depressionsjahren vor allem der sogenannten Hypothekenregulierung zu, d. h. sie verwandeln mehrere kleine Hypotheken privater Gläubiger in eine einheitliche große erste Hypothek. Ein Geschäft, das besonders in der Mitte der neunziger Jahre einen großen Umfang einnahm. Neuerdings scheint die Möglichkeit zu solchen Geschäften sehr erschöpft, so daß man sagt, daß die Hypothekenbanken in der jetzigen Depression mehr in die äußeren Bezirke Groß-Berlins gedrängt würden. Vielleicht wenden sich aber die großen Institute aus diesem Grunde jetzt auch mehr der Beleihung in kleineren Städten zu.

Die Hypothekenregulierung bringt aber ein Teil jener Besitzverschiebungen mit sich, die für die Vorbereitung einer neuen Hausse notwendig sind. Je mehr das gesellschaftliche Kapital der Institute den einzelnen Gläubiger aus seinem sicheren Posten verdrängt, desto mehr Kapital wird schließlich für die Beleihung an zweiter Stelle frei. Wendet sich der Kapitalist aber den Rentenpapieren zu, so hilft er die Nachfrage nach diesen vergrößern, so daß schließlich der Zinsfuß der festverzinslichen Werte weitersinkt und also auch der Hypothekenzinsfuß. Immer mehr Kapitalisten suchen sich nun durch eine zweite Hypothek einen höheren Zinsfuß zu erhalten. So wird das Unternehmungskapital, das an der Produktion für den Wohnungsmarkt sich beteiligt, schließlich frei und drängt zu neuen Unternehmungen. Unterdes hat bei der beschränkten Vermehrung der Wohnungen der Wohnungsmarkt sich verbessert. Die Mieten sinken nicht weiter, der Hausertrag hat auch seine fallende Bewegung aufgegeben. Von beiden Seiten sind also die Vorbedingungen zu einer neuen Hausse auf dem Baumarkt gegeben.

Zweiter Teil.

Der Wohnungsmarkt in Berlin.

1. Periode 1840—1861.

Mit dem Beginn der vierziger Jahre des 19. Jahrhunderts war die Übergangszeit nach den großen Umwälzungen, die den Kriegsjahren am Anfang des Jahrhunderts folgten, wirtschaftlich erst vollständig überwunden. Die Agrarreform, die Ablösungs- und Flurregulierungsgesetzgebung waren zum größten Teil durchgeführt und damit eine moderne rationelle Bodenbebauung ermöglicht. Schon war durch Thaers Wirken fast überall die landwirtschaftliche Betriebsweise verbessert, und in den vierziger Jahren folgten die umwälzenden Entdeckungen Liebigs. Industrie und Gewerbe hatten sich nach den Schlägen der napoleonischen Zeit erholt, neue zukunftsreiche Industrien hatten sich entwickelt, seitdem mit Aufhebung der Kontinentalsperre durch die Überschwemmung des deutschen Marktes mit englischen Waren manches Gewerbe zusammengebrochen war. Die Dampfmaschine kam mehr und mehr in Anwendung und allmählich auch die Werkzeugmaschine. Auch der preußische Staat ließ es an lebhafter Unterstützung für die neue wirtschaftliche Entwicklung nicht fehlen. 1818 waren in Preußen die Binnenzölle gefallen, 1834 glückte die Gründung des Deutschen Zollvereins, sodaß ein einheitliches großes Wirtschaftsgebiet geschaffen war. Trotzdem hatte sich das Gesicht der Wirtschaft bis 1840 noch wenig verändert gegen den Beginn des Jahrhunderts. Es war mehr eine Zeit der Gesundung und Kraftsammlung als der einschneidenden Neuerungen.

Den eigentlichen Umschwung in dem modernen Wirtschaftsleben brachte erst die vollständige Änderung des Verkehrswesens. Schon seit den zwanziger Jahren hatte die Anlegung von Kunststraßen eine große Verbesserung erfahren, aber erst von 1840 bis 1860 nahm in Preußen der Chausseebau erheblich zu. Preußen besaß an Chausseen

1816	522,50	Meilen
1831	1144,50	„
1847	1383,94	„
1862	3790,10	„

Jetzt wurde das Postwesen fortgebildet, die erste regelmäßige Dampfschiffahrt eingerichtet, die Wasserwege ausgebaut, vor allem aber begann der Eisenbahnbau. Erst die Eisenbahnen machten auf dem Kontinent die moderne Technik und Betriebsweise lebensfähig, der England schon seit Jahrzehnten Reichtum und Erfolg verdankte. Auch in Deutschland wird die vergrößerte Arbeitsteilung möglich, da mit gesteigertem Verkehr eine lebhaftere Wechselwirkung entsteht. Die Bedürfnisse beginnen sich zu wandeln, und eine Massenproduktion ist erst jetzt denkbar. So dehnt sich die Anwendung der Maschine von einem Gewerbe auf das andere aus und revolutioniert Gewerbe auf Gewerbe. Bezeichnenderweise beginnt mit dem Jahre 1840 die Krisis im Kleingewerbe, die Ende des Jahrzehnts zu einer Einschränkung der Gewerbefreiheit führte. Anderseits entsteht jetzt die Schwerindustrie, die für die moderne Technik den Unterbau liefert. Die vierziger und fünfziger Jahre sind die Gründerjahre für die Bergwerks- und Hüttenbetriebe, und noch heute zählen die damals entstandenen Firmen zu den ersten. Auch der Handel gewinnt eine andere Gestalt, vor allem der Kreditverkehr verlangt eine neue Organisation. Es ist die Zeit der Bankprojekte und Experimente. Haben doch die meisten heutigen großen Kreditbanken in jener Periode ihren Ursprung.

Mit der neuen kräftigen Entwicklung von Handel und Industrie setzt die neue Bevölkerungsgruppierung ein, die das 19. Jahrhundert vor allem charakterisiert und für Wirtschaft, Politik und Kultur die schwersten und größten Probleme gebracht hat: die zunehmende Bevölkerungsagglomeration in den Städten. Bis dahin konnten die Städte im allgemeinen sich nur soweit vermehren, daß sie noch von einer Einfuhr von ein oder zwei Tagereisen leben konnten. Daher besaß Deutschland damals nur zwei Städte mit mehr als 100 000 Einwohnern, Hamburg und Berlin. Für die erste galt also als Seestadt jene Beschränkung überhaupt nicht, Berlin aber besaß schon damals bei weitem die besten schiffbaren Wasserstraßen in ganz Deutschland. Die starke Bevölkerungsvermehrung, die schon in der ersten Hälfte des 19. Jahrhunderts einsetzte, und vor allem der günstigen Entwicklung der agrarischen Verhältnisse zu danken war, kam zunächst auch mehr dem Lande zugute. In Preußen wuchs die Bevölkerung

	in den Städten	auf dem Lande
1816/22	um 90%	um 142%
1822/31	„ 249%	„ 269%
1831/40	„ 411%	„ 461%
1840/49	„ 590%	„ 575%
1849/58	„ 877%	„ 672%

Seit 1840 macht sich die veränderte Tendenz der Bevölkerungsgruppierung bemerkbar. Deutlicher wird sie aus folgenden Daten: Von 1840 bis 50 vermehrt sich ganz Preußen um 14,4 %, das Land um 12,1 %, die Städte unter 30 000 Einwohner um 19,6 %, die Städte mit mehr Einwohnern um 32,4 %, darunter Berlin um 34,6 %. Denn Berlin gehörte selbstverständlich zu den wenigen bevorzugten Knotenpunkten, nach denen im Anfang das spärlich ausgedehnte Netz der Eisenbahnen zentrierte. Hier war 1839 die erste Bahn Preußens nach Potsdam eröffnet worden, 1841 folgte die Berlin-Anhalter, 1842 die Berlin-Frankfurter, 1843 die Berlin-Stettiner, 1846 die Berlin-Hamburger Bahn.

Berlin hatte so alle jene Vorteile für sich, die die moderne Großindustrie in die Städte zog, erleichterte Zufuhr von Lebensmitteln und Rohstoffen, erleichterter Absatz der Produkte, anderseits waren günstige Kreditgelegenheiten wie die Bildungsmöglichkeiten und vor allem ein starker lokaler Bedarf schon vorhanden. So erhält Berlin schon jetzt die Grundzüge seines Charakters als Industriestadt. Aus dem Eisenbahnbau selbst gewann die Eisenindustrie und der Maschinenbau starke Anregung und Beschäftigung. Zu den ersten Eisenbahnbauten hatte man Lokomotiven wie Wagen noch aus England bezogen, 1847 baute Borsig, der 1837 seine Maschinenbauanstalt gegründet hatte, schon 67 Lokomotiven und beschäftigte 1200 Arbeiter. 1847 entstand die Telegraphenbauanstalt von Siemens & Halske, die 1849 die erste Telegraphenverbindung in Deutschland von Berlin nach Frankfurt a. M. herstellte. Aber auch der andere Industriezweig von ganz anderem Charakter, der heute neben der Metall- und Maschinenindustrie in Berlin die erste Stelle einnahm, hatte sich schon zu bedeutender Größe entwickelt. nämlich die Konfektion. Gerson lieferte schon 1851 20 000 Mäntel, Jacken usw. Die Wäscheindustrie liefert einen großen Teil des Berliner Exports, an dem außerdem vor allem die Kattundruckerei beteiligt war. Berlin wird jetzt zum ersten Handelsplatz Norddeutschlands, besonders für Wolle, Getreide und Spiritus, während bisher der Warenhandel unbedeutend gewesen war. Die Berliner Börse macht der Frankfurter, die die erste deutsche Börse gewesen war, den Rang streitig. 1837 war schon die Königliche Bank reformiert worden und hatte schon im wesentlichen die Gestalt, die noch heute die Deutsche Reichsbank besitzt. Die ersten privaten Banken entstanden aber nicht in Berlin, erst 1855 nimmt die Diskontogesellschaft das eigentliche Bankgeschäft auf.

Während Berlins wirtschaftliche Bedeutung dauernd wächst, nimmt natürlich auch die Bevölkerung entsprechend zu. Schon vor 1840 hatte Berlin eine starke Vermehrung der Einwohner gesehen, von 1810 bis 1840 hatte sich die Bevölkerung verdoppelt, während die vorangegangene Verdoppelungsperiode 70 Jahre umfaßte. Von 1840 steigt die Bevölkerung von 320 auf 490 Tausend Köpfe, also um 53 %, eine Zunahme, die relativ gering erscheint gegen die der vorhergehenden Jahre. Diese Verlangsamung fällt dem zweiten Jahrzehnt dieser Periode zur Last. 1840 bis 47 vermehrte sich die Einwohnerzahl sehr rasch um 27 %, d. h. jährlich um 10 961 Köpfe. Dann aber folgten 1848 bis 54 Jahre sehr geringe Zunahmen, 1849 sind die Todesfälle, die durch die Cholera und den Krieg sich stark vermehrten, zahlreicher als die Geburten, und der Mehrzuzug sank auf ein Minimum herab. 1851 und 54 hat Berlin sogar Wanderungsverluste und auch in den nächsten Jahren blieb der Mehrzuzug sehr gering, und dabei beruhte der Berliner Bevölkerungszuwachs vor allem auf dem Zuzug. Schon 1840 war in Berlin jeder zweite Bürger ein Eingewanderter, und der jährliche Mehrzuzug überstieg schon lange den Geburtenüberschuß. 1846, dem Jahr der größten Zuwanderung, beträgt der Mehrzuzug das Dreieinhalbfache des Geburtenüberschusses. Aber erst 1860 war wieder ein gleich hoher Wanderungsgewinn zu verzeichnen, der aber jetzt nur das Doppelte des Geburtenüberschusses bedeutet. Allerdings ist nicht außer acht zu lassen, daß 1861 durch die Eingemeindung 35 000 Menschen zur Stadt Berlin kamen, die schon vorher derselben wirtschaftlichen Einheit angehört hatten und zu einem großen Teil gerade im letzten Jahrzehnt eingewandert sein mögen.

Diese Entwicklung entsprach den wirtschaftlichen Konjunkturen. Trotz der Ansätze zu einer großen wirtschaftlichen Kraftentfaltung sind es noch keine Jahre eines großen materiellen Erfolges. Weite Volkskreise werden von den Umwälzungen zunächst hart betroffen. Sind es doch die Jahre der schweren Weberkrise! Bis in das Jahr 1845 war aber kaum ein Grund zu allgemeineren Klagen vorhanden. Da bringen eine Reihe von Mißernten und die Kartoffelseuche von 1845 bis 47 eine starke Lebensmittelteuerung. In ihrer Folge kommt es 1847 in Berlin zu den sogenannten Kartoffelunruhen, einem Vorboten der Ereignisse des nächsten Jahres. Die Handelskrise aber von 1847, die die übrigen europäischen Märkte erschütterte, blieb ohne Einfluß auf die wirtschaftliche Lage Preußens, da es noch ganz von den agrarischen Zuständen abhängig war.

Da brechen die politischen Unruhen des Jahres 1848 herein. Eine starke Krediteinbuße der Staaten war die nächste Folge auf wirtschaftlichem Gebiet, und der Kreditmangel greift auf das Geschäftsleben über. Zahlreiche Firmen brechen zusammen und andere Häuser hielten sich nur mit Aufbietung aller Kräfte und Hilfsmittel. Der Staat mußte helfend eingreifen, Preußen zahlte mehrere Millionen zur Unterstützung von Handel und Gewerbe aus dem Staatsschatz aus. Nicht nur die Seehandlung, sondern auch andere angesehene Bankfirmen überstanden nur auf diese Weise die schwere Zeit. Alle Geschäftstätigkeit versiegte, jede Unternehmungslust erlahmte. In Berlin waren z. B. 1846 11 000 Arbeiter in der Maschinenindustrie beschäftigt, 1849 nur noch 7 000. Die Stadt suchte durch Notstandsarbeiten abzuhelfen; damals wurden zu solchem Zweck die Arbeiten am Friedrichshain begonnen, der 1840 gestiftet war.

Aber auch als die Unruhen vorüber waren, wollte der Druck vom wirtschaftlichen Leben nicht weichen. Noch 1850 und 52 war in den meisten Gewerben der Status von 1847 nicht wieder erreicht. Zunächst brachte der Krieg mit Dänemark durch die teilweise Blockade der Ostseehäfen eine starke Schädigung. 1850 wurde die Erholung durch die Mobilisation gegen Österreich unterbrochen, 1851 bis 55 drohte der Deutsche Zollverein durch innere Händel auseinanderzufallen. 1852 begann der Krimkrieg, der das gesamte Wirtschaftsleben jahrelang beunruhigte. Hinzu kam, daß eine Reihe mäßiger Ernten von 1851 bis 55 eine starke Lebensmittelteuerung hervorrief. Als nun diese durch eine reiche Ernte im Jahre 1856 ein Ende fand und auch politische Beruhigung eintrat, begann auch sofort Gewerbe und Handel sich lebhaft zu regen. Aber schon Ende 1856 macht sich eine Geldklemme abermals bemerkbar, und 1857 findet infolge der großen Welthandelskrise die kurze Prosperitätszeit ihr Ende. In Preußen kamen nur wenige Börsen- und Handelsfirmen zu Fall, war es doch damals noch verhältnismäßig wenig in den Weltmarkt verflochten. Aber die allgemeine Depression, die nun auf das europäische und amerikanische Wirtschaftsleben sich legte, machte sich auch hier fühlbar, die Warenpreise sanken und der Absatz verringerte sich. Wieder kamen politische Unsicherheiten hinzu. 1858 begann der französisch-österreichische Krieg. Bis 1860 und 61 klagen deshalb alle Handelsberichte über wenig Beschäftigung.

Und besonders in Berlin hatten seit dem Jahre 1840 sich die wirtschaftlichen Verhältnisse nicht vollkommen erholen können. Hier lastete der politische Druck der Reaktionszeit am schwersten. Alles, was im städtischen Leben damals sich entwickelte, schuf nicht die Bürgerschaft, sondern wurde ihr von außen aufgezwungen. Hinkeldey, der energische Polizeipräsident, schuf 1851 die Berufsfeuerwehr, organisierte die Straßenreinigung und betrieb den Bau der neuen Wasserleitung, die 1857 fertiggestellt war. Die Berichte der Ältesten der Kaufmannschaft können nur rühmen, daß Berlin seinen alten Platz zu behaupten gewußt. Die großen neuen Unternehmungen, die jetzt entstehen, sind ja vor allem auch Berg- und Hüttenwerke, die das Material für den Eisenbahnbau und die neue Technik schaffen. Sie ziehen die Bevölkerung an sich, Berlin kann offenbar gegen sie nicht aufkommen.

Für den Eisenbahnbau, für die Anlagen der Schwerindustrie werden in diesen beiden Jahrzehnten auch alle Kapitalien verwandt; wurden doch in Preußen

bis 1840	für	22	Millionen	Taler
1845	„	98	„	„
1848	„	157	„	„
1850	„	183	„	„
1855	„	272	„	„
1860	„	423	„	„

Eisenbahnen konzessioniert. Bis 1844 war die Kapitalbeschaffung für diese neuen Investitionen gelungen, ohne daß der Zinsfuß, der seit 1815 in fallender Richtung sich bewegte, eine andere Bewegung einschlug. Da gab eine Krisis in der Börsenspekulation mit Eisenbahnpapieren, die namentlich in Berlin einen großen Umfang angenommen hatte, den äußeren Anstoß, daß seit 1845 der Zinsfuß dauernd stieg. Seinen höchsten Stand erreichte er im Revolutionsjahr

	Zinsfuß der preußischen Staatsschuldscheine[1] der $3^1/_2$ prozentigen		Durchschnittszinsfuß der preuß. $4^1/_2$% und 4% Staatsanleihen und der $3^1/_2$% Staatsschuldscheine[1]		
	niedrigster	höchster	$4^1/_2$ %	4 %	$3^1/_2$ %
1840	3,84	3,92	—	—	—
1841	3,84	3.87	—	—	—
1842	3,83	3,87	—	—	—
1843	3,82	3,90	—	—	—
1844	*3,39*	*3,53*		—	—
1845	3,49	3,65	—	—	—
1846	3,57	3,83	—	—	—
1847	3,68	3,81	—	—	—
1848	3,75	**5,47**		—	—
1849	3,90	4,46	—	—	—
1850	3,90	4,67	—	—	—
1851	**3,91**	4,15	—	—	—
1852	*3,67*	*3,93*	—	—	—
1853	3,68	4,00	—	—	—
1854	—	—	**4,71**	**4,31**	**4,21**
1855	—	—	4,48	4,18	4,09
1856	—	—	*4,51*	4,25	4,16
1857	—	—	4,54	4,29	4,23
1858	—	—	4,47	4,24	4,16
1859	—	—	4,66	4,46	4,28
1860	—	—	4,51	4,23	4,11

[1] Nach Voye.

und hielt sich bei dem vergrößerten Staatsbedarf, den die unruhige Zeit notwendig machte, bis 1854 auf beträchtlicher Höhe. (Siehe nebenstehende Tabelle.) Die nächsten Jahre ermäßigte er sich um ein geringes, um in den Aufschwungsjahren 1856 und 57 sich wieder etwas zu erhöhen. Der Hypothekenzinsfuß (Tabelle XXIII) hatte sich bis 1848 auf seinem Stande erhalten, 1848 hatte er sich auf 5 % erhöht, wo er bis auf die kurze Spanne von 1853 bis 55, in der er zum Teil auf 4½ % sich gesenkt hatte, bis 1860 stehen blieb. Mit 5 % aber war die gesetzliche Zinsgrenze erreicht, und es ist sehr wahrscheinlich, daß unsere Tabelle nicht ganz die Teuerung, die für den Realkredit eingetreten war, wiedergibt. Valutaabzüge für die erste und noch mehr für die zweite Hypothek mögen den Schuldner neben dem erhöhten Zinsfuß belastet haben. Genauere Angaben besitzen wir leider nicht; jedenfalls waren seit der Vermehrung der Wertpapiere vor allem durch die Aktien der Eisenbahngesellschaften Klagen über die Unmöglichkeit, Grundkredit zu angemessenen Bedingungen zu erhalten, allgemein. Und wie wir wissen, versagte schon in diesem Jahrzehnt die Kapitalvermittelung für den Realkredit vollkommen. Dem entspricht es auch, daß die Eintragungen im Berliner Grundbuch seit der Kapitalteuerung immer geringer wurden. Erst 1857 überschreiten Hypothekeneintragungen um ein geringes die Summe, die schon 1844 erreicht war (Tabelle XX). Dagegen bleiben die Löschungen beständig auf beträchtlicher Höhe, da es in vielen Fällen unmöglich war, eine alte Hypothek durch neue Hypotheken zu ersetzen.

Schon aus dieser Entwicklung der Bodenverschuldung können wir schließen, daß die Bautätigkeit in der Periode eine sehr geringe war; wissen wir doch, daß schon damals die Mittel für sie durch Hypothekarkredit aufgebracht wurden. Nach unserer Tabelle (XIII) zeigt die Bautätigkeit auch eine beständige Abnahme. Doch scheint sie bis 1845 immerhin ziemlich lebhaft gewesen zu sein. Auch die Berichte der Handelskammer aus den fünfziger Jahren weisen auf jene Jahre als durch eine starke Bautätigkeit ausgezeichnete hin. Aber schon 1846 und 47 — in unserer Tabelle erscheinen ja nur die fertigen Bauten — muß eine Lähmung eingetreten sein, und wenn wir sehen, daß 1846 die Zahl der Subhastationen schnell einen großen Umfang annimmt, nachdem sie vorher sich nur langsam erhöht hatte, so ist es wohl sicher, daß die Kapitalteuerung jenes Jahres die Bautätigkeit schnell zum Stocken gebracht hatte. Das Jahr 1848 sieht den vollkommenen Stillstand. Niemand wagt, einen Bau zu beginnen, da alle Verhältnisse unsicher geworden sind, selbst angefangene Neubauten werden nicht mehr zu Ende geführt. Und für Jahre hinaus hält dieses vollkommene Darniederliegen der Bautätigkeit an. Erst 1857 scheint die Unternehmungslust auf diesem Gebiet wieder erwacht zu sein und 1859 erfährt der Wohnungsvorrat zum ersten Male eine stärkere Vermehrung als 1841, und zwar gleich in bedeutendem Umfange.

Genügte aber vielleicht dennoch diese Bautätigkeit der Nachfrage, da wir ja wissen, daß auch die Bevölkerungsvermehrung seit 1848 sich in mäßigen Grenzen bewegte? Vor diesem Jahre war der Vorrat an freien Wohnungen 1842 am größten gewesen. Aber trotz der damals noch regen Bautätigkeit war er durch die starke Einwanderung 1847 schon auf 23 ‰ herabgesunken, sodaß er von einsichtigen Beurteilern schon damals als bei weitem zu gering erachtet wird. Entsprechend waren auch die Mieten dauernd gestiegen, der Mietwert sämtlicher Wohnungen und Gelasse (Tabelle III), die sich um 25 % vermehrt haben, steigt von 41 bis 48 um 34 %. Für eine Wohnung zahlt man durchschnittlich 1841 293 ℳ, 1848 314 ℳ.

Das Jahr 1848 bringt auch hier einen vollkommenen Umschwung. Ein neuer Wohnbedarf entsteht nicht, während noch neue Wohnungen auf den Markt kommen. Anfang 1849 sind 58 % pro Mille unbenutzt, es sinkt sogar der Gesamtmietwert während zweier Jahre und die durchschnittliche Miete für eine Wohnung steht Anfang 1851 nur um ein weniges höher als 1841. Der Hausbesitzer kann mit den gesunkenen Mieten die Hypothekenzinsen nicht decken, um so weniger wenn er bei einer Neuaufnahme höhere bewilligen muß. In vielen Fällen ist es unmöglich, eine Hypothek zu erhalten, und auch der Verkauf eines Grundstücks gelingt in den seltensten Fällen. Die Zahl der jährlichen Umsätze sinkt auf ein Minimum (Tabelle XVIII). Entsprechend entwickeln sich die Preise. Nach einem Bericht des Berliner Stadtgerichtsdirektors erreicht er 1848 seit Ausbruch der Unruhen bei 93 von 200 untersuchten Grundstücken noch nicht die Höhe des Feuerversicherungswertes, und dennoch ist der Tiefpunkt erst 1851 erreicht. In dieses Jahr, in dem der Mietrückgang schon zum Stillstand gekommen ist, fallen erst die zahlreichsten Subhastationen, doch ist zu berücksichtigen, daß damals das Zwangsversteigerungsverfahren bedeutend langsamer sich abwickelte als heute. So erreichen auch die Löschungen (Tab. XX) erst 1851 ihren Höhepunkt, und zwar sind sie so zahlreich, daß die Gesamtverschuldung Berlins sich in diesen Jahren vermindert.

Diese Erfahrungen wirkten zusammen mit der Kapitalteuerung, die ja nur für kurze Zeit sich milderte, dahin, daß alle Unternehmungslust gerade für die Bautätigkeit jahrelang mangelte, trotzdem bei dem schwindenden Wohnungsvorrat die Mieten immer mehr stiegen. Schon 1852 sind weniger leerstehende Wohnungen vorhanden als 1847, erst 1860 ist die gleiche Zahl wieder erreicht, die natürlich der gestiegenen

Bevölkerung einen viel geringeren Spielraum gibt als vor dreizehn Jahren. Ja, 1857 waren überhaupt nur 769 Wohnungen und Gelasse frei, von denen aber sicherlich ein großer Teil als Wohnungen unbrauchbar war. Dabei war in jenem Jahr ein Wanderungsgewinn von 5000 Köpfen zu verzeichnen und wurden 5000 Ehen geschlossen. Es ist also nicht zu verwundern, daß in diesen Jahren die Zeitungen und Berichte voll sind von Klagen über den Mangel an Wohnungen und über die Mietteuerung. Denn diese hatten in diesem Jahre einen ungeheuern Umfang angenommen. Von 1850 bis 1861 steigt der Gesamtmietwert aller Wohnungen und Gelasse um 74 %, während die Wohnungen um 25 % sich vermehrt haben. Der durchschnittliche Preis einer Wohnung beträgt 1861 391 ℳ gegen 295 ℳ im Jahre 1851.

Versuchen wir nun festzustellen, wie diese Belastung sich auf die einzelnen Wohnungsarten verteilte. Zunächst haben die teuersten Wohnungen im Preise von mehr als 1500 ℳ sich am stärksten vermehrt (s. Tabelle IV), doch mögen gerade in dieser Gruppe die selbständigen Geschäftsräume eine besondere Rolle spielen. Die Wohnungen im Preise von 151—1500 ℳ haben sich verdoppelt, und unter ihnen nehmen die Wohnungen von 150—300 ℳ einen immer bedeutenderen Teil sämtlicher Wohnungen in Anspruch. Am stärksten und auffälligsten ist die Veränderung in der billigsten Gruppe. In der ganzen Periode sinkt ihr Anteil von 51 auf 30 % aller Wohnungen und nur 1850/51 in den Jahren eines starken Mietrückganges hatte er sich um ein geringes vermehrt. Von 1842 bis 1851 hatten sich diese Wohnungen absolut noch um 35 % vermehrt, dann aber verringerten sie sich ,sodaß schließlich 1861 sehr wenig mehr von den billigen Wohnungen vorhanden sind. Daß von dieser Bewegung natürlich wieder die von 1—90 ℳ am meisten ergriffen werden, ist selbstverständlich. Ihre Zahl hatte sich schon Anfang der vierziger Jahre wenig vermehrt, dann aber verringerte sie sich sogar so weit, daß 1861 26 % weniger vorhanden sind als 1841 und ihre Zahl bedeutungslos geworden ist. Wohnungen werden wenig unter 90 ℳ zu haben gewesen sein. Aber es ist noch zu erwägen, daß in den fünfziger Jahren Moabit und der Wedding, die noch nicht zu Berlin gehörten, zuerst besiedelt werden und gerade hier die ärmste Arbeiterbevölkerung Aufnahme fand. Diese Mietteuerung bedeutet eine starke Belastung der Bevölkerung, und sie wird manche Einschränkung und manche Verschlechterung für die Befriedigung des Wohnungsbedürfnisses mit sich gebracht haben. Nur zu deutlich wird Spiethoffs Meinung bestätigt, daß die großen Investitionen dieser beiden Jahrzehnte nicht ohne eine Einschränkung des Konsums möglich waren.

Wie im einzelnen die Wohnungsverhältnisse sich gestalteten, dafür gibt es wenig feste Anhaltspunkte. Wie alle sozialen Probleme der neuen Zeit, so taucht auch die Wohnungsfrage zuerst am Anfang der vierziger Jahre des 19. Jahrhunderts auf. Die ersten Schriften, die das Wohnungselend behandeln, erscheinen, und schon werden die ersten Versuche einer Reform gemacht. In Berlin wird 1849 der Gemeinnützige Bauverein gegründet, der heute noch besteht, aber nicht mehr baut. Und in den fünfziger Jahren gehört die Wohnungsfrage zu den meist behandelten sozialen Themen. Überfüllung, schlechte Beschaffenheit der Wohnungen, Zunahme der Kellerwohnungen, Teuerung und Mangel der Wohnungen sind die Klagepunkte. Über die letzten ist schon gesprochen worden, für die ersteren gibt es keinen statistischen Beweis. Nur einzelne Aufschlüsse geben die Zahlen des Mietsteuerkatasters. Es besteht die Tendenz, die Grundstücke enger und wahrscheinlich höher zu bebauen. 1841 kommen auf ein Grundstück 7,85 Wohnungen und Gelasse und 40,30 Bewohner, 1861 10,09 und 47,88. Das bedeutet eine große Steigerung während 20 Jahren, auf das Mietskasernensystem deuten sie aber jedenfalls noch nicht hin. Noch herrscht im allgemeinen das Haus mit 8 bis 10 Wohnungen vor. Darum hören wir auch damals keine Klagen über eine zu dichte Bebauung und einen schlechten Häusertypus. Die Gemeinnützige Baugesellschaft baut unbedenklich ihre Häuser mit 8 bis 12 Wohnungen und einem Grundriß, der auch noch heute mustergültig sein würde, auf die großen Holzplätze und Höfe, die die meisten Häuser noch als Hinterland besitzen, und verkauft den Vorderstreifen als selbständiges Grundstück. Dennoch kannte Berlin schon die Mietskaserne. Anfang der zwanziger Jahre hatte ein Kammerherr aus schlechten Steinen und Holz 5 Häuser mit mehreren Stockwerken in den damaligen Voigtlanden, der heutigen Gartenstraße, erbaut. Eine zweifenstrige Stube war darin für eine Familie bestimmt, und danach führten die Häuser den Namen „Familienhäuser". Die Besetzung war immer eine außerordentlich große, manchmal teilten sich zwei, drei auch vier Familien in eine Stube, die sie durch einen Kreidestrich teilten. In den dreißiger Jahren beherbergten sie 2300 Seelen, 1845 bis 50 16—1800. Dabei wurde für eine Stube 24 Taler bis 36 Taler bezahlt. In ihrer Umgebung waren allmählich noch andere Bauten von einem ähnlichen Typus entstanden, sodaß die Rosenthaler Vorstadt die billigsten Wohnungen und die ärmsten Bewohner von Berlin aufwies. Dennoch ist nach dem Mietsteuerkataster die Zahl der Wohnungen und Bewohner eines Grundstücks hier nicht allzu groß, wohl weil neben den großen Gebäuden viel kleine ärmliche vorhanden waren, außer Schuppen und Ställen usw. Aber die Oranienburger Vorstadt zeigt 1843 8,8 Wohnungen und 1861 12,6 auf ein Grundstück, während die Friedrichstadt, das Viertel, in dem die wohlhabenden Schichten sich ansiedelten, 1843 nur 4,2 Wohnungen aufweist. 1853 allerdings auch schon 8,9. Neben der zunehmenden Dichtigkeit der Bebauung können wir aber gleichzeitig beobachten, daß die Zahl der Bewohner einer bewohnten Wohnung abnimmt. Von 1816 bis 1847 war sie dauernd gestiegen, dann aber nimmt sie ohne Unterbrechung ab. Worauf diese zahlenmäßige Verbesserung zurückzuführen ist, ist schwer zu sagen. Sie kann entstanden sein durch eine Vermehrung der selbständigen Geschäftsräume, aber auch dadurch, daß in einer Familie weniger Gesellen und Lehrlinge aufgenommen wurden. Doch hören wir aus jener Zeit auch schon lebhafte Klagen über die moralischen Gefahren des Schlafstellenwesens. Statistische Erhebungen sind nicht gemacht worden, doch wird geschätzt, daß drei Viertel der Zuwandernden, also jährlich ungefähr 7000 Menschen, als Schlafburschen ihre Unterkunft finden. — Auch auf einen anderen Punkt hatte sich damals schon die Aufmerksamkeit gerichtet, auf die Abnahme der Hauseigentümer; wieder sind die Erfahrungen der Gemeinnützigen Baugesellschaft von Interesse. Sie mußte schon in den fünfziger Jahren einsehen, daß ihre Absicht, durch Mietgenossenschaften allmählich den kleinen Mann zum Grundeigentümer zu machen, vergeblich sei. Die Arbeiter ließen sich nicht mehr lange genug an einen Ort fesseln und haben weder Geld noch Zeit in jedem Moment zur Verfügung, um ohne Schaden für sich die Last der Hausverwaltung zu tragen. Auch der Versuch, das Haus mit ein oder zwei Wohnungen, das auch damals als Ideal galt, mißlang, da die Arbeiter kein Interesse daran nahmen und der Bau zu teuer wurde.

2. Periode 1861—1879.

War die Zeit von 1840 bis 61 die Zeit der Vorbereitung des modernen Wirtschaftslebens in Preußen gewesen, so sieht die Periode von 1861 bis Ende der siebziger Jahre die volle Entfaltung und schnelle Weiterentwicklung. Vor allem die Landwirtschaft erlebte eine Zeit fast ungestörter Blüte. Die Agrargesetzgebung war gegen Ende der sechziger Jahre vollständig durchgeführt. Die technischen Verbesserungen hatten eine allgemeine Steigerung der Roherträge gebracht und gleichzeitig waren die Preise der Zerealien und der tierischen Produkte gestiegen. Noch war der Absatz nach England und Frankreich möglich, und der deutsche Markt dehnte sich beständig aus.

War so der einen Hälfte der Bevölkerung — 1868 waren in Preußen noch 48 % der Bevölkerung in der Agrarproduktion beschäftigt — eine erfolgreiche wirtschaftliche Tätigkeit gesichert, so entfaltete die Industrie sich jetzt mit reißender Geschwindigkeit. Die neue Technik setzte sich in allen Zweigen mehr und mehr durch, Verbesserungen und Neuerfindungen kamen von allen Seiten hinzu. Vor allem gelang es durch die Verbesserung der Gußstahlherstellung immer mehr, die englischen Produkte vom deutschen Markte zu verdrängen, und noch immer war die Hauptaufgabe der schweren Industrie der Eisenbahnbau, der besonders Ende der sechziger Jahre und Anfang der siebziger Jahre nach einer kürzeren Stockung wieder lebhafter aufgenommen wurde. Im preußischen Staat mit Einschluß der neuerworbenen Gebiete gab es Eisenbahnen:

1860	7 169	Meilen
1865	8 654	„
1870	12 672	„
1875	17 424	„
1880	20 348	„

Ende der siebziger Jahre ist der Ausbau der Hauptlinien im wesentlichen vollendet, ein Grund, daß damals die wirtschaftliche Tätigkeit so lange sich nicht beleben wollte. Ebenso dehnt sich in unserer Periode mit ungeheurer Schnelligkeit das deutsche und überseeische Telegraphennetz aus. Die Dampfschiffahrt macht weitere Fortschritte. Die großen überseeischen Schiffsverbindungen werden eingerichtet.

Brachte so die technische und wirtschaftliche Entwicklung die Möglichkeit einer immer stärkeren Verflechtung und Ausdehnung des Verkehrs, so begann auch die Gesetzgebung und Politik derselben Tendenz zu dienen. Die Einzugsgelder, die letzte Beschränkung der Freizügigkeit in Preußen, fielen und durch Gesetzgebung wurde das schließlich auf Norddeutschdeutschland und das Reich ausgedehnt. 1861 wurde in Preußen ein einheitliches Handelsrecht eingeführt, dem sich die Reichskonkursordnung anschloß. 1862 leitete Preußen mit dem französischen Handelsvertrag die Freihandelspolitik auf dem Kontinent ein, die bis zum Schluß unserer Periode auch nicht verlassen wurde. Die Gewerbeordnung von 1869, die 1871 auf das Reich ausgedehnt wurde, bringt die volle Gewerbefreiheit, nachdem schon im Jahr vorher die einschränkenden Bestimmungen sehr liberal gehandhabt worden waren. 1870 fiel der Konzessionszwang für Aktiengesellschaften, die seit 1861 auch von der Sondersteuer befreit waren. 1873 bis 75 wurde die Reform des deutschen Geldwesens durchgeführt, gleichzeitig vollzog sich in diesen Jahren die Durchbildung der deutschen Kredit- und Bankorganisation zu den Formen, in denen sie noch heute bestehen. Waren doch seit 1861 zu den Emissionsbanken auch die Hypothekenbanken getreten.

Von dieser gesamten wirtschaftlichen und politischen Entwicklung wird Berlin auf das stärkste berührt. Schon durch die Kriege von 1864 und 66 war es zum politischen Mittelpunkt von ganz Norddeutschland geworden. Nach dem deutsch-französischen Krieg wird es zur Reichshauptstadt. Die meisten der neugegründeten Behörden werden nach Berlin verlegt; so wird Berlin das Zentrum des gesamten Verwaltungswesens mit seiner zahlreichen Beamtenschaft. Durch die Gründung der Reichsbank gravitierte das ganze Geld- und Kreditwesen immer mehr nach Berlin; die großen privaten Banken, die nicht schon hier ihren Sitz hatten, gründeten hier Filialen und verlegten hierher ihren Schwerpunkt. Die Berliner Börse stärkt beständig ihre Marktstellung. 1860 wies der Kurszettel 126 Notierungen auf, 1870 aber schon 282. Dem entspricht es, daß 1861 ein Selbsttätiger im Bankgewerbe auf 1080 Einwohner kommt, 1871 auf 196 und 1880 auf 345. Ähnlich war der Bevölkerungsteil gewachsen, der im Handel seine Beschäftigung fand. 1861 gab es unter 41 Einwohnern einen selbsttätigen Kaufmann, 1880 auf 19. Die Bedeutung der Industrie war in der Gesamtwirtschaft Berlins nur wenig gewachsen, da ja Berlin schon lange eine starke Industrie sein eigen nannte. 1861 gab es 129 000, 1880 280 000 Selbsttätige in der Industrie, d. h. auf einen Einwohner 4,141 und 4,102. Auch in der Verteilung auf die einzelnen Gewerbe vollziehen sich keine einschneidenden Veränderungen mehr. Die Grundzüge waren schon in den vorhergehenden Jahrzehnten gegeben. Allerdings wandert Ende der siebziger Jahre die Maschinenindustrie aus und verlegt ihre Werkstätten an die Produktionsstätten der Rohstoffe und vor die Tore der Stadt, aber noch ernährt sie einen großen Teil der Bevölkerung. Am wichtigsten ist vielleicht, daß in den sechziger Jahren endgültig die Textilindustrie aus Berlin verschwindet. Der Ausbau der Eisenbahn macht wieder die alten Zentren der Textilindustrie konkurrenzfähig, während die ersten spärlichen Linien Berlins Stellung in diesen Gewerben, wenn auch nur für die billigsten Produkte, gehoben hatten. Die kleinen Produktionswerkstätten verschwinden so aus Berlin, der früher selbständig arbeitende Weber verkauft jetzt Waren, die er aus einem Großbetrieb bezogen hat. Vielleicht ist es notwendig, um das Bild vollständig zu machen, die Zunahme im Buchdruckgewerbe anzuführen. 1861 war unter 171, 1880 unter 121 Einwohnern einer in der Druckerei beschäftigt, eine Veränderung, die vor allem der Vermehrung der Zeitungen zuzuschreiben ist. Gab es doch 1867 erst 168 Blätter, 1879 aber schon 350 in Berlin.

Entsprechend der politischen und wirtschaftlichen Bedeutung Berlins vermehrt sich seine Einwohnerzahl. Trotzdem das weiter ausgebaute Eisenbahnnetz nicht nur wenige Zentren mehr bevorzugt, übertrifft seine Vermehrung die der anderen deutschen Großstädte (s. S. 12). So verdoppelt Berlin die Bevölkerung von 1861 bis 1880 von 577 000 auf 1 124 000 Einwohner. Aber diese Vermehrung verteilt sich nicht gleichmäßig auf die beiden Jahrzehnte, da nach der wirtschaftlichen Konjunktur der Mehrzuzug schwankt, dem in diesem Jahr mehr als jemals die Vermehrung zu danken ist.

Hatten die Jahre 1858 bis 60 noch unter den Folgen der Kriege von 1857 gelitten, so begann am Anfang unserer Periode eine Erholungszeit, aber schon 1863 ist der Höhepunkt des kurzen Aufschwungs erreicht. Schon 1862 und 63 hatte der deutsche Markt unter der Überschwemmung mit englischen und französischen Waren zu leiden gehabt die durch den amerikanischen Bürgerkrieg ihr altes Absatzgebiet verloren hatten. 1864 erfolgt aus derselben Ursache im Gefolge der Baumwollnot eine Kreditkrise, die auch nach Deutschland ihre Wellen wirft, als man hier eben die Folgen des deutsch-dänischen Krieges auszugleichen sucht. 1866 bringt der preußisch-österreichische Krieg eine länger dauernde Lähmung. In Berlin stockte fast drei Monate lang fast jedes gewerbliche Leben. Schon aber taucht drohend der deutsch-französische Konflikt auf und als Ende 1869 und Anfang 1870 scheinbare Beruhigung wieder eine Entfaltung der wirtschaftlichen Kräfte erlaubt, erfolgt im Juni die Kriegserklärung. Der Krieg entzog nun auf Monate den Fabriken die arbeitsfähigsten Kräfte und zerstörte unendliches Material hauptsächlich auch der Eisenbahnen. War nach dem Kriege also eine ungemein erhöhte Nachfrage vorhanden, wurde sie weiter dadurch verstärkt, daß vor dem Kriege auch manche Lücke in der Bedarfsbefriedigung entstanden war. Obendrein ging auch der Staat sofort daran, seine militärische Rüstung wieder herzustellen und zu verstärken. Die technische und wirtschaftliche Möglichkeit einer solchen Ausdehnung der Produktion war durch die Vorbereitung im vergangenen Jahrzehnt geschaffen; so steigerte der erfolgreiche Krieg auch die Unternehmungslust und die Zuversicht ins ungemessene. Eine fieberhafte Tätigkeit begann auf allen Gebieten. Die Preise aller Rohprodukte stiegen plötzlich ins ungeheure, und die Arbeitslöhne erlebten eine unbekannte Höhe. Aber unbedenklich wurden Preise und Löhne bewilligt, da in dem allgemeinen Taumel des Erfolges jeder auf ewige Dauer der außerordentlichen Zustände hoffte. Die Spekulation nahm ungeahnte Dimensionen an, und an der Börse herrschten wilde Kurstreibereien und unbegrenztes Gründungsfieber.

In der Börsenspekulation machten sich darum zuerst die Anzeichen eines Umschlages geltend, und April bis Mai

1873 brach die Börsenhausse zusammen, nachdem die Wiener Börse vorangegangen war. Handel und Industrie wurden zunächst nur soweit berührt, als sie an der Börsenspekulation unmittelbar beteiligt waren. Erst im Herbst zeigten sich Absatzstockungen, und nur langsam konnte der allgemeine Optimismus besiegt werden. Die Produktion wird nur langsam eingeschränkt, Vorräte häufen sich auf Vorräte und drücken um so länger auf die Preise, die seit 1874 ins Weichen geraten waren. Erst 1877 und 79 hat die Krise ihren Tiefpunkt erreicht, erst 1880 beginnt langsam die Erholung. Berlin hatte nur vorübergehend 1879 aus einer Ausstellung Anregung zu umfangreicher Tätigkeit geschöpft.

Parallel der gesamten Konjunkturentwicklung ging die Gestaltung des Kapitalmarktes. 1860 hat der Diskont seinen tiefsten Stand erreicht und beginnt sich langsam während der gesteigerten industriellen Tätigkeit zu heben. Der Realzinsfuß der preußischen Anleihen hatte seit 1863 eine steigende Richtung eingeschlagen und behielt sie bei während des ganzen Jahrzehnts, da der Staatsbedarf durch die dauernden Kriegsrüstungen beständig steigt.

Durchschnittszinsfuß der preußischen Staatsanleihen und der 3½% Staatsschuldscheine[1]

	3½ %	4 %	4½ %	5 %
1860 . . .	4,11	4,23	4,51	—
1861 . . .	3,94	4,07	*4,41*	—
1862 . . .	*3,86*	*4,01*	4,43	—
1863 . . .	3,91	4,10	4,44	—
1864 . . .	3,88	4,17	4,17	—
1865 . . .	3,89	4,10	4,44	—
1866 . . .	4,34	4,45	4,60	5,04
1867 . . .	4,19	4,43	4,61	4,85
1868 . . .	4,26	4,54	4,74	4,87
1869 . . .	—	—	4,77	4,94
1870 . . .	—	—	**4,82**	**4,99**

1866 wurde sogar eine fünfprozentige Kriegsanleihe aufgenommen. Hinzu kommt, daß bei der engen Verbindung durch den erleichterten Weltverkehr zahlreiche ausländische 5—7prozentige Wertpapiere auf den deutschen Kapitalmarkt kommen und viel Kapital ihm entziehen. Vor allem nordamerikanische Staats- und Eisenbahnpapiere. Die Zinsbewegung überträgt sich auf den Realkredit; bis 1865 waren nach Kahn (Tabelle XXIIIa) noch erste Hypotheken zu 4½ % zu erhalten, dann aber steigt der Zinsfuß auf 5 %, und als die Zinsbeschränkung fällt, sogar auf 6%, ja für zweite Hypotheken auf 8½%. Bevor die Zinsbegrenzung auf-

[1] Nach Voye.

gehoben wurde, hatten hohe Valutaabzüge für erste und zweite Hypotheken die Kapitalbeschaffung für den Grundbesitz ungeheuer verteuert, denn nicht nur, daß durch die allgemeine Kapitalmarktlage ein hoher Zinsfuß bedingt wurde, auch die Kapitalbeschaffung versagte vollkommen, da die neugegründeten Hypothekenbanken noch keine große Tätigkeit entfalteten.

Der Ausbruch des deutsch-französischen Krieges bringt vorübergehend eine weitere Verteuerung, aber nach dem Siege verändert sich das Gesicht des Kapitalmarktes vollkommen. Die 5 Milliarden, die beim Friedensschluß als Kriegsentschädigung ausbedungen waren, wurden vor allem zur Rückzahlung der Staatsschulden benutzt. Das Reich verringert seine Anleihen von 769,5 Millionen Mark im Jahre 1871 auf 2 Millionen Mark Ende 1873, Preußen wies 1870 424,4 Millionen Taler Schulden auf, 1875 nur noch 111,4 Millionen Taler. Das freigewordene Kapital wendet sich den Aktien zu, umsomehr als die Dividenden allgemein steigen. Der Kapitalvorrat wurde weiter dadurch vermehrt, daß viele ausländische Kapitalien zurückströmen. Die industriellen Gründungen finden also von dieser Seite kaum eine Beschränkung und vermehren sich in ungeheurer Schnelligkeit (s. Tabelle XXV). Nur bei der Börsenkrise erhöht sich der Diskont vorübergehend, der aber in den nächsten Jahren vor allem durch die Währungspolitik in seiner Höhe bestimmt wird. Auch der Realzinsfuß der Staatspapiere senkt sich trotz der starken Konkurrenz der Dividendenpapiere von nun ab dauernd. Der Hypothekenzinsfuß schließt sich nach Kahn erst 1880 dieser Bewegung an, auch die Hypothekenbanken verzinsen Mitte der siebziger Jahre ihren Pfandbriefumlauf am höchsten, aber nach den privaten Berichten ist der Hypothekenzinsfuß schon seit 1872 ein fallender. Demnach hatte der Realkredit nicht unter einer schwierigen Kapitalbeschaffung zu leiden, im Gegenteil drängen sich die Kapitalien, nachdem die Börsenspekulation zusammengebrochen ist und auch der Produktionsrückgang die Dividenden vermindert hat, zu dieser Anlage. Denn durch die Abnahme der Staatspapiere waren die Rentenanlagen sehr knapp geworden.

Wie hatte unter diesem starken Wechsel der Realkreditbedingungen sich die Bautätigkeit entwickelt? Schon am Schluß der vorigen Periode hatten wir eine kleine Belebung der Bautätigkeit beobachtet, aber erst 1862 und 63 hat sie einen wirklich bedeutenden Umfang angenommen, ja es ist zu vermuten, daß die allgemeine Blüte, von der wir in diesen Jahren hörten, nicht zum wenigsten der Bautätigkeit zu danken war. 1863 und 64, wo schon die fertigen Häuser auf den Markt kommen, vermehrt sich die Zahl der Wohnungen um 7 %. Die Folge ist, daß alle Baumaterialien im Preise steigen (s. Tabelle XXVII), doch hatten die Preise schon in dem Jahre 1860, in dem unsere Tabellen beginnen, offenbar einen höheren Stand erreicht, als im vergangenen Jahrzehnt. Vor allem Bauhölzer erfahren die größten Steigerungen; zum ersten Male muß man auf entfernteres Hinterland zurückgreifen, aus Mähren und aus den polnischen Wäldern kommt jetzt das Holz und gleichzeitig verliert es an Qualität. Auch ein starker Arbeitermangel macht sich fühlbar. 1862 erwarteten die Baugewerksmeister die Gesellen auf den Bahnhöfen, damit sie ihnen nicht entgehen, und die alten Preisverabredungen werden jetzt bedeutender und immer häufiger überschritten. 1848 war der Lohn auf 22½ Silbergroschen festgesetzt worden, der sich höchstens auf 27½ Silbergroschen bis 1 Taler erhöhte. Jetzt aber wird 1 Taler bis 1 Taler 21 Silbergroschen bei elfstündiger Arbeit bezahlt. Offenbar hat man in der Hast der Arbeit auch nicht mehr wie früher auf eine sorgfältige Auswahl der Arbeiter gesehen, auch die Gewerbeordnung wurde für die Meister nicht mehr so streng gehandhabt. Jedenfalls kommt es in der Mitte der sechziger Jahre zu einer Zunahme der Bauunfälle, die durch liederliche Bauausführung hervorgerufen waren. In diesem Jahre erreicht auch die Hypothekenbewegung einen größeren Umfang (Tabelle XXI). Gerade die vorübergehende Zinsermäßigung hatte offenbar die Bautätigkeit erst möglich gemacht. 1863 betragen die Eintragungen an Hypotheken das Fünffache der bisher erreichten höchsten Ziffer im Jahre 1846, während die Löschungen sich kaum erhöhen, sodaß die Gesamtverschuldung sich um 78 Mill. Mk. erhöht. Auch der Grundstückumsatz erreicht in jenen Jahren unbekannte Zahlen (Tabelle XVII); wird doch in jener Zeit zum ersten Male der Boden als Spekulationsobjekt entdeckt. Vereinzelt war es schon früher vorgekommen, daß ein Grundstück aus Rücksicht auf eine spätere Werterhöhung gekauft worden war, aber als allgemeine wirtschaftliche Erscheinung kannte man den Vorgang noch nicht. Die schnelle Ausdehnung der Stadt, die sich jetzt vollzog, mußte die Aufmerksamkeit auf den sich steigernden Bodenwert lenken, den namentlich der unbebaute Boden allein durch Herannahen der Bebauungsmöglichkeit erhielt. Bisher war bei dem langsameren Wachstum der Stadt der unbebaute Boden im großen und ganzen als Gartenland eingeschätzt worden. Der erfahrene Stadtgerichtsdirektor von Berlin zog noch in den sechziger Jahren, um den augenblicklichen Wert des noch unbebauten Bodens festzustellen, den Gartenwert des neubebauten Bodens von dem Wert ab, den er 1843 als Gartenwert des damals unbebauten Bodens festgestellt hatte. Die schnelle allgemeine Veränderung der Anschauung mag wohl nicht zum wenigsten durch die Aufstellung des Bebauungsplanes im Jahre 1861 beschleunigt worden sein; er wurde für 100 Jahre festgelegt und auch sofort veröffentlicht, obwohl gegen diese Maßnahme schon damals sich Einwände erhoben.

Da verändert sich 1863 die Kapitalmarktlage. Die Bautätigkeit erfährt eine Hemmung und sinkt nun während der dauernden Kriegsunruhen schließlich so weit, daß 1868 nur 152 Neubauten in der Feuerversicherung aufgenommen wurden. Dabei berechnet F. Engel, daß in Berlin von 1861/67 eine Bevölkerung wie die des damaligen Breslaus unterzubringen war. In jedem Jahr aber durchschnittlich für die Bewohner einer Stadt wie das damalige Brandenburg oder Stralsund Unterkunft zu schaffen war. Auch der Grundstückshandel geht zurück (Tabelle XVII). Die Subhastationen aber nehmen einen bisher unbekannten Umfang an. 1868 haben sie das Fünfzehnfache der Zahl von 1861 erreicht; allerdings drängen sie sich in diesem Jahr besonders zusammen, da die Subhastationsordnung von 1867 die Durchführung der Zwangsversteigerung plötzlich beschleunigt hatte. In ihrem Gefolge nehmen die Löschungen im Grundbuch einen immer größeren Umfang an, während Neueintragungen kaum gelingen. Die Klagen der Grundbesitzer hören also in diesen Jahren nicht auf und beschäftigen in hohem Maße die Öffentlichkeit. Kein Wunder, daß kein Bauunternehmer einen Bau zu beginnen wagt.

Aber trotz der Ungunst des Kapitalmarktes begann Ende 1869 die Bodenspekulation sich wieder zu regen, die Umsätze beginnen wieder zu steigen und die Grundstücksmakler melden mit Erstaunen die neue Erscheinung, daß manches Grundstück zweimal in einem Jahre verkauft wird. Auch die Bautätigkeit begann Anfang 1870 sich stärker zu regen, als der Krieg ausbrach und alle Unternehmungen zunächst zum Stocken brachte. Aber der Frieden beseitigt bald alle Hemmungen, und mit verstärkten Kräften setzt in unerhörtem Maßstab die Bodenspekulation ein. Der allgemeine Optimismus, die sich selbst steigernde Spekulationslust überschritt auch die durch alle Umstände gewiß weitgesteckten Grenzen. Alle Teile der Stadt, die inneren wie die an der Peripherie gelegenen, die unbebauten und bebauten, die Geschäfts- wie die Wohnviertel wurden in den spekulativen Handel gezogen. In schnellem Aufstieg erreichen 1872 die Umsätze im bebauten Boden eine Zahl von 3735 gegen 717 im Jahre 1870. Im unbebauten Boden eine Zahl von 1162 gegen 308 im Jahre 1870. Ebenso hat die Preisbildung jeden realen Untergrund verloren, kein Preis scheint zu hoch, jede Rentabilitätsberechnung wird vergessen, die Möglichkeit einer Bebauung gar nicht mehr einer ernstlichen Prüfung unterzogen. 1872 hat der Preis für den bebauten Boden, für den allein wir einen ungefähren Anhalt haben, eine Höhe erreicht, die heute nach 40 Jahren noch nicht wieder im Durchschnitt der ganzen Stadt vorgekommen ist. 1873 steigt der Preis nach unserer Angabe weiter, doch stand aus unbekannten Gründen damals der Feuerversicherungswert der verkauften Grundstücke weit unter dem der Stadt (Tabelle XXIIa). Die Summe, die im bebauten Boden allein in diesem Jahr umgesetzt wird, bezifferte sich auf 640 Mill. Mk.

Bei diesen ungeheuern Zahlen aber darf man nicht vergessen, daß gerade in diesen Jahren zum ersten Male sie nicht den ganzen Umfang des Berliner Geschäftes anzeigen. In jener Zeit greift die Bodenspekulation auf die Vororte über, wo der Preis des Bodens auf das Zehn- bis Fünfzigfache des Ackerbodenwertes emporgetrieben wird. Gerade hier schien man alle realen Hemmnisse nicht mehr zu kennen. Doch sind damals Vororte wie Westend, Lichterfelde und andere mehr entstanden, so daß auch Paul Voigt, der sonst der Bodenspekulation wenig geneigt ist, anerkennt, daß sie damals viel Günstiges geleistet habe. Die erste Anregung zu solchen Gründungen in der Nähe einer Großstadt war aus der damaligen Propaganda für Wohnungsreform hervorgegangen, die sich für den englischen Landhausbau gegenüber dem deutschen Stockwerksbau begeisterte.

Wie dieser Idee sich spekulative Köpfe in geschäftlichem Interesse bemächtigten, so erfuhr auch ein anderer Gedanke der damaligen Wohnungsreform eine Umbildung. Alle Verbesserungen erhoffte man für das Wohnungswesen von der Assoziation und unterschied wenig, ob gemeinnützige genossenschaftliche oder bloße Kapitalgesellschaften gemeint waren. Als nun Anfang 1870 die Konzessionspflicht der Aktiengesellschaften aufgehoben wurde, da waren es neben den Banken und Eisenbahngesellschaften vor allem die sogenannten Baugesellschaften, denen sich die Gründungstätigkeit zuwandte. Unter 838 Aktiengesellschaften mit einem Kapital von 1186 Mill. Mark, die von 1870 bis 1873 in Preußen entstanden, waren 93 Baugesellschaften mit 163 Mill. Mk. Aktien. Paul Voigt, der ihre Tätigkeit in den Vororten ausführlich schildert, zählt für Berlin und Vororte allein gegen 60 Gesellschaften. Durch die Aktien dieser Gesellschaften war es möglich, daß sich auf der Bodenspekulation eine weitere Börsenspekulation aufbaute. Und gerade diese Verbindung führte dann zu neuen Übertreibungen und Mißbräuchen. Um die Terrains zu verwerten und dadurch eine hohe Dividende zu ermöglichen, gründete man Tochtergesellschaften, denen man den eigenen Boden zu beliebig erhöhtem Preis übertrug. Das hohe Agio der Aktien verführte wieder zu neuen Emissionen und neuen Gründungen. War viel Schwindelhaftes vorhanden, so waren doch in vielen Fällen die Gründer selbst ja am meisten betrogen. Aber es erklärt, daß gerade die Aktien der Baugesellschaften die beliebtesten Spielpapiere an der Börse wurden, so daß schließlich der Zusammenbruch einer Baubank, der Quistorpschen, die allerdings schließlich auch Industriegesellschaften gegründet hatte, den Anstoß zum Börsenkrach gab. Die Kurse, die eine beträchtliche Höhe erklommen hatten, sanken nun für viele Papiere der Baugesellschaften auf 10—20 %. Manche Papiere verschwanden ganz vom Kurszettel, die meisten Aktiengesellschaften lösten sich freiwillig auf, andere gerieten in Konkurs, bei dem manchmal gar keine Masse vorhanden war. Von 36 in Berlin domizilierenden Aktiengesellschaften — in den letzten Jahren war ihre Zahl geringer geworden — betrug das Kapital nach dem Kurswert vom 31. Dezember

1872	1873	1874	1875	1876	
148	52	49	29	27	Millionen Mk.

und sie zahlten an Dividenden

1872	1873	1874	1875	1876	
12	3	2	1	0,4	Millionen Mk.

Krasser kann die Wertrevolution in wenigen Jahren kaum sein. Paul Voigt meint allerdings, daß die Verluste sich nur auf einen kleinen Teil des Publikums ausdehnten, meistens auf die Interessenten sich beschränkten.

Die Baugesellschaften hatten trotz ihres Namens fast gar nicht gebaut. In der Absicht hatte es wohl bei den meisten gelegen, aber schließlich beschränkten sie sich auf den reinen Grundstückshandel, da er ja schneller zu Gewinnen führte und auch für das Börsengeschäft besser ausgenutzt werden konnte. Auch im allgemeinen scheint die Produktion in jenen aufgeregten Jahren der Spekulation nachgehinkt zu sein. Erst 1873 sind anscheinend die meisten Bauten begonnen worden, als die Bodenspekulation im Gefolge der Börsenkrise zum Stillstand gekommen war. So werden 1875 die meisten Wohnungen im Mietsteuerkataster aufgenommen, nämlich 25 000, das sind 10 % aller vorhandenen Wohnungen und Gelasse, und 717 Neubauten in der Feuerversicherung (Tabelle XIV). Daß diese ungeheure Produktion nur dadurch zu leisten war, daß das Bauunternehmertum eine starke Ergänzung erfuhr, ist erklärlich. Alle Arten von Berufen und Schichten beteiligten sich am Baugeschäft, Barbiere und Kellner bauten Häuser, und manche gescheiterte Existenz suchte sich hier wieder emporzuarbeiten. Die Baumaterialienpreise stiegen bis zu schwindelnder Höhe, 1000 Ziegelsteine (Tabelle XVII) kosteten 1873 50 ℳ gegen 28 ℳ im Jahre 1870, ein Faß Zement 1874 11,90 ℳ gegen 8,60 ℳ 1870. Daß auch bei dieser Preisbildung manche spekulative Übertreibung mitspielte, und anderseits die Produktion schnell eine ungeheure Steigerung erfahren haben muß, beweist der schnelle Preissturz in den beiden nächsten Jahren, als die Bautätigkeit noch gar nicht sehr herabgesunken war. Im gleichen Tempo stiegen die Bauarbeiterlöhne, deren Höhe den Stoff zu jenen Erzählungen phantastischen Luxusses in den unteren Klassen während jener Jahre des allgemeinen Taumels gegeben hat. Die Arbeiter wissen die günstige Lage auch schon für sich auszunützen. Schon 1869 hatten sie unter der Notgewerbeordnung von ihrem neuen Streikrecht Gebrauch gemacht, dann wieder im Sommer 1871 und schließlich im Frühjahr 1872. Dieser letzte Streik war auch schon von einer großen Aussperrung beantwortet worden. Der Lohn hatte sich aber dennoch weiter gesteigert, sodaß im Sommer 1873 der Maurer- und Zimmerpolier 1 Taler 28 Silbergroschen und 1 Taler 24 Silbergroschen erhielt, der Maurer- und Zimmergeselle 1 Taler 15 Silbergroschen bis 1 Taler 16 Silbergroschen, während die Arbeitszeit von 11 Stunden auf 10 Stunden herabgesetzt worden war. Dabei hatte sich die Qualität der Arbeiter bedeutend herabgemindert, da man bei der drängenden Arbeit mit allen Kräften vorlieb nehmen mußte. Die Folge all dieser Steigerung war eine enorme Verteuerung des Bauens. Selbst der durchschnittliche Feuerversicherungswert eines Grundstücks in der ganzen Stadt erfährt in diesen Jahren eine ungeheuerliche Steigerung (Tabelle XIIa, Spalte 4), und wir hören auch, daß von einem großen Teil der Bauerlaubnisscheine Anfang 1873 wegen der Teuerung nicht Gebrauch gemacht wurde. Dank der günstigen Kapitalverhältnisse bereitete aber die Kapitalbeschaffung keine Hemmnisse, im Gegenteil, das Kapital drängte sich zur Beteiligung an dieser Produktion. Acht Hypothekenbanken entstehen von 1872 bis 73 und ihre Darlehnsbestände vermehren sich auf das Dreifache. So steigt in Berlin die Gesamtverschuldung 1872 um 25% und 1873 um 22%. Daß die Steigerung schon 1872 so groß war, zeigt, daß ein großer Teil der Gewinne, die bei den schnellen Preissteigerungen gemacht wurden, durch Hypotheken realisiert wurden; aber auch Baudarlehen mögen schon eine große Rolle gespielt haben.

War es aber allein die Spekulation und Unternehmungslust, die, verbunden mit der Kapitalfülle, nach langer Ruhe zu neuen Unternehmungen drängte, oder entsprang auch der Lage des Wohnungsmarktes das Motiv dazu? Dank der lebhaften Bautätigkeit hatte sich am Anfang der sechziger Jahre der Vorrat an leerstehenden Wohnungen dauernd vermehrt. Aber nur im Anfang des Jahres 1867 erreichte er einen bedeutenden Umfang, da 1866 infolge der Cholera und des Krieges die Bevölkerungsvermehrung gestockt hatte und auch die Eheschließungen auf ein Minimum gesunken waren. Dann aber beginnt eine ganz erschreckende Abnahme des Wohnungsangebots; schon Ende Oktober 1869 sind nach einer Schätzung

500 Familien obdachlos, weil sie keine passende Wohnung finden können. Ebenso stellt man April 1870 350 Familien mit 1604 Köpfen als obdachlos fest, von denen sogar 18 Familien eine Miete über 100 Taler bezahlt hatten. Nach dem 15. April aber waren tatsächlich nur 193 leerstehende Wohnungen vorhanden, von denen 41 100 bis 300 Taler und 71 über 300 Taler kosteten, also für die Masse der Einwohner gar nicht in Betracht kamen. War dies der Zustand vor dem deutsch-französischen Krieg, so kann man sich vorstellen, wie die Not ihren Höhepunkt erreicht, als nach dem Sieg unerhörte Massen nach Berlin pilgerten. Der Mietsteuerkataster gibt an, daß Anfang 1872 noch 1166 Wohnungen frei standen, aber nach einer Prüfung ergab sich, daß diese Wohnungen zum größten Teil unbrauchbar waren; dabei wanderten im Laufe dieses Jahres 53 000 Menschen ein und 11 000 vermählten sich. Das mußte eine Not ergeben, von der wir uns kaum eine Vorstellung machen können. Auf jede Weise suchte die Bevölkerung sich zu helfen; so wurden 1871 vor dem Kottbuser Tor und an anderen Stellen Baracken errichtet, in denen die Bewohner sich schließlich so wohl fühlten, daß die Baracken mit Gewalt entfernt werden mußten. Andere Familien hatte man im Arbeitshaus und im Asyl für Obdachlose untergebracht. Trotzdem schätzte man die Familien, die Oktober 1872 Berlin verließen, weil sie kein Unterkommen fanden, auf 800. Erst Anfang 1873 ist nach unserer Tabelle der Höhepunkt des Wohnungsmangels erreicht, und noch Anfang 1874 stehen nicht mehr als 1400 Wohnungen leer.

Dem Wohnungsmangel ging die Mietteuerung parallel. Auch als Anfang der sechziger Jahre der Wohnungsspielraum vorübergehend ein größerer war, hatte die Mietsteigerung, die wir seit 1851 kennen, nicht gestockt. Nur das Jahr 1866 bringt eine kurze Unterbrechung. (Die Ermäßigung des durchschnittlichen Mietswertes einer Wohnung im Jahre 1862 [Tabelle III] ist darauf zurückzuführen, daß bei der Eingemeindung von 1861 die billigen Wohnungen sich stark vermehrt hatten.) Nach dem deutsch-französischen Krieg aber scheint die Steigerung gar keine Grenzen mehr zu kennen. Die Vermieter hatten eine fast uneinnehmbare Poistion, die sie nicht nur zur Erhöhung der Preise, sondern auch zu den lästigsten Mietverträgen ausnutzten. Die Mieter mußten sich den Bedingungen fügen. Im allgemeinen waren sie nicht nur auch leicht geneigt, die hohen Mieten zu zahlen, da jeder in jener Zeit leicht zu gewinnen hoffte, sondern tatsächlich war es ihnen eher möglich, hohe Mieten zu bezahlen. Das Durchschnittseinkommen stieg von 504 ℳ im Jahre 1869 auf 617 ℳ im Jahre 1875, und fast alle Klassen waren gleichmäßig von dieser Einkommenserhöhung berührt. Im Jahre 1873 erhöhte sich der Mietwert aller Wohnungen und Gelasse, die in diesem Jahr sich erst um 8000 vermehrt hatten, um 25 Millionen Mk., um ebenso viel als der gesamte Mietwert aller 1853 in Berlin vorhandenen Wohnungen, sodaß schließlich der durchschnittliche Mietwert einer Wohnung sich seit 1862 um 91% erhöht hatte. Die billigsten Wohnungen (Tabelle III) hatten sich bis 1869 noch von 40 000 auf 50 000 vermehrt und waren dann schnell bis 1875 auf 1500 herabgegangen, und gleichzeitig verminderten sich die Wohnungen im Preise von 150—300 ℳ von 66 000 auf 58 000. Dagegen vermehrten sich ebenso schnell die Wohnungen von 300—600 ℳ von 29000 auf 70 000. Diese Zahlen machen erklärlich, warum die Bau- und Bodenspekulation in den Gründerjahren gar keine Grenzen zu kennen schien. Glaubte man doch, daß auf Jahre hinaus eine erfolgreiche Produktion gesichert sei, und wirklich war eine Produktion auch noch lange nach der Börsen- und Spekulationskrise notwendig. Ja, die Bautätigkeit scheint die Ursache gewesen zu sein, daß das gesamte wirtschaftliche Leben nur langsam erlahmte und erst spät auf allen Gebieten der Tiefpunkt erreicht war. In Berlin war 1874 und 1875 die Bautätigkeit am lebhaftesten, wenn auch 1874 schon die Baubewilligungen nachgelassen haben mögen. Noch 1880 werden 6200 Wohnungen hergestellt, so viel wie nur in den lebhaftesten Baujahren Anfang der sechziger Jahre. Die Bauerlaubnisscheine weisen erst 1878 und 79 die niedrigsten Ziffern auf. Die Materialpreise hatten sich ja schnell ermäßigt, die Löhne sollen sich allerdings länger gehalten haben. Die Baustellenpreise waren sofort mit dem Zusammenbruch der Spekulation ins Wanken geraten. Die meisten Spekulanten konnten ihren Besitz nicht halten. Was noch nicht baureif war, fiel an die Urbesitzer zurück. Die Baustellen sucht man auf jede Weise zur Bebauung zu bringen, manche Baugesellschaften bauen jetzt selbst, andere nehmen vom Bauunternehmer ihre eigenen stark gesunkenen Aktien in Zahlung, eine Methode, bei der alle Momente der Preisbildung fiktive waren.

Hypotheken sind auch ohne Schwierigkeiten aufzunehmen. Die Hypothekenbanken haben erst 1874 und 75 ihren Pfandbriefumlauf am stärksten vermehrt und die Zunahme erhält sich bis 1877 auf gleicher Höhe. Gerade sie haben in Berlin ihr Tätigkeitsfeld gesucht und manche sind durch die Taxvorschriften der preußischen Normativbestimmungen ganz auf die Beleihung der Neubauten an der Peripherie hingedrängt worden. Auch der private Kapitalist glaubt in der Hypothek noch eine sichere Rentenanlage zu finden und zieht sie anderen Anlagen um so mehr vor, als der Zinsfuß hier sich noch hält. So bleiben die Eintragungen im Berliner Grundbuch 1874 und 75 und selbst 1876 auf beträchtlicher Höhe, obwohl 1875 eine bedeutende Summe schon gelöscht worden war. Die ersten Restkaufgelder, die in der Zeit der schnellen Preissteigerungen und des starken Grundstückshandels eingetragen worden waren, werden jetzt fällig und bei dem Mangel aller optimistischen Spekulationslust will niemand sie mehr erneuern.

Jetzt aber ändert sich auch das Bild auf dem Wohnungsmarkt. Anfang 1876 beträgt das Angebot an freien Wohnungen 3% aller vorhandenen, ein Prozentsatz, der heute als der normale gilt. Aber noch kommen jährlich bedeutende Mengen an Wohnungen auf den Markt, während ein Neubedarf in viel geringerem Maße sich bildet und die vorhandene Nachfrage an Kaufkraft verliert. Die Durchschnittsmieten beginnen schon sich zu verringern, während noch bis 1878 der Gesamtmietwert aller Wohnungen und Gelasse steigt. Aber die Zahl der leerstehenden Wohnungen vermehrt sich, 1880 stehen 21 000 Wohnungen und Gelasse leer, das sind 7,8% aller, während nur ein Wanderungsgewinn von 22 000 Menschen zu verzeichnen ist und nur 11 000 Ehen geschlossen werden. Der Mietwert einer Wohnung hat sich schließlich fast ebenso schnell vermindert, wie er bis 1873 gestiegen war, und 1878 und 79 vermindert sich sogar der Mietwert der ganzen Stadt, obwohl die Wohnungen sich immer noch vermehren. Das einzelne Grundstück (s. Tabelle XXIIa) verliert vier Jahre lang im Durchschnitt der ganzen Stadt an Mietwert, während zu gleicher Zeit der Mietverlust durch Leerstehen an Wohnungen auf 4% steigt. Eine Krise, wie sie ähnlich der Grundbesitz nur 1848 und seitdem nicht wieder erlebt hat, brach herein. Hatte sich noch vor wenigen Jahren das Kapital zur Anlage im Grundbesitz gedrängt, so scheint jetzt nichts weniger begehrt als der Grundbesitz. Im unbebauten Boden war der Rückgang des Grundstücksumsatzes sofort nach der Spekulationskrise eingetreten, doch blieb er dank der fortgesetzten Bautätigkeit noch ziemlich umfangreich. Auch die Zahl der Umsätze in bebauten Grundstücken hatte sich von 1872 auf 73 um die Hälfte vermindert, ein Beweis, welchen Umfang der rein spekulative Handel angenommen hatte. Bis 1882 sinken aber die Zahlen weiter mit kleinen Schwankungen, die Preise erreichten schon 1880 den Tiefpunkt (s. Tabelle XVIII). In den Arbeitervierteln, wie am Wedding, sinkt sogar bei den freihändigen Verkäufen der Preis unter den Feuerversicherungswert des Grundstücks, der nämlich 1880 120% des Preises beträgt, während er 1868 schon auf 71% gestanden hatte. Bei dem in Zwangsversteigerungen erzielten Preis steht auch im Durchschnitt der ganzen Stadt der Preis unter dem Feuerversicherungswert. Die Subhastationen hatten seit 1875 eine ungeheure Zahl erreicht und waren bis 1879 auf

4,06% aller Grundstücke gestiegen. Die Löschungen an Hypotheken hatten seit 1875 sich dauernd vermehrt. Bei diesen Erfahrungen nehmen schließlich aber auch die Eintragungen ab. Denn der Pfandbriefumlauf der Hypothekenbanken kann sich seit 1877 nur wenig vermehren, seitdem auch die Hypothekenbanken manches Grundstück in der Subhastation hatten erwerben müssen. Im Laufe der Krisis mußten sie sogar 400 Grundstücke allein in Berlin übernehmen, eine Zahl, die zu beweisen scheint, daß man damals Recht hatte, ihnen vorzuwerfen, sie unterstützten Bauunternehmer nur, um eine Anlage für ihr Kapital zu finden. Auch der private Kapitalist zog sich mehr und mehr vom Hypothekenmarkt zurück. 1879, in dem Jahr, in dem auch die Subhastationen am zahlreichsten sind, übertreffen die Löschungen die Eintragungen, sodaß die Gesamtverschuldung Berlins eine Verminderung erfährt, obwohl, wie wir wissen, damals noch neue Bauten ausgeführt wurden. —

Wie hatten sich aber unter dem Wechsel von Wohnungsmangel, Überfluß, Mietteuerung und Mietverbilligung die Wohnungsverhältnisse gestaltet? Zunächst sei das Resultat dieser Schwankungen für die Miethöhe zusammengefaßt. Die Gesamtzahl der Wohnungen hatte sich von 1862 bis 1880 um 142% vermehrt, ihr Mietwert war um 122 Mill. Mk. gestiegen, d. h. um 278%. Für eine Wohnung mußten durchschnittlich 160 ℳ mehr gezahlt werden als 1862. Auf den Kopf der Bevölkerung kommt eine Mietausgabe von 144 ℳ gegen 77 ℳ im Jahre 1862. Unter den Mietwertgruppen (Tabelle IV) haben die untersten Gruppen zugunsten aller höheren sich vermindert, 1880 bringen 77% aller Wohnungen eine Miete bis zu 600 ℳ, während 1862 noch 72% nicht mehr als 300 ℳ kosten.

Für die Art der Wohnungsverhältnisse ist es entscheidend, daß sich in diesen beiden Jahrzehnten einer schnellen Ausdehnung der Stadt eine immer zunehmende Tendenz zu einer engeren Bebauung der Grundstücke durchsetzt. Die Baupolizeiordnung von 1859 und der Bebauungsplan von 1862 setzten ihr keine Hindernisse entgegen; jene war im wesentlichen auf die Sicherung vor Feuersgefahr bedacht, sie beschränkt die Höhe der Häuser an Straßen von 15 m Breite überhaupt nicht und verlangt einen Hof von nur 28 qm, eine Größe, die es ermöglichte, daß die damaligen Feuerwehrwagen bequem in den Höfen wenden konnten. Ja, sie drängt durch einzelne Vorschriften, z. B. über die Anlegung feuersicherer Treppen, direkt auf den Bau von Massenmiethäusern hin. Der Bebauungsplan aber, der von 1858 bis 62 durch das Polizeipräsidium ausgearbeitet worden war, legte vor allem Wert auf breite Straßen. Diese erzwangen wegen ihrer Kosten tiefe Grundstücke, die man sich allerdings mit Gärten erfüllt dachte, die aber schon damals von Jahr zu Jahr mehr überbaut wurden. Die Berliner Wohnsitte widersetzte sich diesen Veränderungen nicht, und soweit sich Widerspruch erhob, mußte unter dem Druck der Wohnungsnot nachgegeben werden. So nahm die vertikale wie horizontale Bebauung des Grundstücks in beiden Jahrzehnten einen großen Umfang an. Unter allen Wohnungen vermehren sich am meisten die im 3. und 4. Stockwerk (s. Tabelle IX). Schlimmer aber noch ist es, daß die Kellerwohnungen einen größeren Prozentsatz ausmachen, von 1867—71 erfahren sie die stärkste Vermehrung, ein Beweis, daß in jenen Jahren manches bisher zu anderen Zwecken benutzte Gelaß in eine Wohnung verwandelt werden mußte. Ebenso bedeutet es eine Verschlechterung der Wohnungsverhältnisse, daß an die Stelle der Vorderwohnungen immer mehr Hinterwohnungen treten, die an Licht- und Luftzufuhr stark benachteiligt sind.

Auf jedem Grundstück steigt die Zahl der Wohnungen von 9,56 im Jahr 1861 auf 13,87% im Jahr 1880. Wieder fällt die rascheste Vermehrung in die Jahre des Wohnungsmangels von 1867 bis 1871, da man offenbar durch Aufbauten und Teilung der Wohnungen der drängenden Nachfrage zu genügen suchte. Entsprechend steigt die Bewohnerzahl eines jeden Grundstücks, die Behausungsziffer beträgt 1862 48, 1880 61. In den neuerbauten Teilen der Luisenstadt jenseits des Kanals steht sie schon 1880 sogar auf 90, während 1867 die höchste Ziffer in demselben Stadtteil 70 gewesen war. Die Häufung der Wohnungen bedeutete aber damals eine viel größere Verschlechterung als heute, da erst 1873 die Kanalisation in Angriff genommen worden war und 1880 nur zu einem kleinen Teil vollendet war.

Gleichzeitig hatte die einzelne Wohnung sich stark verkleinert (Tabelle X). Der Anteil der Wohnungen mit nur zwei heizbaren Zimmern wird unter allen Wohnungen größer, und die Bewohnerzahl, die auf sie fällt, nimmt gleichfalls zu, wenn auch nicht ganz in gleichem Grade. Am meisten nehmen verhältnismäßig die 3- bis 4-Zimmerwohnungen ab, nämlich von 174 auf 153 pro Mille, und von den Bewohnern kommen auf sie statt 191 pro Mille nur noch 173. Die Abnahme in den größeren Wohnungen ist dagegen verhältnismäßig geringfügig, im allgemeinen war seit 1875 bis 1880 schon eine Besserung eingetreten, die Jahre 1871 und 75 hatten viel ungünstigere Verhältnisse gesehen. 1871 waren 55% aller Wohnungen solche mit Null bis einem heizbaren Zimmer, und sie nahmen 40% aller Einwohner auf. Seit 1867 hatte diese Wohnungsgruppe allein ihren Anteil vergrößert und gleichzeitig ihre Bewohnerzahl noch stärker vermehrt, wie aus folgenden

Zahlen hervorgeht. Auf ein heizbares Zimmer kommen Bewohner in:

	allen Wohnungen	Wohnungen mit 1 heizbar. Zimmer	Wohnungen mit 2 heizbar. Zimmern
1867	2,16	3,86	2,29
1871	2,23	4,01	2,34
1875	2,25	3,90	2,32
1880	2,13	3,75	2,23

Nach diesen Zahlen war 1875 dank der starken Wohnungsproduktion offenbar schon eine Besserung eingetreten.

Die Zustände erscheinen noch krasser, wenn wir die Erhebungen über die übervölkerten Wohnungen heranziehen. Unter 1000 Wohnungen waren solche von einem heizbaren Zimmer mit 6—10 Bewohnern und solchen mit zwei heizbaren Zimmern und 10—20 Bewohnern, und ihre Bevölkerung betrug pro Mille der Bewohner:

1867	102	165
1871	171	275
1875	101	172

Schon 1875 waren die schlimmsten Zustände von 1871 überwunden und dennoch gab es 23 000 solcher Wohnungen, in denen 162 000 Menschen wohnten. Daß solche Besetzung nur erreicht werden kann, wenn die Wohngemeinschaft nicht nur aus Familienmitgliedern besteht, ist klar. Früher waren vor allem Lehrlinge und Gesellen, Gewerbegehilfen in der Familie aufgenommen worden, aber ihre Bedeutung ging seit 1864 schnell zurück (Tabelle XII). An ihre Stelle treten dagegen Aftermieter, Chambregarnisten und Schlafleute, eine viel weniger wünschenswerte Wohngemeinschaft. Diese Beziehung ist die einzige, die zum Haushalt vorhanden ist, und die Möglichkeit für die Vermieter einer Auswahl, Kontrolle und Beeinflussung auf die aufgenommenen Personen ist sehr gering. Die Jahre 1871 und 75 weisen wieder die ungünstigsten Ziffern auf; die Haushaltungen mit nur Familienmitgliedern sind jetzt am geringsten (die Zählung von 1861 ist nicht ganz vergleichbar). Das Jahr 1880 weist schon in jeder Beziehung eine Besserung auf, auch gegen das Jahr 1864. Die erniedrigten Mieten erlaubten manchem Einzelstehenden, sich ein eigenes Zimmer zu gönnen und machten es mancher Familie möglich, auf die Nebeneinnahme durch Aufnahme von Schlafleuten zu verzichten. Vielleicht waren aber gerade die Leute, die noch kein selbständiger Haushalt an den Ort band, am stärksten in der Depression abgewandert, eine Annahme, die sich indessen nicht statistisch nachweisen läßt.

Schließlich aber ist zu berücksichtigen, daß im letzten Jahrzehnt die Vororte zum ersten Male eine größere Bedeutung für Berlin gewonnen hatten. Zwar steht nur ein Teil von Schöneberg im unmittelbaren Zusammenhang, alle übrigen sind noch durch unbebautes Gelände von der Stadt getrennt und tragen einen ganz selbständigen, zum Teil noch ländlichen Charakter. Denn durch die Eingemeindung von 1861 hatte sich Berlin die Teile der Vororte einverleibt, die schon in den fünfziger Jahren in unmittelbarem Anschluß an die bebauten Teile Berlins besiedelt worden waren, wie Teile von Schöneberg, Tempelhof, Charlottenburg, die schon damals von der wohlhabenderen Bevölkerung bevorzugt wurden, und den Wedding wie Moabit, den auch damals eine zahlreiche Arbeiterbevölkerung bewohnte. Dennoch war der Verkehr nach den Vororten schon ein sehr lebhafter geworden; noch 1865 hatte allein Charlottenburg durch die erste Berliner Pferdeeisenbahn eine unmittelbare Verbindung mit Berlin und bis 1873 blieb sie auch die einzige Linie. Ende der siebziger Jahre aber nahm der Bau einen so lebhaften Umfang an, daß 1880 alle näheren Ortschaften durch eine Pferdebahn mit Berlin verbunden waren. Schon aber waren auch Eisenbahnverbindungen entstanden; seit 1851 hatte der Ausbau ungefähr anderthalb Jahrzehnte gestockt, Ende der sechziger Jahre wurde er aber mit erneuter Kraft aufgenommen und gegen 1880 war er vollendet. Anfangs dienten die Eisenbahnen ausschließlich dem Fernverkehr, und die ersten Außenstationen lagen fast sämtlich 2—3 Meilen von der Hauptstadt entfernt. Für den starken Ausflugsverkehr wurden schließlich einige Stationen eingelegt, wie Lichterfelde an der Anhalter Bahn. 1867 begann man aber auch mit dem Bau einer selbständigen Lokalbahn, 1872 war die östliche Hälfte der Ringbahn vollendet, 1877 die westliche Hälfte. Auf ausdrücklichen Wunsch des Berliner Magistrats waren alle näheren Ortschaften in das Netz einbezogen worden, um der Berliner Arbeiterschaft die Möglichkeit zu billigerem Wohnen zu verschaffen. Und tatsächlich war es vor allem der Ostbahn, an der mehrere der neuentstehenden Arbeitervororte lagen, zu danken, daß 1870 bis 75 ein Viertel der Massen, die Groß-Berlin zuströmten, im weiteren Polizeibezirk Aufnahme fanden (s. S. 101).

3. Periode 1880—1895.

Die Jahre von 1880 bis 95 — und wir können diese Charakteristik auf die Jahre 1895 bis 1910 ausdehnen — sind Zeiten einer kräftigen Weiterentwicklung der deutschen Wirtschaft auf der Basis, die die Jahrzehnte vorher geschaffen hatten. Änderungen in den Wirtschaftsorganisationen, die denen in jener Zeit gleichkämen, vollziehen sich nicht mehr. Nur für die Landwirtschaft hat sich die Lage vollkommen geändert. Schon Ende der siebziger Jahre hatte ausländisches Getreide dank der verbilligten Transportkosten ihr den deutschen Markt streitig gemacht. Um sie nicht ganz zu gefährden, wurde 1879 darum wieder die Schutzzollpolitik aufgenommen, die mit mancherlei Abänderungen bis heute beibehalten worden ist. Auch die neugeschaffene Kohlen- und Eisenindustrie hatte auf diese Änderung der Handelspolitik hingedrängt, da auch sie in der Zeit der Überproduktion der Konkurrenz der ausländischen Waren nicht standhalten konnte. Die Bedeutung von Handel und Industrie aber wächst fortdauernd für das deutsche Wirtschaftsleben. Und je weiter die Entwicklung zum Industriestaat fortschreitet, desto mehr wächst auch die städtische Agglomeration. Als Beweis dienen folgende Zahlen:

Von 1000 Einwohnern im Deutschen Reich wohnten in

	Städtischen Gemeinden	davon Gemeind. mit 100000 und mehr Einwohn.
1870.	35,6	4,8
1875.	39,0	6,2
1880.	41,4	7,2
1885.	43,6	9,5
1890.	47,2	12,1
1895.	49,4	13,2
1900.	54,3	16,1
1905.	57,4	19,0
1910.	—	21,1

Unter den Städten, die die Massen an sich ziehen, steht Berlin noch immer an erster Stelle. Hier drängen sich auf engem Gebiet die Einwohner dichter zusammen als in irgendeinem Bezirk Deutschlands, wie folgende Zahlen beweisen, die wir dem Jahrbuch deutscher Städte (Bd. 11) entnehmen. Nimmt man ein Agglomerationsgebiet an mit einem Radius von 10 Kilometer vom Mittelpunkt der Stadt aus gerechnet, so kommen auf ein Hektar Bewohner A. in Berlin und B. in Essen, wonächst Berlin die Besiedelung in Deutschland am stärksten ist.

	A	B
1871	28,2	7,04
1885	39,8	10,01
1890	59,0	14,40
1900	80,7	24,10

Entsprechend wuchs auch Berlins wirtschaftliche Bedeutung. Nach der Berufszählung von 1907 hatte allein Berlin mehr Hauptbetriebe als ganz Württemberg. Groß-Berlin aber, d. h. Berlin mit 44 Vororten, wurde darin nur von den preußischen Provinzen Rheinland und Westfalen und den Bundesstaaten Sachsen und Bayern übertroffen. In der Zusammensetzung der Gewerbe haben sich auch in Berlin keine einschneidenden Verschiebungen vollzogen. Noch immer nimmt die Konfektion die erste Stelle ein. Auf das Bekleidungsgewerbe kommen in Berlin von 100 Betrieben 31, von 100 Beschäftigten 16, für Berlin und 44 Vororte lauten die Zahlen 28 und 15, für Deutschland dagegen 20 und 9. Dabei ist zu beachten, daß gerade für dieses Gewerbe schwer vollständige Zahlen zu erhalten sind durch die Rolle, die die Heimarbeit in ihm spielt. Eine ähnliche Bedeutung hat noch immer die Maschinen- und Apparateindustrie und ihr gehören die weit besser gelohnten Arbeiter an. Auf sie kommen in Berlin von 100 Betrieben nur 2, dagegen von 100 Personen 11, in Berlin und 44 Vororten 2 und 13, in Deutschland 3 und 8. Weit überragt auch die Besetzung des Handelsgewerbes in Berlin die Deutschlands, und unter den Großstädten zeigt nur Hamburg eine größere Vertretung. In Berlin und Groß-Berlin gehörten 30% aller Betriebe dem Handel an und 23% aller erwerbstätigen Personen. Für Deutschland aber sind die entsprechenden Zahlen 24 und 14%.

Nach der schweren Depression, die seit 1875 immer härter auf Deutschland lastete, kam der erste Anstoß zu lebhafter wirtschaftlicher Tätigkeit Ende 1879 aus Amerika, das nach einer Reihe günstiger Ernten sein Eisenbahnnetz wieder ausbaute. Aber die amerikanische Nachfrage war bald befriedigt, denn die europäische Industrie konnte bei erweiterter Produktionsfähigkeit der letzten Hochkonjunktur sich schnell dem Bedarf anpassen, ja ihn überschreiten. Schon 1883 sind die Klagen über mangelnde Unternehmungslust, geringen Gewinn trotz gesteigerten Absatzes auf allen Gebieten wieder laut, und erneut legt sich die Lähmung auf das wirtschaftliche Leben. Erst 1886 gibt wieder der amerikanische Eisenbahnbau dem europäischen Markt vermehrte Aufträge. Jetzt aber ist diesen Neuanforderungen nicht mehr ohne Ausdehnung der Produktionsmittel nachzukommen, besonders da die europäischen Staaten für militärische Rüstungen vermehrte Aufgaben stellen. So gewinnt auch der Aufschwung eine längere Dauer und greift tiefer in das allgemeine Wirtschaftsleben ein. Zu der gleichen Wirkung aber führt die wachsende Bautätigkeit, die nach der starken Zunahme der städtischen Bevölkerung in vielen deutschen Städten einsetzt. Politische Beunruhigungen hatten anfangs die Hausse noch darniedergehalten, erst 1888 setzt sie sich vollkommen durch, aber schon in der zweiten Hälfte des Jahres 1890 wird es fühlbar, daß die günstige Konjunktur ihr Ende erreicht hat, und wieder lastet seit diesem Jahr bis 1895 auf Deutschland wie auf der gesamten Weltwirtschaft eine tiefe Depression. Mäßige Ernten und gesunkene Preise der Produkte bezeichnen die Lage der Landwirtschaft. Die Industrie klagt über mangelnden Absatz bei stark gedrückten Preisen. Die Ausbreitung des wirtschaftlichen Niedergangs über fast alle Weltmärkte verhindert den erleichternden Export, der sich für Deutschland noch durch den russischen Zollkrieg verringert.

Dieser Entwicklung der Konjunktur geht die Bevölkerungsvermehrung Berlins parallel, die von 1880 bis 1895 590 000 Einwohner = 35% betrug. Davon fallen aber auf die Jahre 1880 bis 1890 490 000 Köpfe, während von 1891 bis 95 die Zunahme fällt, ja in den Jahren 1892 und 94 ein Wanderungsverlust zu verzeichnen ist, den allerdings der Geburtenüberschuß noch übertrifft. Doch zur Erklärung dieser Schwankung von 42 000 Köpfen Mehrzuzug auf den Verlust von 2500 ist noch ein anderes Moment heranzuziehen, die Entwicklung der Vororte. Seit der Eröffnung der Stadtbahn im Jahre 1882 hatte sich schon Charlottenburg schnell ausgedehnt, aber erst seitdem man 1887 begonnen hatte, an den meisten Vorortbahnen ein zweites Gleis für den Lokalverkehr anzulegen, und Oktober 1891 eine Ermäßigung des Vororttarifs die Fahrtkosten durchschnittlich von 27,7 Pf. auf 22,2 Pf. herabsetzte, hatten auch die übrigen Vororte schneller zugenommen. Die Folge ist, daß von 1890 bis 95 zum ersten Male die Vermehrung der Vororte größer ist als die Berlins.

Vermehrung der ortsanwesenden Bevölkerung

	Berlin	vormaliger weiterer Polizeibezirk
1871/75	140 517 = 17 %	46 177 = 80 %
1875/80	155 472 = 16 %	19 391 = 19 %
1880/85	192 957 = 17 %	40 302 = 33 %
1885/90	263 507 = 20 %	104 961 = 64 %
1890/95	98 510 = 6 %	166 321 = 61 %
1895/1900	211 544 = 13 %	204 903 = 47 %

Prozentual erfährt aber auch die Vermehrung der Vororte eine Verringerung in der Depressionszeit.

Bei der schnellen Bevölkerungsvermehrung am Anfang der achtziger Jahre war aber schließlich der Bedarf in den Vorrat an Wohnungen hineingewachsen, den die Überproduktion der Gründerjahre geschaffen hatte. Zwar noch 1880 bis 1883 war die Zahl der leerstehenden Wohnungen eine übergroße, aber schon von 1885 bis 1886 stehen nun 2,1—2,5% aller Wohnungen und Gelasse leer. Anfang 1887 sind nur noch 6900 Wohnungen und Gelasse, das sind 1,3 % aller zur freien Verfügung, während in diesem Jahr 57 000 Personen zuwandern und 14 700 neue Haushaltungen durch Eheschließungen gegründet werden.

Entsprechend war im Jahre 1881 der Mietrückgang zum Stillstand gekommen. Vier Jahre lang bleibt aber der durchschnittliche Mietwert einer Wohnung auf derselben Höhe stehen, eine Erscheinung, die bisher noch nicht zu beobachten war. Erst im Laufe des Jahres 1884 gehen die Mieten wieder in die Höhe, als in demselben Jahr der Wohnungsvorrat unter 3 % aller vorhandenen herabging. Der Ertrag eines Grundstücks (Tabelle XXIIa) aber war schon lange im Steigen, durch die Höhe der Mieten wie durch den abnehmenden Mietverlust.

So war allmählich eine erneute Wohnungsproduktion notwendig geworden. Diese Konsequenz zieht zuerst die Grundstücksspekulation. 1881 ist sie schon im Westen in allen Gegenden tätig, die von der Stadtbahn berührt werden, und allmählich schreitet sie fort, bis sie 1887 auch auf die Arbeiterviertel im Norden und Osten übergreift. So hören wir auch, daß der Preis unbebauten Bodens eher steigt, als der des bebauten. Nach unseren Tabellen (XVIII und XXIIa) hatte seit 1882 der Umsatz in bebauten Grundstücken, seit 1880 schon ihr Preis den Tiefpunkt überschritten, aber noch tritt nach den Berichten keine allgemeine Besserung ein, da das Angebot an bebauten Grundstücken größer ist als die Nachfrage, denn viele, die unfreiwillig in den letzten Jahren ihren Besitz erwerben mußten, suchen ihn jetzt abzustoßen und können ihn zum Teil noch nicht halten. Noch bis 1883, ja bis 1886 sind darum die Subhastationen zahlreich und bis 1883 sind in ihnen nicht einmal Preise in Höhe des Feuerversicherungswertes zu erzielen. Erst von 1886 an beginnt der Umsatz in bebauten Grundstücken sich wieder zu heben, da allmählich die Bautätigkeit eingesetzt hatte, die natürlich einen gesteigerten Umsatz bebauter Grundstücke herbeiführen mußte. Schon seit 1880 begannen sich langsam die Bauerlaubnisscheine zu mehren, aber zunächst nicht für den Wohnungsbau, sondern für den Umbau älterer Häuser in der inneren Stadt zu industriellen Zwecken. Durch Abbrüche werden viele Wohnungen sogar dem Wohnungsmarkt entzogen, ohne daß, wenigstens nach den Berichten, Neubauten den entsprechenden Ersatz geschaffen hätten. Nach unserer Tabelle (XV) ist aber nur festzustellen, daß die Fabrikbauten einen größeren Umfang annehmen. Erst 1885 hören wir, daß die Bautätigkeit eine lebhafte ist, und 1886 erreichen die Bauerlaubnisscheine schon die höchste Zahl, da viele Bauunternehmer dem Erlaß der neuen, mancherlei Beschränkungen bringenden Bauordnung von 1887 zuvorkommen wollten. Aber noch einmal wird fast die gleiche Zahl von Bauerlaubnisscheinen 1889 erteilt. Die Aufnahmen von Neubauten im Feuerversicherungskataster und die Vermehrungen der Wohnungen im Mietssteuerkataster zeigen auch eine gleichmäßige Entwicklung und weisen für das Jahr 1890 die höchsten Zahlen auf. Also ist anzunehmen, daß 1889 die meisten Bauten in Angriff genommen wurden. In diesem Jahr stehen auch die Preise der Baumaterialien auf ihrer größten Höhe, nur vorübergehend hatten 1887, als die Nachfrage nach Ziegeln plötzlich stieg und die Brennereien auf den verstärkten Bedarf nicht eingerichtet waren, die Preise für Ziegel schon höher gestanden, aber die ganze Preissteigerung ist mit der in den siebziger Jahren nicht zu vergleichen. (Tabelle XXVII.) Auch steigt die Rentabilität in der Industrie der Steine und Erden und die Gründungen nehmen zu (Tabelle XXV und XXVI).

Auch die Grundstücksspekulation hatte offenbar wieder einen bedeutenden Umfang angenommen. Der gesamte Umsatz steigt auf 18,93% aller Grundstücke (Tabelle XXIIa). In unbebautem Boden werden die Käufe von 1872 übertroffen, doch handelt es sich in dieser Periode wohl mehr um den spekulativen Zwischenhandel mit Baustellen als um die große Terrainspekulation. Der Umsatz in bebauten Grundstücken bleibt aber hinter dem der Gründerjahre weit zurück. Ein großer Teil des Grundbesitzes, vor allem wohl Geschäftshäuser, waren in feste Hände nach den Umwälzungen der siebziger Jahre übergegangen, und die schnelle Preissteigerung nahm nicht solche Dimensionen an, wie in den Gründerjahren, um zu einer ausgedehnteren Spekulation zu veranlassen. Daß dennoch die rein spekulativen Umsätze zahlreich gewesen sind, beweist, daß 1888 und 1889 der durchschnittliche Feuerversicherungswert der verkauften Grundstücke unter dem Durchschnitt der ganzen Stadt steht.

Und dieser Bewegung wurde vom Kapitalmarkt kein Hindernis entgegengestellt, im Gegenteil war es der Gunst der Kapitalverhältnisse zu danken, daß in diesem Jahrzehnt die Bautätigkeit dem Bedarf schneller genügte, sodaß nicht jene Zustände entstanden, die im vergangenen Jahrzehnt die Lage des Wohnungsmarktes verschärft hatten. Denn beständig behält der Zinsfuß in diesem Jahrzehnt die fallende Tendenz bei, die er schon seit Anfang der siebziger Jahre angenommen hatte. Der Kapitalbedarf der deutschen Wirtschaft war zunächst gering, auch die Staatsanleihen erfahren am Anfang der achtziger Jahre eine geringe Vermehrung, ihr Kurs steigt und Konvertierungen zu einem ermäßigten Zinsfuß werden möglich. Die Verstaatlichung der Eisenbahnen machte weitere Fortschritte und brachte Zinsreduktionen für ihre Gläubiger mit sich und verringerte die Zahl der Anlagepapiere. Der Bau neuer Eisenbahnen aber war in Deutschland zunächst nicht notwendig. Den Pfandbriefen der Hypothekenbanken aber kommt die Gestaltung des Kapitalmarktes zunächst nicht zugute. Die jährliche Vermehrung ihres Pfandbriefumlaufs bleibt gering, da seit den Kriegen der siebziger Jahre, in denen sie manche Verluste trafen, sie noch nicht wieder das Vertrauen des Publikums gewonnen hatten und noch immer in der Öffentlichkeit die Sicherheit der Pfandbriefe diskutiert wurde. Doch hat der Zinssatz der Pfandbriefe die sinkende Tendenz seit 1887 beibehalten. Schon 1886 kann die Preußische Zentral-Bodenkreditaktiengesellschaft 3½% Pfandbriefe ausgeben. Das private Kapital aber drängt seit 1880 zu Anlagen im Realkredit, um hier bei dem gesunkenen Zinsfuß der Rentenpapiere noch eine höhere Verzinsung zu erhalten. Doch da die Umsätze noch gering, die Subhastationen noch zahlreich sind, so ist es vorsichtig in der Auswahl der Pfandobjekte und konkurriert stark um die günstigen, sodaß auch dadurch hier der Zinsfuß sinkt. Die Eintragungen im Berliner Grundbuch bleiben darum gering (Tabelle XX). Die Mehreintragungen umfassen nur Summen, die nicht höher sind als vor 1870, da auch die Löschungen bei den Subhastationen noch zahlreich sind. Aber allmählich ist der Grundbesitz in Hände übergegangen, die ihn halten können, der Grundstückertrag hebt sich, die Subhastationen werden geringer, manche Hypotheken sind mit einem niedrigen Zinsfuß zu erneuern, ein Umstand, der nicht zum wenigsten zur Gesundung beiträgt. 1886 können die Hypothekenbanken zum ersten Male den Pfandbriefumlauf stärker vermehren und benutzen ihn zuerst zu einer Verstärkung der Hypothekenregulierung, die sie schon in den letzten Jahren eifriger aufgenommen hatten. Wenigstens kann man es daraus schließen, daß plötzlich die Löschungen in Berlin stark zunehmen, während im selben Verhältnis die Eintragungen wachsen; auch die Berichte bestätigen diese Erscheinung. Damit verschärft sich für den kleinen Kapitalisten die Schwierigkeit, sein Kapital an erster Stelle unterzubringen oder auch an einer zweiten hinter einer nicht allzu hohen ersten Hypothek. Die erste Hypothek der Institute — auch die Versicherungsgesellschaften leihen schon viel Kapitalien in Berlin aus — schien damals allzu hoch. Viel anlagelustiges Kapital sammelt sich so am Hypothekenmarkt, und die Bautätigkeit erhält mit Leichtigkeit die notwendigen Kapitalien.

Allmählich hatte auch das allgemeine Wirtschaftsleben eine lebhafte Gangart eingeschlagen, wohl nicht zum wenigsten durch die Bautätigkeit selbst, die ja Auftraggeber für viele Gewerbe ist und große Massen ernährt. Die Emissionen an Dividendenpapieren (Tabelle XXIV) und die Zahl der Gründungen (Tabelle XV) nehmen seit den siebziger Jahren wieder einen größeren Umfang an und erreichen 1889 die höchsten Summen. Im Sommer dieses Jahres beginnt so zum ersten

Male seit längerer Zeit der Kurs der Staatspapiere zu sinken. Gleichzeitig steigt mit den wachsenden Ansprüchen an den Geldmarkt der Diskont; so hören wir auch schon Ende 1889 vom Hypothekenmarkt, daß auch hier der Zinssatz zu steigen beginnt, Baugeld nur schwierig zu haben ist. (In unseren Jahresangaben erscheint die Zinssteigerung erst 1890, Tabelle XXIII.) Die Kapitalteuerung bringt auch die Grundstücksspekulation zum Stocken, schon im nächsten Jahr sind die Umsätze im bebauten und unbebauten Boden beträchtlich geringer. Im gleichen Jahre vermehren sich schnell die Zwangsversteigerungen — sofort macht sich bemerkbar, daß die Bauhausse wieder viele mittellose Bauunternehmer herangezogen hatte —, der Bauschwindel nimmt zu und die Ausfälle für die Bauhandwerker und Baulieferanten mehren sich, und nie haben diese Mißstände stärker die Öffentlichkeit beschäftigt, als jetzt und in den folgenden Jahren. Aber noch im Jahre 1890 ist zum wenigsten in der ersten Hälfte die Beschäftigung im Baugewerbe am größten, noch sind die meisten Bauten in Arbeit, erst im Laufe des Jahres kommen die meisten Wohnungen auf den Markt und auch 1890 und 1891 wird ihre Zahl noch wenig geringer.

Und nun verändert sich das Gesicht des Wohnungsmarktes. Anfang 1891, als die Zufuhr an neuen Wohnungen am größten gewesen war, steigt der Vorrat an freien Wohnungen auf 3,9 % und während der Wohnungsvorrat sich weiter vermehrt, läßt die Bildung des Wohnbedarfs wie seine Zahlungskraft nach. Anfang 1895 beträgt der freie Wohnungsvorrat 5,9 %, eine Zahl, die der nach den Gründerjahren fast gleichkommt. Von den 31 000 Wohnungen und Gelassen, die unbenutzt sind, haben 21 000 einen Mietwert von 1—300 *M*. Für die Wohnungen und Gelasse im Wert von 151—300 *M* beträgt der Vorrat der leerstehenden Wohnungen sogar 8 % aller vorhandenen, während noch 1887 nur 1,5 % frei waren; denn seitdem hatte die Produktion sich gerade den Kleinwohnungen gewidmet, während man in den ersten Jahren vor allem größere Wohnungen hergestellt hatte. Die Folge ist, daß die Mietsteigerung im Jahre 1892 für die einzelne Wohnung ins Stocken kommt. Die Belastung pro Kopf der Bevölkerung aber stieg noch zwei Jahre; leider ist nicht festzustellen, wann der Mietrückgang ein Ende fand, da unsere statistischen Angaben seit 1895 auf anderen Quellen beruhen. Jedenfalls war der Mietrückgang ein bedeutender, sodaß die Gesamterhöhung von 1880 bis 95 nicht mit der vergangener Jahrzehnte zu vergleichen ist. Von 1881 bis 91 hatte die Zahl der Wohnungen im Werte von 1—150 *M* sich verringert, dann aber vermehrt sie sich wieder schnell von 31 000 auf 41 000, ihr prozentualer Anteil an allen Wohnungen hat sich dennoch 1895 gegen 1880 stark vermindert, während die nächste Gruppe sich um so mehr vervielfacht. Noch 1895 sind 51% aller Wohnungen zu einem Preis von 1—300 ℳ erhältlich gegen 55% 1880, 75% 1862 (Tabelle III). Unter den teuern Wohnungen haben wenig Verschiebungen stattgefunden, höchstens ist eine etwas stärkere Besetzung der letzten Gruppe zu verzeichnen. Sicherere Angaben als der Mietsteuerkataster gewähren in dieser Periode die Erhebungen, die mit den Volkszählungen verbunden sind (Tabelle XI). Danach erfuhren die stärkste prozentuale Verteuerung von 1880—95 die Wohnungen mit und 1 und 2 Zimmern, nämlich um 15 und 12%, die geringste aber die Wohnungen mittlerer Größe mit 3—5 Zimmern, nämlich um 8—7%. Auch nach dieser Tabelle fällt die größte Steigerung in die Zeit des beschränkten Wohnungsvorrats von 1885 bis 90, und zufällig umfaßt die Zeit von Oktober 1890 bis Oktober 1895 auch die Jahre des Mietrückganges, der auch für die kleinsten Wohnungen am größten ist. — Auch hier ist zu berücksichtigen, daß damals die Vororte für Berlins Bewohner eine größere Bedeutung gewannen. Leider haben wir für die Vororte nur wenig Angaben. Nach Paul Voigt aber standen z. B. in Charlottenburg, dem Vorort, der am meisten in Betracht kommt, 1895 auch 12,3% aller Wohnungen und Gelasse leer. Denn gerade in den Vororten hatte die Bautätigkeit noch einmal lebhafter eingesetzt, als der Rückgang in Berlin schon beträchtlich war. Die Eröffnung der Wannseebahn, vor allem die Ermäßigung des Vororttarifs hatte den Anlaß dazu gegeben. Auch die Terrainspekulationen hatten hier noch 1891 und 92 einen neuen Anlauf genommen, als die guten Resultate einer Wilmersdorfer Terraingesellschaft bekannt geworden waren. Auch an der Börse hatten Kurssteigerungen der Terrainwerte stattgefunden, als alle anderen Aktien darniederlagen.

Für die gesteigerte Bautätigkeit wie für den gesteigerten Grundstücksverkehr in den Vororten haben wir aber keinen anderen Beweis, als den, den die Statistik der Hypothekenbewegung gibt (Tabelle XXI). Für Berlin entfällt nach dieser Aufstellung der umfangreichste Hypothekenverkehr ins Jahr 1888/89, für die Vorortbezirke aber in die Jahre 1891/94. Nach derselben Quelle betrug in Charlottenburg die Vermehrung von Hypotheken vom 1. April 1891 bis 30. März 1895 269 Mill. Mark. Das erklärt, daß schließlich die Überproduktion an Wohnhäusern nicht geringer war als in Berlin und nach Paul Voigt die folgende Grundstückskrise dort härter war als hier.

Die Zustände in den Vororten trugen aber dazu bei, die Grundstückskrise für Berlin zu verstärken und zu verlängern. Und hinzu kam, daß nun auch die Kapitalmarktlage sich bedeutend verschlechtert hatte. Zwar sinkt der Diskont dauernd, seitdem der Konjunkturumschwung eingetreten ist, vor allem auch unter dem Einfluß der starken Einfuhr kalifornischen Goldes. Und die Diskontermäßigung verführt wie die sinkenden Materialpreise und Löhne manchen Bauunternehmer zur Aufnahme eines neuen Baues, da er glaubt, daß der Zinsrückgang sich auch auf andere Zinsarten übertragen müsse. Wohl haben aber die Kapitalansprüche von Handel und Industrie schon seit 1891 ganz aufgehört, und ihre Gewinne sind dauernd zurückgegangen. Aber starke Verluste haben den deutschen Kapitalisten durch die englisch-amerikanische Spekulationskrise und durch die Bankerotterklärungen Argentiniens getroffen. Auch andere ausländische Papiere, die der deutsche Kapitalmarkt im letzten Jahrzehnt zahlreich aufgenommen hatte, weil er in ihrer hohen Verzinsung einen Ersatz für den Rückgang des einheimischen Zinsfußes fand, sind eingetreten. Gleichzeitig schränken schlechte Ernten für Jahre die Sparkraft der Bevölkerung ein. Anderseits war der Umfang der öffentlichen Anlagen in diesen Jahren ein großer. Der Realzinsfuß der Staatspapiere bleibt also trotz der wirtschaftlichen Depression vier Jahre lang ziemlich auf der Höhe stehen, die er am Schluß der Hausse erreicht hatte. Entsprechend steigt auch der Hypothekenzinsfuß, den die Preußische Zentral-Bodenkredit-Aktiengesellschaft auf Grund ihrer Pfandbriefe ihren Schuldnern auferlegen mußte. Von 1890 bis 94 gibt sie 4 prozentige Pfandbriefe aus. Auch nach den privaten Berichten steht in diesen Jahren in Berlin der Hypothekenzinsfuß höher als vor 1889. Erst 1894, stärker 1895, tritt eine Ermäßigung ein. Von beiden Seiten ist die Lage des Grundbesitzes bedrängt. Der Grundstücksertrag ermäßigt sich 1894 sogar im Durchschnitt der ganzen Stadt, und der Mietausfall erreicht eine Höhe, ähnlich der von 1879 (Tabelle XXIIa). Der Preis der Grundstücke ist nach unserer Tabelle, die aber gerade für diese Jahre ungenau wird, seit 1892 erst im Sinken, und auch die Berichte melden, daß er anfangs sich noch gehalten habe. Vor allem sind es auch jetzt die Neubauten, die umgesetzt werden. Die Zahl der Käufe der bebauten Grundstücke nimmt dauernd ab, ähnlich ist die Bewegung der Käufe unbebauten Bodens. Dagegen nehmen die Subhastationen dauernd zu, um für den bebauten 1895 mit 355 Zwangsversteigerungen gegen 40 im Jahre 1888 den Höhepunkt zu erreichen. Für den unbebauten Boden liegt die höchste Zahl in den Jahren 1893 und 94, da wie gewöhnlich die Bewegung hier eher zum Stillstand kommt. Entsprechend erreichen die Löschungen bei Subhastationen 1895 für Berlin den Höhepunkt, für die Vorortbezirke erst 1897, da hier die Bautätigkeit sich auch länger gehalten hatte.

4. Periode 1895—1910.

Nach der langen und schweren Depression von 1891 bis 94 begannen in der zweiten Hälfte des Jahres 1895 die ersten Anzeichen eines Auflebens der wirtschaftlichen Tätigkeit bemerkbar zu werden, und ein Aufschwung setzt nun ein, wie er seit den siebziger Jahren nicht erlebt worden war und an dem Deutschland mehr als alle anderen Nationen teilnahm. Die Entwicklung der Elektrizitätsindustrie, die verstärkte Aufnahme des Kleinbahnbaues waren es vor allem, die den neuen Impuls gaben, die die Wirkung der anderen Faktoren, gestiegene Bevölkerung und gestiegene Bedürfnisse, zur Auslösung brachten. Eine Reihe günstiger Ernten ermöglichte auch der Landwirtschaft, die industrielle Entwicklung durch ihren bestärkten Bedarf zu unterstützen. Wieder war es die schwere Industrie, der Bergbau, die Hüttenwerke, der Maschinenbau, die die schnellste Ausdehnung erfuhren. 1898 ist der Höhepunkt der gesamten Entwicklung erreicht und Ende 1899 setzt schon auf einzelnen Gebieten die Abwärtsbewegung ein. Der Bedarf läßt nach, die Preise beginnen zu weichen. Zusammenbrüche waren die Folge, und der Krise von 1900 folgten die Depressionsjahre 1901 und 1902. Eine schlechte Ernte im Jahre 1901 hatte den Niedergang verstärkt, nun aber folgten außerordentlich gute und trugen dazu bei, daß die Depression nur von kurzer Dauer war. Schon das Jahr 1903 wird als ein günstiges bezeichnet. Dieses Mal waren es keine besonderen Aufgaben, die der Industrie ein neues Tätigkeitsfeld eröffneten, sondern die schnelle Erholung war wohl zum Teil dem auswärtigen Handel zu danken. Amerika hatte sich an dem letzten Aufschwung nicht stark beteiligt und war darum von der folgenden Krise auch weniger berührt worden. So entwickelte es jetzt eine enorme Nachfrage und gewährte der deutschen Industrie eine willkommene und stark ausgenutzte Exporttätigkeit. Der innere Markt konnte sich wieder konsolidieren, bis auch er, wieder verstärkt durch die günstigen Ernten, die Grundlagen zu einer neuen Entfaltung des wirtschaftlichen Lebens bot. Die Jahre 1906 und 1907 sehen die Kulmination, dann aber folgte der Niedergang. Wieder hatte die Produktion den Bedarf überschritten, die Preise sanken und die Vorräte häuften sich auf Vorräte. Verstärkt wurde aber die Lähmung, weil der Export keinen Ausgleich gewährte. Denn in Amerika war der Blüte jetzt eine um so heftigere Krise durch Überspekulation und Überproduktion gefolgt. Obendrein beschränkte der neue deutsche Zolltarif von 1905 auch die Exportgelegenheiten. Das Jahr 1908 und 1909 zeigt die allgemeine Depression, die Zusammenbrüche mehren sich und räumen besonders unter den Provinzialbanken auf, da wie immer die Depression den gefährdeten Existenzen den letzten Stoß versetzt. Erst Ende 1909 machen sich langsam wieder die Anzeichen einer Erholung bemerkbar.

Parallel der wirtschaftlichen Konjunktur entwickeln sich die Ansprüche an den Kapitalmarkt. Schon 1894 hatten die Emissionen sich vermehrt, stärker aber erst 1895, und in demselben Jahre nehmen auch die Gründungen von Aktiengesellschaften einen größeren Umfang an, zu denen aber jetzt in bedeutender Zahl Gesellschaften mit beschränkter Haftung treten (Tabelle XXIV und XXVI). Beide Reihen weisen ihren Höhepunkt im Jahre 1899 auf. Die Kurse der Aktien steigen und ebenso ihre Realverzinsung. Dagegen fallen die Kurse der Staatspapiere und auch ihr Realzins steigt (Tabelle XXIV). Schon Ende 1895 waren bei ihnen die Kurssteigerungen zum Stillstand gekommen, es folgte eine Senkung, die besonders seit 1898 schnell zunahm, und erst im Sommer 1900 nimmt die Bewegung ihr Ende. Für den Hypothekenzinsfuß war erst 1895 eine stärkere Ermäßigung nach den privaten Berichten eingetreten, aber schon in dem nächsten Jahr melden sie eine erneute Steigerung, die bis 1900 fortdauert. Die Verzinsung, die die Preußische Zentral-Bodenkredit-Aktiengesellschaft ihren Schuldnern auferlegen muß, steigt erst 1897, aber von 1900 muß sie sogar auf Grund 4prozentiger Pfandbriefe ihre Darlehen begeben und erst 1901 weisen sie den niedrigsten Kursstand auf. 1898 bis 1902 bleibt die Vermehrung des Pfandbriefumlaufs der Hypothekenbanken sehr gering. Die meisten Hypothekenbanken müssen ihre Pfandbriefe selbst aufkaufen, um nicht die Kurseinbußen zu groß werden zu lassen. Durch diese Politik vor allem kommt es 1900 zum Zusammenbruch der Preußischen Hypotheken-Aktienbank und der Deutschen Grundschuldbank, Anfang 1901 der Pommernbank. In diesem Jahre stockt die Vermehrung des Pfandbriefumlaufs, da das Mißtrauen von jenen Banken sich auf die anderen überträgt. Der Diskont hat schließlich 1899 und Anfang 1900 eine Höhe von 6% erreicht und auch der Zinssatz für das Baugeld war auf gleicher Höhe. Diesen Zinssatz aber konnte damals weder die Bautätigkeit noch der Grundbesitz tragen.

Denn noch stand der Grundbesitz unter den Folgen der Überproduktion vom Ende der achtziger und Anfang der neunziger Jahre. Leider sind unsere Angaben über die Zahl der leerstehenden Wohnungen gerade jetzt nicht mit den vorangegangenen zu vergleichen. Aber noch 1897 und 98 scheint der Vorrat an freien Wohnungen beträchtlich gewesen zu sein und die Mietsteigerung noch nicht wieder eingesetzt zu haben. Noch erscheint die Rentabilität der Grundstücke unsicher: Der Umsatz in bebauten Grundstücken erreicht erst 1897 die niedrigsten Zahlen, die nicht höher sind, als die des Jahres 1883, und auch dann tritt nur eine ganz geringe Steigerung ein. Die Preise beginnen nach unseren Angaben sich seit 1897 stärker zu heben, ebenso langsam nehmen die Zwangsversteigerungen ab. In unbebautem Boden verringern sich die Käufe und bleiben während der ganzen Zeit so niedrig, wie nur um die Wende der siebziger und achtziger Jahre. Aber auch die Zwangsversteigerungen in unbebautem Boden stellen ein Minimum dar, das beste Zeichen, daß in dieser Aufschwungsperiode die Bodenspekulation in Berlin ganz fehlte.

So bleibt auch der Hypothekenverkehr gering. In Berlin selbst bleibt er weit unter den letzten Haussejahren, nur in den Vororten (Tabelle XXI) steigt er wieder auf die Höhe der ersten Jahre dieses Jahrzehnts. Denn in den Vororten hatte unter dem Einfluß der Hausse 1898/99 die Terrainspekulation wieder eingesetzt. Aus den Erhebungen Croners ergibt sich, daß in den westlichen Vororten und in den Fabrikvororten der Umsatz in unbebauten Grundstücken ganz plötzlich und beträchtlich stieg. Für Charlottenburg gibt Tabelle XIX den Beweis. Auch an der Börse erfuhren die Terrainwerte große Steigerungen, und die Gründung von Baugesellschaften stieg 1899/1900 auf eine große Zahl an.

Allmählich hatte sich unter dem Eintritt der wirtschaftlichen Hausse die Berliner Einwohnerzahl stark vermehrt. Von 1897 bis 98 verzeichnet Berlin einen Mehrzuzug von 27 000 bis 28 000 Menschen. Die Nachfrage nach Wohnungen erfährt eine starke Vermehrung und gleichzeitig steigt ihre Kaufkraft. Der Vorrat an leerstehenden Wohnungen wird knapp. Schon im Laufe des Jahres 1899 stehen nur noch 2,7 % aller Wohnungen und Gelasse leer, im Januar 1899 an Wohnungen ohne Gewerberäume überhaupt nur 8400, ja Januar 1901 nur noch 1759 (Tabelle V und VI), und unter ihnen sind übermäßig viel große Wohnungen. Man könnte annehmen, daß dieser Wohnungsmangel einigermaßen durch das Angebot in den Neubaubezirken der Vororte ausgeglichen werde, aber die Grundstücksaufnahme vom 1. Dezember 1900, die sich auch auf die Vororte erstreckte, ergibt ein anderes Bild. Danach waren in Groß-Berlin nur 10 000 Wohnungen und Gelasse frei, von denen nur 4300 reine Wohnungen waren, dagegen 4400 Gelasse, die zum Wohnen nicht dienen konnten. Das bedeutete für Berlin einen Vorrat von 0,61 % der reinen Wohnungen, für Rixdorf sogar nur 0,50, für Lichtenberg 0,48 %. Ähnlich waren die Verhältnisse in allen anderen Vororten, die hauptsächlich von Arbeitern bewohnt wurden, während die westlichen Vororte einen Vorrat von 2—3 % der vorhandenen aufwiesen, ja Wilmersdorf selbst von 5,89 %. Doch nimmt

Wilmersdorf mit seiner gleichmäßig wohlhabenden Bevölkerung eine Ausnahmestellung unter den Vororten ein. Wie sich die Zustände gestaltet hätten, wenn nicht 1901 und 1902 der Zuzug beträchtlich gestockt hätte, ist kaum auszudenken. Auch schon in diesen Jahren wurden Familien wegen Obdachlosigkeit im Asyl für Obdachlose und im Armenhaus aufgenommen. Die Zustände wären denen nach dem deutsch-französischen Krieg nur zu ähnlich geworden. — Bei diesem Wohnungsmangel war die natürliche Folge eine ungeheure Mietsteigerung. Leider fehlen die Angaben des Mietsteuerkatasters, aber nach dem Gemeindegrundsteuerkataster wissen wir, daß von 1900 zu 1901 die Belastung pro Kopf der Bevölkerung eine starke Erhöhung erfuhr (Tabelle V). Auch der Grundstücksertrag beginnt erst 1899 stärker zu steigen, und die größte Erhöhung fällt in das Jahr 1901.

Aber trotz des gestiegenen Ertrages kann der Bauunternehmer bei der Höhe der Zinssätze auf keine Rentabilität rechnen. Auch jetzt unterbleibt die Bautätigkeit, die seit 1889 allmählich ganz ins Stocken geraten war, die Aufnahme an Neubauten in die Feuerversicherung sinkt in Berlin bis 1900. Auch von Charlottenburg hören wir, daß bis 1900 kaum von einer Bautätigkeit zu sprechen war, vereinzelt werden Häuser mit großen Wohnungen hergestellt, in anderen Vororten erfolgen aber Fabrikbauten und ähnliche Zweckbauten. Der Mangel an Unternehmungslust in den Depressionsjahren 1901 und 1902 überträgt sich offenbar auch auf das Baugewerbe, gehen doch in diesem Jahr auch die Preise des bebauten Bodens wie des unbebauten zurück, wenigstens soweit man aus den Aufstellungen für Charlottenburg und Berlin (s. S. 231) schließen kann (Tabelle XIX). Auch ist nicht zu vergessen, daß diese Jahre unter dem Einfluß des Bankerotts der genannten Hypothekenbanken standen und die Pfandbriefinstitute stellen für eine Zeitlang fast jede Beleihungstätigkeit ein. Aber tatsächlich stockt die Bildung des Neubedarfs. Verliert doch Berlin 1901 10 000 Bewohner durch Abwanderung, und auch im nächsten Jahr ist die Abwanderung um ein geringes größer als der Zuzug. Auch die Kaufkraft läßt wie in jeder Depression nach. Einen Beweis gibt vielleicht die geringe Ertragsteigerung eines Grundstücks im Jahre 1902 und 1903 (Tabelle XXIIa). Aber noch ist der Vorrat an unbenutzten Wohnungen sehr gering und bleibt auch bis 1904 unter 2%.

Doch allmählich hat sich nun die Kapitalmarktlage verbessert. Seit Mitte 1900 geht der Diskont von seiner Höhe herab, seit Ende des Jahres steigt auch der Kurs der Staatspapiere, während unter den Folgen des Hypothekenbankenkrachs für die Pfandbriefe erst seit 1902 der Zinsfuß sich ermäßigt. Ja, nach den Angaben der Hypothekenmakler bleibt auch 1902 der Zinsfuß auf seiner Höhe. Aber 1903 können die Hypothekenbanken zum Teil wieder zur Ausgabe 3½prozentiger Pfandbriefe übergehen, und bis 1906 bleibt der Zinsfuß auf dem erniedrigten Stand stehen, der allerdings noch immer höher ist, als der von 1897.

Das Hindernis, das bisher die Bautätigkeit in engen Schranken hielt, ist beseitigt. In Berlin kommen seit 1900 allmählich mehr Neubauten zur Gebrauchsabnahme, aber erst 1904 wird die Zahl beträchtlich, ja sie erreicht sofort den Höhepunkt (Tabelle XV). Dasselbe Bild geben auch die Gebrauchsabnahmen aus Charlottenburg. Am deutlichsten aber wird die Entwicklung aus der Statistik der Baukonsense für Berlin und 23 Vororte, die wir den Handelskammerberichten entnehmen.

Baukonsense.

	Neubauten	Umbauten
1901	2781	1619
1902	2902	1691
1903	**3897**	2294
1904	3288	**2314**
1905	3527	2171
1906	3419	2033
1907	2552	2179
1908	*2273*	2063
1909	2964	*1973*
1910	2603	2250.

Die Aufnahme der Bautätigkeit ist sofort am stärksten, als der Diskont, der Hypothekenzinsfuß und vor allem das Baugeld eine stärkere Ermäßigung erfahren (Tabelle XXIII). 1904 gehen die Zahlen unter dem Druck der vorübergehenden Kapitalteuerung zurück, um 1905 und 1906 noch einmal die alte Höhe zu erreichen.

Und parallel der Bautätigkeit nimmt der Grundstücksumsatz zu. In Berlin erreicht er 1905 in unbebautem Boden den Höhepunkt entsprechend der Zahl der Baubewegung, nachdem er sich seit 1901, besonders aber 1903, dauernd vermehrt hatte. Die Käufe bebauter Grundstücke vermehren sich noch 1906, aber leider liegen noch nicht vergleichbare Zahlen vor, um die weitere Entwicklung zu beurteilen (Tabelle XVIII). Aber wirklich scheint für Berlin der Gipfel überschritten, doch hat der Gesamtumsatz nicht mehr den Umfang wie in den vergangenen Haussezeiten erreicht. Zuviel Grundstücke, namentlich Geschäftsbauten, sind in feste Hände übergegangen und zuviel Gelände ist überbaut. Nur noch im Osten und Norden ist noch freier Boden zur Verfügung, wo aber gerade in dieser Periode auch die Besiedelung schnell fortgeschritten ist. Ein kleiner nördlicher Bezirk ist z. B. 1900 noch ganz unbewohnt, 1905 aber weist er 20 000 Einwohner auf; der ganze Wedding vermehrt sich von 1900 zu 1905 um 50 %, eine Vermehrung, die von keinem der Vororte erreicht wird. — So ist schließlich die Bodenspekulation immer mehr auf das Gelände der Vororte übergegangen, hier vollziehen sich jetzt die großen Preissteigerungen, die für eine ausgedehnte Spekulation die Basis geben. Aber einheitliche Daten liegen für Groß-Berlin nicht vor. In Charlottenburg erreicht der Grundstücksumsatz in bebautem und unbebautem Boden — in letzterem ist er hier bezeichnenderweise größer als in ersterem — den Höhepunkt (Tabelle XIX). Auch die Preise für bebauten und unbebauten Boden erreichen hier pro Quadratmeter in diesen Jahren die größte Höhe. Ähnliches ergibt eine neue Aufstellung des Berliner Statistischen Amtes nach den Verkäufen, bei denen eine Beeinflussung der Preisbildung durch besondere Verhältnisse nicht zu erkennen war. Danach wurde für ein Quadratmeter bebauten Bodens bezahlt:

1900	322 *M*
1901	320 „
1902	309 „
1903	333 „
1904	408 „
1905	383 „
1906	400 „

Die Preissteigerung in den Haussejahren 1904 bis 1906 ist deutlich.

Aus der Hypothekenbewegung aber wird klar, daß in den übrigen Vororten im ganzen keine großen Abweichungen vorliegen können; in Berlin wie in den städtischen Bezirken der Provinz Brandenburg erreicht die Zunahme der Belastung 1905 den größten Umfang (Tabelle XX und XXI). Auch im nächsten Jahr ist allerdings noch keine große Ermäßigung eingetreten, denn wenigstens in der ersten Hälfte des Jahres hat offenbar noch kein stärkerer Rückschlag sich bemerkbar gemacht. Jetzt steht ja auch noch der Beschäftigungsgrad im Baugewerbe auf dem höchsten Stand, noch sind die meisten Bauten nicht vollendet. Als Beweis diene folgende Tabelle, die dem Handelskammerbericht entnommen ist. Die in der Sektion I der Nordöstlichen Baugewerksberufsgenossenschaft, deren Gebiet den größten Teil Groß-Berlins umfaßt, beschäftigten Personen in Tausenden a) und gezahlte Löhne in Millionen Mark (b):

	a	b		a	b
1894 . . .	55	50	1902 . . .	74	81
1895 . . .	53	48	1903 . . .	88	98
1896 . . .	55	52	1904 . . .	106	118
1897 . . .	56	53	1905 . . .	109	132
1898 . . .	60	57	1906 . . .	**117**	**147**
1899 . . .	63	64	1907 . . .	100	127
1900 . . .	72	76	1908 . . .	92	111
1901 . . .	66	70	1909 . . .	100	125.

Daß die Zunahme des Beschäftigungsgrades schon 1895 einsetzt, ist darauf zurückzuführen, daß mit dem industriellen Aufschwung die industriellen Aufgaben für das Baugewerbe namentlich in den Außenbezirken zunahmen. Darauf war es auch zurückzuführen, daß die Baumaterialindustrie in jenen Jahren eine gesteigerte Rentabilität aufweist, Tabelle XXVI. Die Tabelle zeigt auch zugleich, daß schneller als der Beschäftigungsgrad die Summe der ausgezahlten Löhne stieg. Es fanden also Lohnsteigerungen statt, die zum Teil durch Streiks erzwungen wurden. Auch die Materialpreise waren gestiegen (Tabelle XXVII). Daß trotzdem die Vermehrung des durchschnittlichen Feuerversicherungswertes in Berlin keinen großen Umfang annimmt, ist wohl darauf zurückzuführen, daß in Berlin vor allem Arbeiterwohnhäuser hergestellt wurden (Tabelle XXIIa). — Auch für die Zahl der beschäftigten Personen ist 1907 eine starke Einschränkung eingetreten, der beste Beweis, daß 1906 die erste Hemmung bemerkbar geworden ist.

Und tatsächlich hat sich jetzt entscheidend die Kapitalmarktlage geändert. Die Hausse hat allmählich auf alle Wirtschaftsgebiete übergegriffen, nicht zum wenigsten durch das Baugewerbe getragen, da ja seine lebhafte Tätigkeit sich fortpflanzen mußte. Die Emissionen und Gründungen von Aktiengesellschaften erreichen allmählich wieder einen größeren Umfang, der 1906 am stärksten ist. Im selben Jahre erreicht auch der Diskont einen hohen Stand, und auch die Steigerung des Realzinsfußes der Staatspapiere ist jetzt am größten. Die Hypothekenbanken müssen zum Teil wieder zur Ausgabe von 4 prozentigen Pfandbriefen schreiten, und ihr Pfandbriefumlauf erfährt eine starke Einschränkung. Das Baugeld, das sich schon 1905 etwas verteuert hatte, ist nur zu einem höheren Zinsfuß erhältlich, wenn auch nach den privaten Berichten der Zinsfuß für zweite Hypotheken gestiegen ist, die ja für den Bauunternehmer aber von entscheidender Bedeutung sind. Auch 1907 erfährt der Diskontsatz eine weitere Erhöhung — wenn auch zum Teil unter dem Einfluß des amerikanischen Geldmarktes — und steigt auf 7 %. Auch das Baugeld und die zweite Hypothek sind zu demselben Zinssatz zeitweise zu verzinsen. Zwar schon in der zweiten Hälfte des Jahres 1907 machen sich auch auf anderen Wirtschaftsgebieten die Anzeichen eines Rückschlages fühlbar und 1908 ist der Umschwung vollzogen. Aber wie immer hält zunächst die Abwicklung der Hausseengagements die Zinsermäßigung auf. Erst Ende 1908 beginnt der Kurs der festverzinslichen Werte zu steigen; unsere Tabellen nach Jahresabschnitten weisen für Staatspapiere und Pfandbriefe erst jetzt die höchsten Sätze auf. Auch nach den privaten Berichten ist der Zinsfuß für erste Hypotheken noch nicht zurückgegangen, während für zweite schon eine Erleichterung eingetreten ist. Erst 1909 und 1910 setzt sich eine Zinsermäßigung dauernd durch. Sofort hebt sich 1909 auch die Zahl der Baukonsense (s. S. 112), nachdem sie 1908 am geringsten gewesen war. Entsprechend der verringerten Bautätigkeit bei der erschwerten Kapitalbeschaffung sind die Hypothekeneintragungen zurückgegangen, wenn auch nicht in dem Umfang, wie in den vergangenen Depressionsperioden. Offenbar hat der Umstand, daß die allgemeine Hausse den Höhepunkt der Bautätigkeit überdauerte, dazu beigetragen, auch den Rückgang des Baumarktes zu verlangsamen. Auch der Grundstücksumsatz hat jedenfalls 1907 in Groß-Berlin einen bedeutenden Umfang angenommen. Leider liegen erst die Zahlen für Groß-Berlin seit 1907 vor, in Charlottenburg aber erfuhr der Umsatz in bebauten Grundstücken noch eine Steigerung in diesem Jahr, in unbebautem Boden aber war er schon stark gesunken. Für Groß-Berlin aber tritt der Rückgang scharf von 1907 zu 1908 ein. Der Gesamtumsatz betrug nach den Handelskammerberichten in Berlin und 29 Vororten

1. 10. bis 30. 9.	in bebauten Grundstücken		in unbebauten Grundstücken	
	Zahl	Preis in Millionen Mk.	Zahl	Preis in Millionen Mk.
1907	3416	848	2551	232
1908	2516	544	1916	141
1909	2428	605	2550	234
1910	2130	560	2637	247

Daß 1909 und 1910 eine starke Vermehrung des Absatzes unbebauter Grundstücke eintritt, wird aus der Furcht vor der Wertzuwachssteuer erklärt, und hinzu kommt, daß die Eröffnung der Berlin—Schöneberger Untergrundbahn und die im Bau begriffene Dahlemer und die beschlossene Nord—Süd- und Rixdorfer Untergrundbahn den Anlaß zu manchen Spekulationskäufen gab. Dem Rückgang der freihändigen Umsätze geht die Zunahme der Zwangsvollstreckungen parallel. Das ergibt sich schon aus den Charlottenburger Daten, und hier ist offenbar für den unbebauten Boden 1907 der Tiefpunkt überschritten worden, in bebautem dagegen 1908. Krasser wird das Bild aus folgenden Zahlen, die dem Handelskammerbericht entnommen sind. Die Zwangsversteigerungen betrugen in Berlin und 29 Vororten

1. 10. bis 30. 9.	in bebauten Grundstücken		in unbebauten Grundstücken	
	Zahl	Preis in Millionen Mk.	Zahl	Preis in Millionen Mk.
1907	525	91	187	15
1908	921	160	256	12
1909	808	155	298	14
1910	840	167	203	11

Nach der Statistik der Hypothekenbewegung sind darum 1908 in Groß-Berlin 165 Mill. Mk. bei Subhastationen an Hypotheken gelöscht worden. Dabei ist es fraglich, ob diese Zahl schon den Tiefgang bedeutet, noch sind die Subhastationen umfangreich, noch hört man viel von Bauhandwerker- und Baulieferantenverlusten und von offenem Bauschwindel. Auch die Zahl der Subhastationen älterer Häuser ist umfangreich. Noch ist das Baugeld teuer. Zwar hat in den letzten Jahren der Hypothekenzinsfuß sich um ein geringes ermäßigt, aber die Provisionen stehen gerade jetzt auf einer bedeutenden Höhe. Denn obwohl der Pfandbriefumlauf der Hypothekenbanken sich wieder stärker vermehrt, hat sich durch die Talonsteuer und die erhöhte Stempelsteuer für sie eine Belastung ergeben, die sie zum Teil in Form der Provision auf den Grundbesitz abwälzen mußten. Dennoch hat sich immerhin nach den Berichten der Versicherungsgesellschaften (s. S. 44) seit 1908 der gesamte Ertrag der Hypothek ermäßigt. Die Ermäßigung aber erfolgt nur daraus, daß das Kapital wie in jeder Depression um die wenigen guten Stellen stark konkurriert. Wie immer sind Hypotheken nicht in derselben Höhe wie in der Haussezeit zu erhalten, und viele Grundstücksbesitzer können überhaupt keine aufnehmen. Denn hinzu kommt, daß politische Unruhen, namentlich im letzten Sommer (1911), bewirkten, daß das Kapital nur schwer sich zu einer Anlage im Grundbesitz entschließt.

Entscheidend aber ist, daß der Wohnungsmarkt sich vollkommen verändert hat. In Berlin war trotz der gesteigerten Produktion der Vorrat an verfügbaren Wohnungen zunächst nicht reichlich geworden. Noch Anfang 1906 stehen nur 4000 Wohnungen ohne Gewerberäume leer (Tabelle VI). Denn unter dem Einfluß des wirtschaftlichen Aufschwungs ist die

Einwohnerzahl Berlins wieder schnell gestiegen und hat gerade im Lauf des vergangenen Jahres den höchsten Stand erreicht. Aber 1906 kommt erst die größte Zahl neuer Wohnungen auf den Markt, während schon die Bevölkerungsvermehrung langsamer fortschreitet. 1907 ist kaum ein Wanderungsgewinn zu verzeichnen, das Jahr 1908 sieht zum ersten Male einen Wanderungsverlust, der so groß ist, daß die Gesamtvermehrung zurückgeht, nämlich um 2100 Köpfe. Aber immer kommen noch bedeutende Mengen von Wohnungen an den Markt, wenn auch seit 1907 der Rückgang schnell erfolgt (Tabelle XV). So stehen schließlich Anfang 1910 in Berlin 25 000 Wohnungen ohne Gewerberäume leer und unter ihnen haben die Kleinwohnungen jetzt auch einen ihrer Bedeutung angemessenen Umfang. Für die Mietentwicklung haben wir keine entsprechenden Daten, da für 1910 noch keine Veröffentlichungen erfolgt sind. Tabelle XI lehrt nur, daß die Mietsteigerung von 1900 bis 1905 entsprechend dem Wohnungsmarkt stärker war als 1895 zu 1900, und zwar war sie in Charlottenburg und Rixdorf größer als in Berlin, was wohl darauf zurückzuführen ist, daß in den beiden Vororten die Wohnungen in Neubauten überwiegen. Der Gesamtmieterertrag aber hebt sich in Berlin nur um ein geringes seit 1908 (s. Tabelle V), sodaß der Ertrag eines einzelnen Grundstücks sicherlich zurückgegangen ist. Aber auch in den Vororten muß in den letzten Jahren eine Mietermäßigung eingetreten sein. Auch hier ist zwar seit 1900 eine starke Bevölkerungsvermehrung eingetreten, die absolut ständig höher ist, als die Berlins, und vor allem ist die Verlangsamung der Bevölkerungsvermehrung in der Depression mit der Berlins nicht zu vergleichen. Die Tatsache ist darauf zurückzuführen, daß in Berlin immer mehr die Arbeiterbevölkerung überwiegt, die den fluktuierendsten Teil der Bevölkerung darstellt, vor allem hier die Schlafleute am zahlreichsten sind (Tabelle XII). Anderseits schreitet in der Depression die Citybildung fort, sodaß die inneren Stadtteile sich entleeren. Dennoch hatte auch in den Vororten die Produktion einen solchen Umfang angenommen, daß sie tatsächlich den Bedarf überschritten hat. Nach der Grundstücksaufnahme im Dezember 1910 standen leer in

	Wohnungen und Gelasse	Wohn. ohne Gewerbe-räume	Wohnung. m. Gewerbe-räumen	Geschäfts-lokale
Charlottenburg .	5630 = 6,9 %	5198	432	451
Schöneberg . . .	1952 = 4,1 %	1678	274	209
Rixdorf	6736 = 9,5 %	6210	526	255
Lichtenberg . .	2005 = 8,8 %	1752	253	113

In Rixdorf hat also der Wohnungsvorrat den größten Umfang erreicht, trotzdem Rixdorf im letzten Jahrzehnt einen jährlichen Mehrzuzug von 10—19 000 Personen hatte, d. h. einen größeren als Charlottenburg, wenn auch Charlottenburg noch heute an Einwohnerzahl Rixdorf übertrifft. Nach allen Berichten hatte die Bautätigkeit gerade in dem letzten Vorort einen ungeheuern Umfang angenommen und wie immer, da es sich hier um Kleinwohnungen handelt, später eingesetzt und später aufgehört, als in Bezirken, wo es gilt, große Wohnungen herzustellen. Dagegen weisen die westlichen Vororte einen verhältnismäßig geringen Vorrat auf, den Berlin nach derselben Erhebung übertrifft. In Berlin waren 28 987 Wohnungen und Gelasse = 5,0% aller unbenutzt, davon waren 26 905 Wohnungen ohne Gewerberäume, 2082 solche mit Gewerberäumen, 4095 Geschäftslokale. Groß-Berlin, d. h. Berlin mit 42 Vororten, wies aber 65 000 leerstehende Wohnungen und Gelasse auf, wovon nur 11 000 Geschäftslokale waren, ein Vorrat, der gewiß noch eine große Bevölkerungszunahme aufnehmen kann und darum für lange der Bautätigkeit nicht erlauben wird, einen größeren Aufschwung zu nehmen.

Die Wohnungsverhältnisse in Berlin von 1880—1910.

Zum Schluß sei noch eine Zusammenstellung der wesentlichen Veränderungen in den Berliner Wohnungsverhältnissen gegeben, wie sie sich aus den Berliner Wohnungsaufnahmen ergeben. — Schon lange hatten die Mißbräuche, die sich unter der Geltung der alten Bauordnung von 1859 ergaben, zu einer Abänderung gedrängt. Schon 1869 war eine Erneuerung der Bauordnung geplant, 1871 war ein Entwurf fertiggestellt, aber bis er zur Beschlußfassung kam, wieder veraltet. 1879 war ein neuer Entwurf ausgearbeitet worden, aber erst am 15. Januar 1887 wurde nach mancherlei Beratungen eine neue Bauordnung erlassen, die am 24. Juni auf einen Teil der Vororte ausgedehnt wurde. Sie brachte Beschränkungen für die Höhe der Häuser, für die Ausnutzung der Fläche und verhinderte den Bau von Kellerwohnungen. Das bedeutete für die Berliner Verhältnisse Verbesserungen, doch für die Vororte zum Teil wesentliche Verschlechterungen. Für sie galt bisher die Bauordnung für das platte Land des Regierungsbezirks Potsdam vom 15. März 1872, die im allgemeinen mit einer ländlichen Bauweise rechnete. Sie verhinderte das Eindringen des Hochbaues, da nur in einigen unmittelbar an Berlin angrenzenden Straßen der dazu notwendige Dispens regelmäßig erteilt wurde.

Nach Paul Voigt gab es daher 1880 im ganzen Kreise Teltow unter 11 547 Wohngebäuden nur 114 Wohnhäuser mit 4 und 35 mit 5 und mehr Stockwerken, im Kreis Nieder-Barnim unter 11 199 Wohngebäuden nur 31 fünfstöckige und 144 vierstöckige. Nur in Charlottenburg hatte die Mietskaserne schon allgemeinen Eingang gefunden, da hier die Baupolizeiordnung für die Städte des Regierungsbezirks Potsdam vom 26. Januar 1872 dem Hochbau keinerlei Hemmnisse entgegenstellte. 1891 versuchte der Landrat Stubenrauch im Kreise Teltow vergeblich, wieder eine Änderung herbeizuführen. Am 3. Dezember 1892 wurde dann schließlich eine neue Bauordnung für die Vororte erlassen, die viel weniger Beschränkungen durchsetzte. Auch sie gab noch weite Gebiete der Berliner Hochbauordnung preis. Im übrigen unterschied sie Bezirke der gewöhnlichen Bebauung und des Landhausbaues. Letzterer umfaßte die Hälfte des ganzen Gebiets. Die gewöhnliche Bebauung aber ermöglichte einen Hochbau, der nur wenig von dem Berliner abweicht. Nach neueren Berechnungen soll darum das gesamte Hochbaugebiet von Groß-Berlin 12 Millionen Menschen aufnehmen können. Die Bauordnung vom 21. August 1898 für Charlottenburg und für die innerhalb der Berliner Ringbahn gelegenen Vororte zog nur der Ausnutzung des Bodens in einigen Bezirken engere Grenzen. Die Neuerung der Bauordnung vom 28. Mai 1907 liegt vor allem darin, daß sie den Bau von Gruppen-, Reihen- und Einfamilienhäusern besonders berücksichtigt.

Diese Ordnung der Bauverhältnisse brachte es mit sich, daß der bauliche Charakter Berlins und der Vororte, abgesehen von den Gebieten landhausmäßiger Bebauung, ein sehr einheitlicher wurde. Berlin geht heute meist ohne einen merkbaren Unterschied in die angrenzenden Vororte über. 1880 aber barg Berlin selbst in seinem Weichbilde alle Gegensätze ländlicher und städtischer Bebauung, während sie sich heute auf die verschiedensten Vororte verteilen. Will man also die heutigen Verhältnisse mit denen von 1880 vergleichen, so muß man Berlin von 1880 der Einheit von Berlin und 23 bis 29 Vororten gegenüberstellen, wie es nach den Wohnungsaufnahmen von 1900 und 1905 auch möglich ist.

In Berlin wiesen 1880 schon die östlichen neuentstandenen Teile der Luisenstadt jenseits des Kanals eine Behausungsziffer von 95 auf. 1900 war in jenem Stadtteil die Wohndichtigkeit auf 127 gestiegen, doch sank sie 1905 wieder auf 111. Der Durchschnitt für die ganze Stadt zeigt auch eine ununterbrochene Steigerung, da die weniger dicht bevölkerten Stadtteile immer mehr schwinden (Tabelle VII). Nur 1895 und 1905 scheint eine Verlangsamung in der zunehmenden Häufung der Bewohner eingetreten zu sein, doch ist darauf hinzuweisen, daß jene beiden Aufnahmen nach einer Zeit geringer Bautätigkeit stattfanden. Berlin zeigt bei weitem den höchsten Durchschnitt von allen Vororten. Werden die Anstaltsbewohner und die Schiffsbewohner aus der Bewohnerzahl ausgeschieden, so stellt sich der Durchschnitt 1900 für Berlin pro Grundstück auf 75 Bewohner, für Berlin und 23 Vororte auf 65. Eine große Anzahl der Vororte hat heute noch weit niedrigere Sätze, als 1880 überhaupt in einem Stadtteil Berlins vorkamen, und auch die Vororte, die fast ganz dem Hochbau ausgeliefert sind und daher die höchsten Durchschnittsziffern zeigen, wie Rixdorf und Schöneberg, stehen mit 69 Bewohnern auf einem Grundstück hinter Berlin zurück.

Ein besseres Bild über die Häufung der Bewohner und dabei zunehmende Größe der Grundstücke gibt die Ordnung der Grundstücke nach Bewohnern und Wohnungszahl (Tabelle VII und VIII). 1880 hatte noch die Hälfte aller Grundstücke nicht mehr als zehn Wohnungen und nicht mehr als 50 Bewohner. 1900 ist selbst in Berlin und 23 Vororten, worunter ja noch sehr ländliche sind, das Verhältnis nicht mehr so günstig. Nur 289 pro Mille aller Grundstücke haben höchstens 10 Wohnungen und 396 pro Mille höchstens 50 Bewohner. In den östlichen Teilen der Luisenstadt jenseits des Kanals lebten 55% aller Bewohner in Grundstücken mit mehr als 100 Bewohnern; in ganz Rixdorf, das nächst Berlin die dichteste Bevölkerung aufweist, hatten 26% der Grundstücke eine solche Bewohnerzahl. Dennoch scheint sich in der letzten Zeit eine geringe Besserung vorzubereiten, wenigstens nehmen von 1900 bis 1905 die Grundstücke mit mehr als 50 Wohnungen und mehr als 200 Bewohnern ab.

Mit der wachsenden Größe der Grundstücke nehmen die vielstöckigen Häuser mit Seitenflügeln und Hinterhäusern zu (Tabelle IX). Der Anteil der Vorderwohnungen nimmt ohne Aufenthalt ab, und verhältnismäßig immer weniger Wohnungen liegen niedriger als im zweiten Stockwerk, dagegen entfallen immer mehr auf den dritten und besonders auf den vierten Stock. Allein eine sichere Verbesserung weist die Abnahme der Kellerwohnungen auf, die seit 1890 durch die Bestimmungen der Bauordnung ihren Anteil schnell ermäßigten. Auch absolut hat sich ihre Zahl verkleinert. 1900 gab es in Berlin selbst noch 23 000 Kellerwohnungen mit 91 000 Bewohnern gegen 28 000 Wohnungen mit 118 000 Bewohnern im Jahre 1890, in Berlin mit 23 Vororten 1900 27 000 Wohnungen mit 104 000 Bewohnern. Unter den Kellerwohnungen haben heute die Hinterwohnungen ohne Gewerberäume, nächst ihnen die Vorderwohnungen mit Gewerberäumen das Übergewicht, also offenbar die ungünstigsten. Scheidet man aber die Gesamtheit aller Wohnungen ebenfalls nach solchen mit Gewerberaum, so wird die Verdrängung der Bewohner in die Hinterwohnungen und höheren Stockräume noch stärker erkenntlich, wie aus folgender Zusammenstellung hervorgeht.

Unter 1000 Wohnungen

In Berlin	mit Gewerberäumen				ohne Gewerberäume			
	im Vorderhaus		bis zu zwei Stockwerken		im Vorderhaus		bis zu zwei Stockwerken	
	Wohn.	Bew.	Wohn.	Bew.	Wohn.	Bew.	Wohn.	Bew.
1880	73	66	76	75	64	66	62	63
1900	64	52	88	86	50	52	55	55
In Berlin und 23 Vororten 1900 .	67	54	89	88	53	54	57	57

Nach diesen Daten ist in Berlin mit seinen 23 Vororten 1900 das Verhältnis ungünstiger als in Berlin vor 20 Jahren. Für die Lage der Wohnungen ist sicherlich eine Verschlechterung eingetreten; es bleibt noch zu untersuchen, wie die Größe der Wohnungen sich verändert hat.

Für Berlin ist zunächst festzustellen, daß seit 1880 die Kleinwohnungen einen immer größeren Anteil für sich in Anspruch nehmen, und noch stärker hat sich die Bewohnerzahl vermehrt, die sie aufnehmen. Auch die mittleren Wohnungen haben etwas mehr als verhältnismäßig zugenommen, sodaß allein der Anteil der Wohnungen mit 5 und mehr heizbaren Zimmern abgenommen hat. Es entspricht nur der Tatsache, daß Berlin im letzten Jahrzehnt im Norden und Osten, den reinen Arbeitervierteln, neue Bewohner aufgenommen hat, während die wohlhabende Bevölkerung des Westens immer mehr in die Vororte abwandert. So zählten in Charlottenburg, das immerhin eine gemischte Bevölkerung hat, 42% aller Wohnungen zu denen mit mehr als 2 Zimmern, anderseits weist aber Rixdorf 88% aller Wohnungen als Kleinwohnungen auf, und ähnlich ist das Verhältnis 1905 in Lichtenberg und Pankow. Nur 3% aller Wohnungen haben hier 5 und mehr Zimmer. Vergleicht man aber das Berlin von 1880 mit dem Groß-Berlin von 1900 oder 1905, so findet man, daß die Verhältnisse sehr ähnlich sind. Doch sind aus dieser Verteilung der Wohnungen nach ihrer Größe mehr Schlüsse auf die Zusammensetzung der Bevölkerung nach ihrem Einkommen zu ziehen, als auf die Art der Wohnungsverhältnisse. Diese sind erst zu beurteilen, wenn man die Zusammensetzung der kleinen Wohnungen betrachtet. Die Wohnungen ohne heizbares Zimmer weisen keine einheitliche Entwicklung auf, sondern vermehren und verringern sich abwechselnd. Eine dauernde Abnahme zeigen die Wohnungen mit einem heizbaren Zimmer, besonders 1900 und 1905 in

Berlin wie in Groß-Berlin. Dieser Rückgang aber findet offenbar statt zugunsten der 3-Zimmerwohnungen, deren Anteil beständig steigt. Auch dieser Vorgang gilt für Berlin und alle seine Vororte, ja ist für Rixdorf, der eigentlichen Kleinwohnungsstadt, besonders groß. Die Bautätigkeit dieses Jahrfünfts hat sich offenbar gerade diesem Wohnungstypus zugewandt. Eine Heizbarmachung unheizbarer Zimmer kann heute bei dieser Veränderung nicht mehr mitgewirkt haben, die um so wichtiger ist, als sie in eine Zeit der Wohnungsnot fällt.

Daß diese deutliche Verbesserung nicht durch eine stärkere Besetzung der einzelnen Wohnung wieder hinfällig gemacht wird, geht für Berlin aus folgenden Zahlen hervor. Die durchschnittliche Bewohnerzahl eines heizbaren Zimmers in Wohnungen mit heizbaren Zimmern betrug

	1 Zimmer	2 Zimmer	3 Zimmer	4 Zimmer
1880 . . .	3,75	2,33	1,56	1,28
1905 . . .	3,21	2,09	1,39	1,13

Die Besetzung einer Wohnung scheint aber heute noch zu groß, selbst wenn man nicht vergißt, daß nach der Wohnungsaufnahme von 1905 die Wohnungen ohne Nebenräume höchstens 1—3% aller Wohnungen in Groß-Berlin ausmachen. Auch ist zu berücksichtigen, daß die Wohnungen ohne Gewerberäume eine höhere Bewohnerzahl als die genannten aufweisen würden, da die Wohnungen mit Gewerberäumen weniger besetzt sind. Bezeichnet man aber nach dem Berliner Statistiker Boeckh jede Wohnung mit mehr als 2 Bewohnern auf das heizbare Zimmer und einem Bewohner auf den Nebenraum als mäßig übervölkert, die mit mehr als 4 Bewohnern auf ein heizbares Zimmer und mehr als 2 auf den nicht heizbaren Raum als stark übervölkert, so sind noch 1900 133 000 Wohnungen mäßig und 28 000 stark übervölkert. Die folgende Tabelle gibt die vorhandenen Aufnahmen über diese Gruppe Wohnungen, berechnet auf 1000 der bewohnten Wohnungen und auf 1000 der Bewohner wieder.

	Mäßig übervölkerte Wohnungen		Stark übervölkerte Wohnungen	
	Wohnungen	Bewohner	Wohnungen	Bewohner
1875.	355	593	133	196
1885.	335	455	75	122
1890.	331	452	77	126
1900.	283	401	59	99

Auch hier zeigt sich eine starke Verbesserung.

Ist die geringere Besetzung an sich ein Vorteil für die Bevölkerung, so mußte sie gleichzeitig die Verbesserung eines anderen Verhältnisses mit sich führen: die Zusammensetzung der Haushaltungen (s. Tabelle IX). Seit 1888 haben sich die Haushaltungen, die nur aus Familienmitgliedern bestehen, beständig vermehrt und zwar auch, wenn das Berlin von 1880 mit dem Groß-Berlin von 1905 verglichen wird. Gleichzeitig haben sich allerdings die Haushaltungen aus Familienmitgliedern und Dienstboten verringert, eine Wohngemeinschaft, die nicht anders als die erste zu beurteilen ist. Aber die Wendung zum Besseren liegt in der Abnahme der Haushaltungen mit Gewerbegehülfen, Einmietern und vor allem mit Schlafleuten. Die letztere Wohngemeinschaft, die die meisten hygienischen und moralischen Schäden mit sich führt, hat besonders stark abgenommen, und ihre Zahl hat auch absolut nur eine geringere Vermehrung erfahren. Immerhin nahmen in Groß-Berlin 1905 noch 79 000 Familien Schlafleute auf, und mit dieser Unterkunft mußten sich 129 000 Menschen begnügen. Doch ist zu beachten, daß diese Aufnahme in der Zeit der Hochkonjunktur und eines geringen Wohnungsvorrates stattfand, sodaß diese Zahlen sicherlich einen Höhepunkt bedeuten. Jedenfalls ist sicher, daß die Vermehrung der 2-Zimmerwohnungen nicht für die Schichten mit geringem Einkommen die Notwendigkeit mit sich führte, durch Abgabe eines Teils der Wohnung oder auch nur einer Schlafstätte sich die erhöhte Mietlast zu erleichtern.

Schließlich sind noch einige Momente anzuführen, die sich seit 1880 wesentlich verbessert haben. Einmal ist die Kanalisation in Berlin schon Ende der achtziger Jahre vollständig, heute auch für alle Vororte, soweit sie Mietkasernen aufweisen, durchgeführt. Gleichzeitig hat sich die Zahl der Wasserhähne, Aborte, Badeeinrichtungen bedeutend im Verhältnis zu der Grundstückszahl gehoben.

Fassen wir also das Resultat zusammen, so finden wir, daß die Schäden, die die geltende Bauordnung und der Bebauungsplan mit sich bringen, gewachsen sind. Im übrigen aber vollzieht sich eine langsame Hebung der Wohnweise, die 2-Zimmerwohnung verdrängt die kleinere, und ihre Besetzung verringert sich allmählich ein wenig. Immer mehr wächst der Teil der Bevölkerung, der in ihnen Aufnahme findet, zuungunsten der kleineren Wohnungen. Gleichzeitig wächst ständig die Wohnungsausstattung. —

Tabelle I.

Bevölkerungsbewegung in Berlin.

Anfang Dezember	Einwohner	Mehrzuzug	pro Mille der Bevölkerung	Geburtenüberschuß	pro Mille der Bevölkerung
1840	322626	—	—	—	—
1841	332602	7990	24	1986	6
1842	339153	*4400*	13	2151	6
1843	349110	7207	21	2750	8
1844	363424	11717	32	2897	8
1845	380040	12895	35	**3721**	10
1846	396535	**13068**	34	3427	9
1847	410116	10949	27	2632	7
1848	411509	*360*	1	1033	3
1849	412445	1285	3	*—349*	—1
1850	418733	3176	8	3112	7
1851	424570	1352	3	**4485**	11
1852	421488	*—7273*	—17	4191	10
1853	425550	1337	3	2734	6
1854	429389	—706	—2	4536	11
1855	434243	2931	7	*1923*	4
1856	441998	4172	10	3583	8
1857	449531	4418	10	3115	7
1858	458611	5195	11	3885	9
1859	474764	11462	25	4691	10
1860	493429	12436	26	**6229**	13
1861	547200	48685[1]	90	5086	9
1862	567559	14612	26	5747	10
1863	596340	23495	40	5286	9
1864	632497	**30825**	50	5336	9
1865	657678	20897	32	4284	7
1866	665632	8587	11	*397*	1
1867	703173	30024	44	7517	11
1868	729001	21415	30	4413	6
1869	774798	27259	37	6915	9
1870	774498	4997	7	6326	8
1871	824484	**53201**	66	*—3215*	—4
1872	864255	32293	38	7478	9
1873	900348	27830	32	8263	9
1874	932591	21153	23	11093	12
1875	964539	21250	23	10697	13
1876	997702	17777	18	**15386**	16
1877	1024215	*12388*	12	14125	14
1878	1054726	16999	16	13512	13
1879	1089082	19658	19	14698	14
1880	1123749	23357	21	*11310*	10
1881	1158559	22383	20	12427	11
1882	1196205	23597	20	14049	12
1883	1232716	27327	22	*9184*	8
1884	1271677	27263	22	11698	9
1885	1315665	30328	23	13659	11

[1] Durch Eingemeindung 35 457 Einwohner.

(Fortsetzung von Tabelle I.)

Anfang Dezember	Einwohner	Mehrzuzug	pro Mille der Bevölkerung	Geburtenüberschuß	pro Mille der Bevölkerung
1886	1363220	35942	27	11613	9
1887	1414969	34919	25	16830	12
1888	1471972	38248	27	18755	13
1889	1528681	**42091**	28	14618	10
1890	1578516	33784	22	16051	10
1891	1606617	9517	6	**18584**	12
1892	1622497	—2421	—1	18281	11
1893	1640994	4775	3	13742	8
1894	1656074	—1902	—1	16982	10
1895	1678924	8828	6	*14022*	8
1896	1721855	25157	14	17780	10
1897	1756398	15140	9	18711	11
1898	1803211	27212	15	*18936*	11
1899	1846217	**27845**	15	15161	9
1900	1888313	**27966**	14	*14130*	7
1901	1893941	*—10733*	—7	16361	9
1902	1911623	—952	—0	18639	10
1903	1946076	18504	10	15944	8
1904	1988762	27184	14	15482	8
1905	2043313	**39564**	19	15007	7
1906	2091299	29201	14	**18785**	10
1907	2111361	1453	1	18609	9
1908	2106942	*—20854*	—10	16438	8
1909	2120667	—377	—1	14102	7

Tabelle II.

Groß-Berlin.[1]

Wohnbevölkerung in 1000 Einwohnern nach der Personenstandsaufnahme Ende Oktober jeden Jahres.

	Groß-Berlin	Vermehrung absolut	Vermehrung %	Berlin	Vermehrung absolut	Vermehrung %	d.h. von d.Gesmt.-vermehr. Gr.-B. %	Vororte	Vermehrung absolut	Vermehrung %
1900	2402			1831				572		
1901	2448	*44*	1,01	1842	*11*	0,57	25	605	*33*	5,78
1902	2505	57	2,33	1860	18	0,99	32	644	39	6,37
1903	2660	80	3,20	1893	33	1,78	41	766	47	7,31
1904	2773	112	4,22	1934	41	2,16	36	838	72	9,33
1905	2903	130	4,69	1978	**44**	2,25	34	925	86	10,31
1906	3034	**131**	4,52	2014	36	1,81	27	1020	**95**	10,32
1907	3135	101	3,39	2028	14	0,70	20	1107	87	7,22
1908	3181	*46*	1,45	2007	*—21*	1,04	—31	1174	*67*	6,02
1909	3247	66	2,09	1999	—8	0,38	—10	1248	74	6,30

[1] 1900—1902 Berlin und 23 Vororte, seit 1903 Berlin und 29 Vororte, nämlich dazu Dahlem, Steglitz, Großlichterfelde, Lankwitz, Mariendorf mit 75 322 Einwohnern.

Zu Tabelle III und IV.

Die Mietsteuer betsand in Berlin vom 26. Januar 1815 bis 30. März 1895. Die Steuer wurde erhoben nach Schätzung der Grundbesitzer, die sie für das erste Quartal des in den Tabellen genannten Jahres am Ende des voraufgehenden Jahres abgaben und traf alle vermietbaren Räume, also Wohnungen und Geschäftslokale bis zum kleinsten Schuppen. Der Gesamtmietwert stellt also den Jahresmietwert der im ersten Quartal des Jahres vorhandenen Wohnungen und Gelasse dar. Die Angabe des durchschnittlichen Mietwerts einer Wohnung hat also keinen anderen Zweck, als zu veranschaulichen, wie weit Veränderungen im Gesamtmietwert aller vorhandenen Wohnungen und Gelasse auf einer Veränderung ihrer Zahl oder ihres Mietwerts beruhen. Die durchschnittliche Belastung pro Kopf der Bevölkerung durch die Miete ist aus dem Jahresmietwert der im ersten Quartal benutzten Wohnungen und Gelasse, geteilt durch die mittlere Bevölkerung gewonnen. Dadurch, daß die Miete für Gewerberäume nicht ausgeschieden werden kann, werden die Schwankungen in beiden Reihen sehr abgeschwächt, da die Entwicklung der Geschäftsmieten eine viel gleichmäßigere ist, als die der Wohnungen. Aus demselben Grund ist es nicht möglich, für die Mietausgabe für die reine Wohnung pro Kopf der Bevölkerung einen vergleichbaren Wert zu gewinnen, selbst wenn man einen gewissen Prozentsatz gleichmäßig von den hier gegebenen Zahlen in Abzug bringt, da die Geschäftsmieten in Berlin mit der fortschreitenden Ausbreitung der Geschäftsstadt im Gesamtmietwert eine ganz andere Bedeutung erhalten. Auch ist zu beachten, daß je mehr Berlin mit den Vororten in eine Einheit zusammenwächst, die billigen Wohnungen jeder Größe, die an der Peripherie einer jeden Stadt sich finden, in Berlin selbst ausfallen. Anderseits werden aber immer mehr die größeren Wohnungen in die Vororte verlegt. — Tabelle IV veranschaulicht die Schwankungen des Mietwerts der Wohnungen und Gelasse durch die Einordnung in verschiedene Wertklassen. Um das Material nicht zu häufen, sind nur die Jahre mit den höchsten und niedrigsten Zahlen wiedergegeben.

Tabelle III.

Aus dem Mietsteuerkataster.

Im I. Quartal	Vorhand. Wohn. und Gelasse in 1000	Vermehrung in %	Mietwert d. vorhand. Wohn. u. Gelasse in Mill. ℳ	Vermehrung in %	Mietwert einer Wohnung	Belastung pro Kopf der Bevölkerung	Leerstehende Wohnung. und Gelasse	d. s. pro Mille d. vorhand. Wohn. und Gelasse
1841	61	**4,67**	18	**6,34**	293	—	*1 443*	24
1842	64	3,76	19	3,85	298	—	2 117	**44**
1843	66	3,64	20	4,39	298	—	2 465	39
1844	68	3,26	21	3,80	300	—	**2 541**	37
1845	71	3,12	21	3,88	302	—	2 276	34
1846	73	2,07	22	4,71	306	—	1 726	24
1847	74	2,62	23	3,60	311	—	*1 667*	*23*
1848	76	2,04	24	—0,58	**314**	—	2 131	29
1849	78	1,86	24	*—0,68*	306	—	**4 437**	**58**

(Fortsetzung von Tabelle III.)

Im I. Quartal	Vorhand. Wohn. und Gelasse in 1000	Vermehrung in %	Mietwert d. vorhand. Wohn. u. Gelasse in Mill. ℳ	Vermehrung in %	Mietwert einer Wohnung	Belastung pro Kopf der Bevölkerung	Leerstehende Wohnung. und Gelasse	d. s. pro Mille d. vorhand. Wohn. und Gelasse
1850	80	1,14	24	0,95	296	—	4 002	50
1851	81	*0,64*	24	2,63	*295*	—	2 482	31
1852	81	0,78	24	2,87	301	—	1 277	16
1853	82	1,52	25	**5,40**	307	—	949	11
1854	83	**2,03**	27	5,01	319	—	1 015	12
1855	85	*0,66*	28	*2,52*	328	64	**1 315**	**16**
1856	85	1,82	29	5,33	334	—	1 192	14
1857	87	2,52	30	**8,00**	346	—	778	9
1858	89	2,25	32	7,09	364	71	769	9
1859	91	**5,08**	35	6,79	381	—	936	13
1860	96	4,01	37	**11,50**	385	—	1 661	17
1861	100	**13,33**[1]	41	5,44	391	—	1 364	19
1862	113	6,64	44	8,99	388	77	2 266	20
1863	121	**7,12**	48	10,13	395	—	2 638	22
1864	129	7,09	53	8,93	408	—	3 614	28
1865	138	5,58	57	8,33	414	87	5 047	37
1866	146	5,63	62	5,03	425	—	5 007	28
1867	156	3,75	65	*4,04*	425	—	**8 627**	**56**
1868	158	2,41	68	4,80	427	*92*	6 088	38
1869	163	1,89	71	5,35	436	94	3 557	22
1870	166	*1,43*	75	9,27	451	97	1 791	11
1871	169	2,65	81	9,81	480	99	2 073	12
1872	173	1,89	89	20,98	514	107	1 166	7
1873	176	4,72	107	**23,36**	610	127	*1 042*	*6*
1874	185	8,30	132	13,64	718	143	1 435	8
1875	200	**10,01**	151	7,80	**757**	156	3 527	20
1876	220	6,66	162	3,16	738	**161**	7 527	34
1877	238	6,67	167	0,85	706	160	14 126	60
1878	253	4,87	169	—0,71	666	156	17 965	71
1879	266	3,11	167	*—0,96*	631	149	**20 671**	**78**
1880	274	*2,26*	166	0,42	606	144	18 508	68
1881	279	2,67	167	3,28	*597*	*141*	14 049	50
1882	287	2,69	171	1,46	597	141	12 897	45
1883	294	2,84	176	2,95	598	141	11 488	39
1884	303	2,64	181	3,46	598	141	9 925	33
1885	311	3,70	188	4,43	605	143	7 309	24
1886	322	3,06	196	6,21	609	144	7 109	22
1887	332	3,88	208	5,95	627	147	*6 904*	*21*
1888	345	4,90	221	6,52	640	150	7 531	22
1889	362	5,29	235	6,24	650	153	8 516	24
1890	381	**5,56**	250	**7,35**	656	155	9 956	26
1891	403	4,63	268	5,84	666	164	15 576	39
1892	421	3,60	284	3,44	**674**	170	20 587	49
1893	438	2,79	294	2,83	671	174	26 262	60
1894	450	*2,57*	301	*1,76*	669	**176**	27 284	61
1895	461	—	306	—	664	176	**31 599**	**69**

[1] Durch Neuaufnahmen bei der Eingemeindung.

Tabelle IV.

Vorhandene Wohnungen und Gelasse nach Mietwertgruppen.

A: Zahl der vorhandenen Wohnungen und Gelasse in 1000
B: das sind % aller vorhandenen Wohnungen und Gelasse.

	1–150 ℳ		151–300 ℳ		300–600 ℳ		600–1500 ℳ		1500–5000 ℳ		mehr als 3000 ℳ	
	A	B	A	B	A	B	A	B	A	B	A	B
1842	31	51	16	24	9	17	5	8	0,9	1	0,2	0,08
1851	42	52	20	25	11	14	6	8	1,1	1	0,3	0,10
1861	34	35	33	33	18	18	11	11	2,0	2	0,8	0,90
1862	40	39	37	34	20	18	12	10	3,0	2	0,9	0,70
1869	50	30	57	35	29	18	19	10	6,0	6	2,0	1,00
1875	16	8	60	30	70	35	41	10	13,0	6	6,0	1,00
1880	47	17	104	38	61	22	42	11	14,0	5	9,0	3,00
1891	31	8	170	42	105	26	64	16	21,0	5	6,0	3,00
1895	41	9	199	43	116	25	71	15	23,0	5	11,0	4,00

Zu Tabelle V.

Die Gemeindegrundsteuer wird seit dem 1. April 1895 erhoben. Die Erhebung erfolgt nach Zusammenstellungen der Grundstücksbesitzer am Ende des Jahres über den Ertrag,

Tabelle V.

Aus dem Gemeindegrundsteuerkataster.

	Vorhandene[1] Wohnungen und Gelasse		Nutzertrag der im Laufe d. Jahres benutzt. Wohn. und Gelasse	Zunahme %	Demnach pro Kopf der Bevölkerung	Leerstehende[2] Wohnungen und Gelasse	
1895	467	—	294	*2,81*	177	**31 599**	69
1896	483	—	302	3,77	178	26 087	56
1897	487	—	314	2,30	181	24 909	51
1898	498	—	323	4,13	182	22 723	46
1899	513	1,28	336	4,47	185	12 253	27
1900	519	1,32	351	**5,14**	189	7 059	14
1901	526	1,91	369	2,82	196	*5 180*	10
1902	536	2,68	380	2,88	200	6 299	12
1903	550	**3,66**	391	4,36	204	8 113	15
1904	570	3,36	408	2,50	208	6 299	17
1905	589	**3,44**	418	4,05	208	11 934	21
1906	610	2,62	435	4,14	211	14 192	26
1907	625	1,81	453	**3,31**	216	16 725	28
1908	637	0,85	468	1,28	223	30 256	37
1909	642		474		225	**32 088**	50

[1] 1895 bis 98 am Schlusse des Jahres, von 1899 ab im Laufe des Jahres vorhandene Wohnungen und Gelasse.

[2] 1895 bis 98 im Laufe des Jahres ,von 1899 ab im Januar des Jahres, das dem links genannten folgt, leerstehende Wohnungen und Gelasse.

den eine jede Wohnung und Gelaß im abgelaufenen Jahr gebracht hat oder wegen Leerstehens nicht gebracht hat. Die Vergleichbarkeit mit den Zahlen der vorhergehenden Tabellen ist beschränkt, weil bei diesen nur der Stand des ersten Quartals gegeben war, hier die Ermittelungen sich aber auf das ganze Jahr beziehen. Auch kommt hinzu, daß die Beamtenwohnungen nicht mehr von der Besteuerung ausgeschlossen sind. Da jetzt nicht mehr der Mietwert aller Wohnungen und ihre Zahl zu derselben Zeit bekannt sind, ist es nicht mehr möglich, den durchschnittlichen Mietwert einer Wohnung festzustellen. Die durchschnittliche Belastung eines Einwohners durch die Miete ergibt nach dieser Zusammenstellung einen besseren Wert als den der Tabelle IV, da sie hier nach dem wirklich in einem Jahr erzielten Nutzertrag berechnet ist.

Zu Tabelle VI.

Die Angaben dieser Tabelle entstammen besonderen Erhebungen, die bei der Veranlagung der Gemeindegrundsteuer vorgenommen werden. Es ist verzichtet, den Mietwert der leerstehenden Wohnungen anzugeben — wie auch schon in den vorhergehenden Tabellen —, da diese Werte nur Forderungen der Vermieter darstellen und es nicht gesagt ist, ob wirklich diese Mieten erzielt werden. Vor allem die Wohnungen in Neubauten werden meist mit einem zu hohen Wert angegeben werden. Schließlich kommt in Betracht, daß die Zusammensetzung der leerstehenden Wohnungen je nach der Größe des Vorrats sehr schwanken wird. Bei einem geringen Vorrat werden die ganz minderwertigen Wohnungen überwiegen, nach anderen An-

Tabelle VI.

Leerstehende Wohnungen in Berlin.

Anfang Januar	Wohnungen ohne Gewerberäume	Von diesen haben unt. 100 Wohnungen			Wohnungen mit Gewerberäumen	Geschäftslokale
		bis 2 Zimm.	3—4 Zimm.	5 und mehr Z.		
1899 . . .	**8 446**	74	15	11	**686**	3121
1900 . . .	3 230	55	20	25	538	3291
1901 . . .	*1 761*	46	18	36	340	3079
1902 . . .	2 584	51	23	26	*296*	3419
1903 . . .	4 529	48	29	23	348	3234
1904 . . .	5 436	50	30	20	482	3433
1905 . . .	7 845	63	25	12	561	3530
1906 . . .	3 926	72	18	10	748	3518
1907 . . .	12 385	78	15	7	722	3018
1908 . . .	16 432	84	11	5	1357	3892
1909 . . .	23 871	84	11	5	1481	4904
1910 . . .	**24 982**	83	11	6	**1635**	**5258**

nahmen werden gerad · die Wohnungen übrig bleiben, die aus irgendwelchen Umständen eine zu hohe Ausgabe für die Schichten erfordern, für die sie nach ihrer Größe bestimmt sind. In Bauperioden werden die Wohnungen in Neubauten überwiegen, die immer einen höheren Wert haben, als der durchschnittliche Mietwert beträgt. Alle diese Unterschiede werden um so mehr fühlbar, als es sich bei den leerstehenden Wohnungen um verhältnismäßig kleine Zahlen handelt.

Tabelle VII.

Die Grundstücke nach ihrer Wohnungszahl.

In Berlin	auf 1 bewohntes Grundstück kommen		Unter 1000 Grundstücken waren mit Wohnungen					
	Bewohner	Wohnung.	1—5	6—10	11—20	21—30	31—50	üb. 50
1861	48,3	9,56	334	301	293	66	12	1
1864	49,6	10,26	314	273	323	76	13	1
1867	51,3	11,18	284	261	335	98	21	2
1871	56,8	12,31	258	242	337	122	37	3
1875	57,9	12,75	241	234	346	128	43	5
1880	60,6	13,87	216	223	345	148	60	7
1885	66,9	15,52	193	196	344	169	85	13
1890	72,9	17,02	170	176	338	189	108	19
1895	71,9	17,62	160	173	329	193	124	21
1900	77,0	19,31	143	151	315	202	159	29
1905	77,0	19,77	141	148	308	207	168	28
In Berlin und 23 Nachbargemeinden								
1900	—	—	222	160	297	175	125	21

Tabelle VIII.

Die Grundstücke nach ihrer Bewohnerzahl.

Von 1000 Grundstücken hatten eine Bewohnerzahl

In Berlin	1—10	11—20	21—50	51—100	101—150	151—200	üb. 200
1875	79	106	337	347	100	22	9
1880	74	99	321	355	113	27	11
1885	67	89	294	358	134	38	20
1890	57	77	276	362	149	51	29
1895	55	77	284	358	149	53	25
1900	58	73	266	348	160	63	32
1905	58	72	266	352	168	63	29
Berlin und 23 Nachbargemeinden							
1900	118	97	267	311	135	49	23

Tabelle IX.

Die Wohnungen nach ihrer Lage.

Von 1000 Wohnungen in Berlin liegen im

	Vorderhaus	Keller	Erdgeschoß	1. Stockwerk	2. Stockwerk	3. Stockwerk	4. Stockwerk
1861	717	92	230	262	222	150	56
1864	—	94	205	236	221	170	57
1867	709	94	182	233	221	180	74
1871	723	108	189	227	210	177	83
1875	686	102	157	207	206	178	94
1880	655	91	146	195	197	181	120
1885	633	92	128	190	198	196	148
1890	604	77	159	182	199	202	163
1895	561	—	—	—	—	—	—
1900	523	51	127	179	200	211	185

Das Hochparterre, Halbstock und die Stockwerke höher als vier sind wegen ihres unbedeutenden Anteiles nicht wiedergegeben.

Tabelle X.

Die Wohnungen nach der Zahl der heizbaren Zimmer und ihre Bewohner.

Auf 1000 Wohnungen ohne Gewerberäume kommen in Berlin I. Wohnungen, II. Bewohner.

	Ohne heizbare Zimmer		Bei 1 heizbarem Zimmer		Bei 2 heizbaren Zimmern		Bei 3—4 heizbaren Zimmern		Bei mehr als 4 heizbaren Zimmern	
	I	II	I	II	I	II	I	II	I	II
1880	12	—	523	—	254	—	142	—	68	—
1885	9	6	525	469	257	276	143	156	65	93
1890	8	5	522	469	261	282	147	160	62	84
1895	11	6	519	464	264	288	148	162	59	81
1900	13	7	510	453	274	302	150	165	53	73

Auf 1000 Wohnungen überhaupt kommen I. Wohnungen, II. Bewohner. — In Berlin

1861	—	—	499	440	256	265	174	191	71	103
1864	—	—	496	431	264	277	173	195	67	98
1867	14	9	491	429	258	269	166	187	70	106
1871	26	16	525	472	237	249	148	167	64	97
1875	15	10	513	452	253	267	150	170	69	101
1880	13	9	498	439	265	277	153	173	71	102
1885	10	6	501	440	269	286	153	171	67	96
1890	9	5	499	442	269	289	157	174	65	90
1895	12	6	497	437	273	295	156	175	62	86
1900	14	8	490	430	281	307	158	177	56	77
1905	15	—	476	—	303	—	156	—	50	—

(Fortsetzung von Tabelle X.)

Auf 1000 Wohnungen überhaupt kommen:
I. Wohnungen, II. Bewohner.

	Ohne heizbare Zimmer		Bei 1 heizbaren Zimmer		Bei 2 heizbaren Zimmern		Bei 3—4 heizbaren Zimmern		Bei mehr als 4 heizbaren Zimmern	
	I	II	I	II	I	II	I	II	I	II
Berlin und 23 (1900) oder 28 (1905) Vororte.										
1900	13	8	464	411	287	310	168	177	65	95
1905	1	—	431	—	315	—	176	—	64	—
Charlottenburg.										
1895	5	3	311	263	304	305	234	233	145	196
1900	4	3	292	251	292	292	254	249	157	203
1905	1	—	261	—	308	—	261	—	159	—
Rixdorf.										
1900	12	10	576	531	318	349	85	97	9	13
1905	1	—	487	—	389	—	105	—	11	—

Tabelle XI.

Der durchschnittliche Mietwert der Wohnungen ohne Gewerberäume in Mark.

	einer Wohn. überhpt.	mit 1 heizbaren Zimmer	mit 2 heizbaren Zimmern	mit 3 heizbaren Zimmern	mit 5 heizbaren Zimmern	mit 8 heizbaren Zimmern
In Berlin						
1880 . . .	407	191	324	579	1212	2466
1885 . . .	417	198	336	591	1255	2573
1890 . . .	448	229	380	641	1342	2677
1895 . . .	433	220	363	623	1291	2695
1900 . . .	443	232	379	642	1302	2772
1905 . . .	465	255	419	679	1355	2856
In Charlottenburg						
1900 . . .	715	222	345	621	1305	2671
1905 . . .	809	269	406	695	1403	2915
In Rixdorf						
1900 . . .	258	199	305	469	858	1640
1905 . . .	329	236	364	375	1019	1767
Mietbewegung.						
In Berlin						
1880/90 abs.	41	38	56	62	130	181
in %	10	20	17	11	11	7
1890/5 abs.	—15	—9	—17	—18	—51	18
in %	—3,3	—4	—4,51	—3,8	—3,8	0,7
1895/05 abs.	32	35	56	56	64	161
in %	7	16	15	9	6	6

(Fortsetzung von Tabelle XI.)

	einer Wohn. überhpt.	mit 1 heizbaren Zimmer	mit 2 heizbaren Zimmern	mit 3 heizbaren Zimmern	mit 5 heizbaren Zimmern	mit 8 heizbaren Zimmern
	In Charlottenburg					
1900/05 abs.	94	47	61	74	98	244
in %	13	21	18	12	7	9
	In Rixdorf.					
1900/05 abs.	91	37	59	106	161	127
in %	12	19	19	23	19	7

Tabelle XII.

Die Haushaltungen nach der Wohngemeinschaft.

	Von 1000 Haushaltungen bestehen aus							
	nur Famil.-mitglied.	nur Famil. mitglied. und Dienstboten	Gewerbegehilfen u. Familienmitglied.	Einmietern und Familienmitglied.	Schlafleut. und Familienmitglied.	Zahl der Haushaltungen mit Schlafleuten	Zahl der Schlafleute	das ist pro Mille d. Bevölkerung
1861	486	—	—	—	—	—	43 316	**84**
1864	521	168	64	*76*	**182**	23 844	46 808	78
1867	543	162	54	**97**	*160*	24 445	43 496	*64*
1871	576	152	42	85	205	36 529	77 962	84
1875	494	150	49	*81*	**209**	44 708	78 698	**84**
1880	576	137	38	85	153	39 298	58 087	52
1885	572	132	31	*64*	**176**	53 787	84 687	**66**
1890	579	125	34	**88**	158	58 265	95 365	62
1895	629	109	28	77	128	52 414	79 435	*43*
1900	650	95	23	*75*	**131**	61 765	98 792	**54**
1905	670	107	18	**80**	121	63 425	104 081	51
In Berlin und 28 Nachbargemeinden (ausschl. Schöneberg)								
1905	674	94	19	74	110	79 513	128 996	47

Zu Tabelle XIII—XVI.

Für die Feststellung des Umfangs der Bautätigkeit haben wir von 1840 bis 1871 die Vermehrung des versicherten Gebäudewertes in der Städtischen Feuersozietät, die sich zusammensetzt aus der Aufnahme von Neubauten und Umbauten, aus Revisionen schon versicherter Gebäudewerte und aus Neuaufnahmen schon bestehender, aber bisher noch nicht versicherter Gebäude. Der Feuerversicherungswert umfaßt nicht den gesamten Gebäudewert, da die Fundamente usw. von der Versicherung ausgeschlossen sind. Die Zunahme der im Mietssteuerkataster vorhandenen Wohnungen und Gelasse ergibt sich aus den bei Neu- und Umbauten neuentstehenden Wohnungen nach Abzug der durch Abbruch fortgefallenen. Von 1874 bis 1896 sind die Zahlen der Bauerlaubnisscheine wiedergegeben. Sie umfassen die gesamte Bautätigkeit vom kleinsten Umbau bis zum vollständigen Neubau, allerdings nur die geplante; ein großer Teil der erteilten Scheine wurde nicht benutzt, wenigstens so lange sie gebührenfrei waren. Von 1897 an wird eine Gebühr erhoben und da gleichzeitig die Ordnung eine andere ist, ist die Vergleichbarkeit mit den voraufgehenden Jahren so beschränkt, daß auf ihre Wiedergabe verzichtet wird. Hinzu kommen die Zahlen für die in der Feuerversicherung aufgenommenen Neubauten. Diese und die nächste Reihe decken sich natürlich nicht zeitlich mit den ersten Reihen der Tabelle XIV, sondern zwischen beiden liegt ein Zeitraum von 1—2 Jahren.

Tabelle XIII.

Die Bautätigkeit von 1840—1871.

	Feuerversicherungssumme am 1. Oktober. In Millionen Mk.	Vermehrung pro Mille	Die im Mietssteuerkataster vorhand. Wohn. und Gelasse vermehren sich um
1840	273	—	—
1841	282	4,2	**2837**
1842	294	**4,1**	2388
1843	306	4,9	2403
1844	321	3,7	2231
1845	333	**5,4**	2205
1846	351	0,8	1509
1847	354	3,4	1946
1848	366	2,4	2216
1849	375	1,6	1461
1850	381	1,0	910
1851	385	*0,5*	*370*
1852	387	1,8	888
1853	394	**2,8**	1250
1854	405	*1,2*	**1689**
1855	410	2,4	*586*
1856	420	3,5	1550
1857	435	3,7	2196
1858	451	4,0	2011
1859	469	4,2	4642
1860	489	4,2	3852
1861	536	4,5	3320
1862	577	5,1	7551
1863	630	**8,7**	8594
1864	686	8,6	**9163**
1865	736	7,0	7725
1866	787	7,0	8352
1867	817	2,5	2307
1868	837	3,5	4317
1869	868	3,4	3087
1870	897	3,5	*2387*
1871	927	5,8	4462

Tabelle XIV. — **Die Bautätigkeit von 1871—1900.**

	Bau-erlaubnis-scheine	darunter Vorder-Gebäude	darunter Seiten-Gebäude	darunter Quer-Gebäude	darunter Fabriken	Vom 1. Oktober bis 30. Septemb. in der Feuer-versicherung aufgenommene Neubauten	Die im Miets-steuerkataster vorhandenen Wohnungen u. Gelasse ver-mehr. sich um
1871	—	—	—	—	—	218	4 462
1872	—	—	—	—	—	308	32 67
1873	—	—	—	—	—	571	8 313
1874	**3437**	**1039**	1088	520	105	608	15 319
1875	3349	1092	971	576	32	**717**	**20 008**
1876	2779	699	810	334	101	670	17 646
1877	2508	801	872	412	24	523	15 839
1878	1889	497	579	153	10	508	12 329
1879	*1752*	*370*	467	192	16	358	8 263
1880	1840	493	612	234	32	248	*6 200*
1881	2013	543	738	289	27	*214*	7 443
1882	1970	548	624	254	53	278	7 705
1883	2346	675	920	381	63	306	8 358
1884	?	683	1061	580	67	320	7 980
1885	2857	872	1286	646	67	291	11 499
1886	**3139**	**1025**	**1608**	**820**	48	289	9 867
1887	*2256*	*525*	*657*	*408*	44	400	12 902
1888	3000	1056	1365	890	54	503	16 893
1889	**3117**	**1191**	**1580**	**1083**	62	508	19 132
1890	2557	802	1143	730	40	**618**	**21 644**
1891	2328	731	1072	649	33	522	18 690
1892	1837	505	730	448	23	456	16 408
1893	2086	563	765	521	25	353	12 225
1894	1777	497	694	444	29	*306*	11 580
1895	2141	709	902	561	21	330	—
1896	1780	572	860	524	67	412	—
1897	—	—	—	—	—	380	—
1898	—	—	—	—	—	285	—
1899	—	—	—	—	—	286	—
1900	—	—	—	—	—	*237*	—

Tabelle XV.
Gebrauchsfertig abgenommene Neubauten in Berlin.

	Neu-bauten	darunter Wohn-häuser	Neuentstandene Wohnungen	Davon hatten unter 100: 2 Zimmer	3 bis 4 Zimmer	5 und mehr Z.
1901	*589*	335	*7 889*	77	20	3
1902	604	440	10 840	80	18	2
1903	685	524	14 357	83	15	2
1904	**913**	673	19 827	84	14	2
1905	856	652	20 162	85	14	1
1906	910	**677**	**22 303**	86	13	1
1907	664	450	14 110	86	12	2
1908	646	374	11 156	84	14	2
1909	*394*	*221*	*6 499*	83	14	3

Tabelle XVI.

Gebrauchsabnahmen in Charlottenburg.

	Neubauten	Darin Wohnung. ohne Gewerberäume	Davon hatten unter 100 2 Zimmer	3 bis 4 Zimmer	5 u. mehr Zimmer
1896	131	2152	54	33	13
1897	93	1366	42	32	26
1898	131	1954	44	27	29
1899	145	1471	34	31	35
1900	*93*	*1092*	29	39	32
1901	123	1540	38	39	23
1902	127	2139	44	41	15
1903	146	2843	46	42	12
1904	172	3120	50	33	17
1905	195	3376	44	36	20
1906	**240**	3971	40	37	23
1907	200	**3976**	52	30	18
1908	173	3645	51	32	17
1909	*200*	*4015*	49	34	17

Zu Tabelle XVII—XIX.

Für die Feststellung des Grundbesitzwechsels haben wir von 1843 bis 73 die Zahlen der Besitztitelumschreibungen, wie sie das Justizministerialblatt von 1844 bis 73 veröffentlichte. Sie gelten gemeinsam für bebauten und unbebauten Boden, auch sind nur diejenigen auszuscheiden, die auf Zwangsversteigerungen beruhen, nicht die auf Schenkungen, Vererbungen, Tauschgeschäfte zurückzuführen sind. Von 1868 an können wir alle diese Unterscheidungen nach dem Berliner statistischen Jahrbuch berücksichtigen, doch sind hier nur die freihändigen Käufe und Zwangsversteigerungen angeführt. Zu beachten ist, daß 1896 im Statistischen Amt festgestellt wurde, daß seit unbekannter Zeit die Käufe nach dem Eingang der Meldung im Statistischen Amt und nicht nach dem Datum der Auflassung geordnet waren; trotzdem scheint aber die Bewegung im allgemeinen ersichtlich zu sein. Auch die Auflassung erfolgt erst einige Zeit nach dem Abschluß des Kaufvertrages. — Die jährlich gezahlten Kaufpreise sind zu unregelmäßig angegeben, um ein Bild der wechselnden Höhe der Umsätze zu geben. Für die Höhe der Preise würde sich das beste Bild aus einer Statistik ergeben, wie sie neuerdings das Berliner Statistische Amt (siehe S. 113) und das Charlottenburger Statistische Amt (Tabelle XIX) ausarbeiten. Es wird der durchschnittliche Preis eines Quadratmeters der verkauften bebauten Grundstücke berechnet nach den Käufen, bei denen eine Beeinflussung der Preisbildung durch außergewöhnliche Umstände nicht festzustellen war. Für den unbebauten Boden haben die gleichen Berechnungen nicht denselben Wert, weil der Gegensatz von Terrain- und Bauparzellenpreisen zu groß ist. Die Reihen weisen daher solche Unregelmäßigkeiten auf, daß keine einheitliche Bewegung festzustellen ist (s. Tabelle XIX). Alle Schätzungen des gesamten

Bodenwertes von Berlin haben für unseren Zweck nicht den Wert, wie wirklich gezahlte Preise, da es ja gilt, alle spekulative Übertreibung und mißtrauische Unterwertung zu berücksichtigen. Für die Preisschwankungen der bebauten Grundstücke haben wir einen ungefähren Anhalt im Verhältnis des Preises zum Feuerversicherungswert, um so mehr, wenn zum Vergleich das Verhältnis des durchschnittlichen Feuerversicherungswertes aller Grundstücke zu dem der verkauften Grundstücke herangezogen wird (Tabelle XXIIa).

Tabelle XVII.

Besitztitelumschreibungen am Berliner Stadtgericht.

	Besitztitelumschreibungen	Außerdem Subhastationen		Besitztitelumschreibungen	Außerdem Subhastationen
1843	**998**	56	1858	961	*30*
1844	794	63	1859	976	41
1845	743	85	1860	1161	36
1846	608	**101**	1861	1882	*27*
1847	620	80	1862	2671	54
1848	664	*73*	1863	**2852**	34
1849	332	82	1864	2225	58
1850	*326*	116	1865	2406	96
1851	438	**136**	1866	1549	195
1852	583	92	1867	*1136*	250
1853	799	86	1868	1302	**396**
1854	711	45	1869	1329	338
1855	668	44	1870	1492	379
1856	789	38	1871	2114	117
1857	981	50	1872	5752	*88*

Tabelle XVIII. — **Grundbesitzwechsel in Berlin.**

	Bebauter Boden				Unbebauter Boden	
	Käufe	Die Feuerversicherung beträgt % der Preise	Zwangsversteigerung	Die Feuerversicherung beträgt % der Preise	Käufe	Zwangsversteigerung
1867	*385*	**59**	180	107	—	—
1868	634	58	**327**	103	292	73
1869	758	54	277	102	288	64
1870	717	55	256	95	308	**81**
1871	1369	52	67	82	443	33
1872	**3735**	41	36	54	**1162**	29
1873	1997	*36*	*23*	*49*	960	*23*
1874	1227	46	41	55	718	21
1875	*1226*	60	105	58	927	57
1876	1562	58	130	78	989	59
1877	1526	60	385	88	953	**122**
1878	1440	67	493	103	666	116
1879	1042	70	662	**122**	*405*	110
1880	1127	**74**	529	**126**	125	67
1881	1084	69	415	109	480	41

(Fortsetzung von Tabelle XVIII.)

	Bebauter Boden				Unbebauter Boden	
	Käufe	Die Feuerversicherung beträgt % der Preise	Zwangsversteigerung	Die Feuerversicherung beträgt % der Preise	Käufer	Zwangsversteigerung
1882	*908*	71	232	101	569	23
1883	1058	70	179	112	725	22
1884	1317	63	188	*88*	766	*13*
1885	1324	65	116	**92**	912	14
1886	1884	61	111	84	1200	30
1887	2049	67	71	81	1008	10
1888	2092	64	*40*	58	1263	11
1889	**2619**	59	48	*53*	**1539**	6
1890	2200	58	103	70	983	39
1891	1941	*57*	145	70	834	38
1892	1745	59	323	73	*741*	43
1893	1421	58	337	81	742	**64**
1894	1321	59	343	83	**848**	64
1895	1282	59	**355**	83	778	37
1896	1058	**59**	352	86	532	37
1897	*1091*	56	288	**94**	453	45
1898	1162	56	215	93	399	15
1899	1275	55	155	86	411	13
1900	1184	54	135	*71*	*335*	—
1901	*1058*	*48*	118	77	507	18
1902	1285	57	118	—	693	22
1903	1409	57	101	—	867	16
1904	1455	52	*91*	—	812	37
1905	1568	53	**138**	—	**949**	21
1906	1772	55	108	—	719	20

Tabelle XIX. — **Besitzwechsel in Charlottenburg.**

	In bebautem Boden		In unbebautem Boden		In den Verkäufen gezahlter Preis für 1 qm	
	Käufe	Zwangsversteigerung	Käufe	Zwangsversteigerung	bebauten Bodens	unbebaut. Bodens
1895	137	114	72	12	142	42
1896	139	120	102	7	184	37
1897	155	83	148	14	125	58
1898	187	52	159	4	136	54
1899	251	38	215	8	168	29
1900	256	21	133	4	230	41
1901	207	37	126	3	226	62
1902	242	45	162	3	235	50
1903	250	17	210	8	251	59
1904	306	26	261	3	231	40
1905	309	31	350	7	279	66
1906	277	39	330	13	291	42
1907	293	60	207	40	—	—
1908	218	86	240	14	—	—
1909	189	71	296	10	—	—
1910	163	67	273	9	—	—

Zu Tabelle XX—XXII.

Die Angaben über die Hypothekenbewegung entstammen für Berlin von 1843 bis 1868 dem Justizministerialblatt, für die folgende Zeit dem Berliner Statistischen Jahrbuch, für die städtischen Bezirke der Provinz Brandenburg der Zeitschrift des Preußischen Statistischen Bureaus. Unter städtischen Bezirken werden verstanden „städtische Gemeindebezirke sowie diejenigen Gemeinde- und selbständigen Gutsbezirke des platten Landes, in welchen die Grundstückswerte durch andere Beziehungen als die des Betriebs der Landwirtschaft bedingt werden.“ Für die städtischen Bezirke der Provinz Brandenburg sind die Vororte Berlins ausschlaggebend. — Für Berlin wurde 1843 einmal die Summe der gesamten Verschuldung durch das Stadtgericht festgestellt, die späteren wurden dann rechnerisch gewonnen. Die Genauigkeit der Statistik der Hypothekenbewegung erleidet dadurch Beeinträchtigung, daß manche Hypothek im Grundbuch nicht gelöscht wird, aber schon abgetragen ist, andere zwar aufgenommen, aber noch nicht sofort gebucht werden. Doch werden sich die Ungenauigkeiten im Laufe der Jahre ziemlich gleich bleiben.

Tabelle XX.

Hypothekenbewegung in der Stadt Berlin.

	Eintragungen	Löschungen	Mehreintragungen	Summe der Belastung am Ende des Jahres	Vermehrung in % durch Mehreintragungen
1843	—	—	—	204	—
1844	19	8	11	215	5,46
1845	18	7	11	226	5,22
1846	19	7	12	283[1]	5,20
1847	17	6	11	295	4,20
1848	13	4	9	304	3,05
1849	7	4	3	307	0,96
1850	6	8	—2	305	—0,65
1851	8	8	—1	305	—0,19
1852	11	8	3	318	1
1853	16	9	7	315	2,24
1854	14	6	8	323	2,56
1855	14	6	8	331	2,64
1856	17	5	12	343	3,55
1857	21	8	13	356	4,27
1858	27	7	20	376	5,56
1859	27	8	19	395	5,18
1860	32	9	23	417	7,19
1861	52	14	38	479[2]	9,72
1862	71	13	58	537	12,02

[1] 1846 treten aus der Jurisdiktion des Kammergerichts in die des Stadtgerichts 1148 Folien mit einer Belastung von 46 Mill. Mk.

[2] 1867 durch die Eingemeindung 1628 Folien mit einer Belastung von 24 Mill. Mk.

(Fortsetzung von Tabelle XX.)

	Eintragungen	Löschungen	Mehreintragungen	Summe der Belastung am Ende des Jahres	Vermehrung in % durch Mehreintragungen
1863	**93**	16	**77**	614	14,46
1864	78	14	64	678	10,36
1865	91	17	74	752	10,93
1866	63	25	38	790	5,18
1867	*40*	24	*16*	806	2,07
1868	52	**33**	19	825	2,29
1869	57	30	27	852	3,34
1870	68	37	30	883	3,53
1871	88	27	61	944	6,91
1872	303	66	238	1182	25,00
1873	**335**	78	**257**	1439	21,70
1874	307	94	213	1652	14,80
1875	319	**153**	166	1818	10,05
1876	232	110	112	1940	6,02
1877	225	145	80	2020	3,29
1878	167	136	31	2052	1,53
1879	*131*	*145*	*—14*	2037	—0,08
1880	166	135	31	2069	1,52
1881	169	134	35	2103	1,69
1882	139	104	35	2138	1,66
1883	161	*91*	50	2208	2,34
1884	191	98	93	2301	4,21
1885	206	96	110	2412	6,02
1886	274	130	144	2556	5,97
1887	330	113	117	2773	4,51
1888	383	137	249	3022	8,98
1889	**453**	151	302	3323	10,00
1890	379	160	219	3542	6,59
1891	328	154	171	3714	4,82
1892	304	**186**	118	3832	3,18
1893	290	174	126	3948	3,29
1894	**274**	*159*	115	4063	2,83
1895	324	**214**	*110*	4173	2,71
1896	**381**	170	**211**	4284	5,04
1897	295	167	128	4412	3,09
1898	250	138	*112*	4524	2,60
1899	262	133	129	4653	2,92
1900	245	114	**131**	4784	2,89
1901	229	138	91	4875	1,90
1902	333	157	179	5052	3,61
1903	372	184	188	5239	3,72
1904	443	204	239	5478	4,56
1905	**520**	243	**277**	5755	5,44
1906	500	**245**	255	6010	4,43
1907	421	214	205	6216	3,40
1908	**365**	240	*125*	6341	2,00
1909	367	216	149	6493	2,30

Tabelle XXI.
Hypothekenbewegung

	im Stadtkreis Berlin		in den städtischen Bezirken der Provinz Brandenburg	
	Mehr-eintragungen	Löschungen bei Subhastationen	Mehr-eintragungen	Löschungen bei Subhastationen
1886/7	166	—	51	—
1887/8	215	—	84	—
1888/9	**280**	—	77	—
1889/0	256	*11*	103	*7*
1890/1	182	34	114	8
1891/2	152	39	173	8
1892/3	125	49	**236**	12
1893/4	*102*	**55**	175	28
1894/5	119	41	154	36
1895/6	*102*	45	92	**44**
1896/7	130	33	*85*	38
1897/8	125	27	140	29
1898/9	122	20	158	20
1899/0	**139**	*13*	**238**	17
1900/1	102	14	210	*14*
1901/2	*98*	18	204	24
1902/3	179	19	289	26
1903/4	216	16	333	22
1904/5	232	28	411	34
1905/6	**273**	21	**474**	30
1906/7	268	24	417	42
1907/8	179	37	371	83
1908/9	*128*	54	404	**111**

Zur Tabelle XXII a.

Diese Tabelle gibt eine Zusammenstellung der Resultate der vorangegangenen Tabellen bezogen auf ein Grundstück. Für die erste Spalte ist zu berücksichtigen, daß seit 1895 die wirkliche Ertragssteigerung angegeben ist nach den Erhebungen des Gemeindegrundsteuerkatasters, von 1873 bis 1895 aber ein ähnlicher Wert sich nur aus der Zusammenfassung von Spalte 1 und 2 ergeben würde. — Die durchschnittliche Belastung ist berechnet auf Grund der im Miet- bezw. Grundsteuerkataster geführten Grundstücke. Die Steigerung der durchschnittlichen Belastung beruht zum Teil auf der Neubebauung wenig bebauter Grundstücke und auf der Annahme von Neubauten in dem Kataster — zum Teil auf der gesteigerten Beleihungsfähigkeit bei Preiserhöhungen. Eine höhere Verschuldung im Verhältnis zum Grundstückswert ergibt sich damit noch nicht. — Die Steigerung des durchschnittlichen Feuerversicherungswertes eines Grundstückes ist einmal auf eine Zunahme der Grundstücke mit höherem Gebäudewert, also auf Neubauten zurückzuführen. Aber offenbar ist zur Erklärung der Veränderungen auch die wechselnde Höhe der Baukosten heranzuziehen.

Tabelle XXII a.

I. Der durchschnittliche Mietwert der Grundstücke stieg oder fiel um %.
II. Der durchschnittliche Mietertrag blieb hinter dem Mietwert zurück um %.
III. Die durchschnittliche Belastung stieg oder fiel um %.
IV. Der durchschnittliche Feuerversicherungswert stieg um %.
V. Die freihändigen Verkäufe in % aller Grundstücke.
VI. Die Subhastation in % aller Grundstücke.
VII. Der Feuerversicherungswert betrug % des Preises.
VIII. Der durchschnittliche Feuerversicherungswert der verkauften Grundstücke ist gegen den durchschnittlichen aller Grundstücke in %.

	I.	II.	III.	IV.	V.	VI.	VII.	VIII.
1871	—	1,32	—	—	—	—	52	—
1872	—	*0,68*	—	—	—	—	41	104
1873	**18,62**	0,72	**18,15**	**17,07**	**19,07**	—	36	87
1874	6,15	0,91	7,47	11,23	*11,74*	0,34	46	109
1875	2,95	1,75	6,07	8,09	12,51	0,94	60	107
1876	—1,13	2,65	3,42	6,33	**14,38**	1,01	58	**112**
1877	—2,41	4,16	1,27	4,14	12,49	3,29	60	105
1878	*—3,31*	**4,71**	—0,96	2,97	11,26	3,27	67	98
1879	—2,16	4,28	*—2,36*	1,98	7,61	**4,06**	70	103
1880	0,38	3,28	0,40	1,94	8,07	3,10	**74**	99
1881	1,59	3,23	0,48	*1,66*	8,04	2,34	69	99
1882	1,85	3,09	0,35	1,78	*7,43*	1,29	71	97
1883	1,22	2,73	1,39	1,42	8,88	1,00	70	*96*
1884	3,33	2,57	3,21	2,20	10,27	0,99	63	98
1885	3,81	1,99	4,03	1,83	10,95	0,64	65	97
1886	4,18	1,86	3,91	2,53	14,80	0,68	61	*86*
1887	4,90	*1,82*	7,48	3,17	14,83	0,39	**67**	115
1888	**5,22**	1,89	**7,78**	**3,73**	15,78	*0,24*	64	99
1889	2,65	2,03	6,41	3,00	**18,93**	0,25	59	95
1890	4,84	2,16	4,90	3,47	14,23	0,63	58	100
1891	3,28	2,71	2,89	2,74	12,14	0,80	57	**104**
1892	1,52	3,26	1,96	2,66	10,76	1,58	59	**104**
1893	0,95	3,73	1,78	1,89	9,24	**1,73**	58	104
1894	*—0,21*	4,06	*1,49*	1,74	9,14	1,73	59	98
1895	0,36	**4,60**	1,83	*1,43*	8,61	1,64	59	100
1896	1,30	—	0,82	1,69	6,53	1,68	59	98
1897	2,00	—	1,32	1,67	*6,28*	1,36	56	95
1898	1,65	—	1,73	**1,87**	6,28	0,92	56	91
1899	3,30	—	**2,04**	1,56	**6,73**	0,67	—	—
1900	3,19	—	1,97	1,67	*5,99*	0,53		—
1901	**4,68**	—	*0,93*	1,44	6,11	0,53	—	—
1902	1,50	—	0,93	1,19	7,02	0,57	—	—
1903	1,09	—	1,93	*1,09*	**8,62**	0,44	—	—
1904	2,50	—	2,69	1,26	8,43	0,48	—	—
1905	0,17	—	2,64	1,66	8,17	0,52	—	—
1906	2,47	—	**2,89**	**1,73**	7,82	*0,43*	—	—

Tabelle XXII.

Die deutschen Hypothekenbanken.

	Zahl der Hypotheken-banken	Vermehrung in Millionen Mark		
		des Aktien-kapitals	der Hypothek.-darlehen	des Pfandbrief-umlaufs
1864	4	34	72	30
1865	6	1	29	31
1866	7	—	5	6
1867	7	—	10	11
1868	8	1	11	11
1869	10	4	23	20
1870	11	18	18	16
1871	17	37	83	106
1872	24	55	**232**	150
1873	25	79	**187**	155
1874	26	4	208	**203**
1875	26	4	181	188
1876	26	6	121	129
1877	26	1	122	134
1878	27	21	*68*	*78*
1879	27	6	76	89
1880	27	4	95	89
1881	27	9	**110**	*99*
1882	27	2	*64*	61
1883	27	2	92	88
1884	27	2	109	92
1885	27	3	79	92
1886	30	8	175	152
1887	30	4	172	166
1888	30	1	267	**262**
1889	30	17	**296**	250
1890	30	15	*204*	*213*
1891	30	17	255	271
1892	30	15	364	358
1893	30	29	325	274
1894	31	10	406	444
1895	33	53	**588**	**448**
1896	40	40	400	442
1897	40	34	455	414
1898	40	20	299	286
1899	40	40	367	376
1900	38	11	*12*	*121*
1901	38	46	152	170
1902	38	43	309	305
1903	39	—9	448	451
1904	39	14	448	435
1905	39	21	**530**	**505**
1906	39	29	396	341
1907	39	23	*288*	*262*
1908	38	4	396	481
1909	38	18	**550**	**522**

Die Tabelle ist bis 1899 Felix Hecht: „Die deutschen Hypothekenbanken“ entnommen, für die nächsten Jahre dem Statistischen Jahrbuch des Deutschen Reichs. Die Vermehrung der umlaufenden Pfandbriefe ist nicht genau, weil einzelne Banken die eigenen Bestände bei den umlaufenden Pfandbriefen nicht angeben.

Zur Tabelle XXIII a—d.

Der Zinsfuß für erste Hypotheken ist bis 1883 Kahn, „Geschichte des Zinsfußes in Deutschland von 1815 bis 1883“ entnommen und beruht auf Grundbuchstudien. Der Zinsfuß für erste und zweite Hypotheken und für das Baugeld von 1863 bis 1910 stammt aus Berichten in der Vossischen Zeitung und des Vereins der Berliner Grundstücks- und Hypothekenmakler. Die Verzinsung der umlaufenden Pfandbriefe der deutschen Hypothekenbanken ist nach Felix Hecht: „Die deutschen Hypothekenbanken“ wiedergegeben. Er ist berechnet nach dem Nominalzinsfuß der Pfandbriefe ohne Berücksichtigung der Verlosungsprämie und der Emissionskurse. Der Zinsfuß der entsprechenden Darlehen würde sich auf ¼ bis ½ % höher stellen. Die Zahlen geben also die Verzinsung eines Bestandes, nicht der jährlich neu begebenen Darlehen. Dasselbe gilt für die beiden nächsten Reihen. Die Bewegung kann also in diesen nicht parallel den vorgenannten sein. — Der Realhypothekenzinsfuß der neubegebenen Darlehen der Preußischen Zentral-Bodenkredit-Aktiengesellschaft von 1870—1903 ist berechnet von Paul Homburger („Die Entwicklung des Zinsfußes in Deutschland von 1870—1903“), und von Albert („Die geschichtliche Entwicklung des Zinsfußes in Deutschland von 1895—1908“) ergänzt. Er ergibt sich aus dem Realzinsfuß, zu dem die Pfandbriefe nach ihrem Durchschnittskurs ohne Berücksichtigung der Verlosungsprämien sich verzinsten, und einem Aufschlag von ½ % als Verwaltungskostenbeitrag. Stehen die Pfandbriefe über Pari, ist der dadurch bedingte Zinsfuß nur als niedrigster Grenzwert angegeben, da das Agio nicht immer dem Schuldner zugute kommt. — Die Realverzinsung der Staatspapiere von 1870 bis 1895 ist wiedergegeben nach Ernst Voye: „Über die Höhe der verschiedenen Zinsarten“, der ihn nach den preußischen Anleihen berechnet; von 1896 bis 1908 nach Albert, der ihn für die deutschen Reichsanleihen ermittelt hat.

Tabelle XXIII a.
Zinssätze 1840—67.

	Bank-Diskont	Hypothek.-zinsfuß		Bank-Diskont	Hypothek.-zinsfuß
1840	4,00	4—5	1844	4,10	4—5
1841	4,00	4—5	1845	4,34	4—5
1842	4,00	4—5	1846	4,50	4—5
1843	4,00	4—5	1847	**4,79**	4—5

(Fortsetzung von Tabelle XXIIIa).

	Bank-Diskont	Hypothek.-zinsfuß		Bank-Diskont	Hypothek.-zinsfuß
1848	4,23	5	1858	4,30	5
1849	*4,00*	5	1859	4,20	5
1850	4,00	5	1860	*4,00*	5
1851	4,00	5	1861	4,00	4½—5
1852	4,00	5	1862	4,08	4½—5
1853	4,25	4½—5	1863	4,75	4½—5
1854	4,36	4½—5	1864	5,32	4½—5
1855	4,08	4½—5	1865	5,09	4½—5
1856	4,94	5	1866	**6,26**	5—5½
1857	**5,76**	5	1867	4,00	5—5½

Tabelle XXIIIb.

Zinssätze 1868—1882.

	Reichsbank-Diskont	Markt-Diskont	Zinsfuß der 1. Hypothek	der 1. Hypotkek	der 2. Hypothek	Verzins. der am Ende des Jahres umlauf. Pfandbriefe d. deutsch. Hypoth.-Banken	Verzinsung der am Ende des Jahres in der Berliner Sparkasse vorhandenen Hypotheken	Wertpapiere
1868	4,06	—	5—6	4½—7	6—8	4,12	—	—
1869	4,25	—	5—6	4¾—6½	6—8½	4,27	—	—
1970	4,89	4,50	*5—5½*	*4¾—6*	6—8	4,35	—	—
1871	4,16	3,62	**5—6**	**5—6**	6—7	4,50	—	—
1872	4,29	3,94	5—6	4½—6	5½—7	4,55	—	—
1873	4,95	4,50	5—6	4½—5¾	6—7	4,59	—	—
1874	**5,38**	3,25	5—6	4½—5¾	6—7	4,61	—	—
1875	4,70	3,75	5—6	4½—5¾	6—7	**4,62**	—	—
1876	*4,16*	3,04	5—6	4½—6	5½—7	4,62	—	—
1877	4,42	3,17	5—6	4½—5½	6—7	4,61	—	—
1878	4,34	3,04	5—6	4½—5	5½—6	4,61	—	—
1879	*3,70*	2,60	5—5½	4½—5	6	4,57	—	**4,14**
1880	4,24	3,04	4¼—5	4½—5	5—6	4,49	—	4,11
1881	4,42	3,50	4½—5	4¼—5	5—5½	4,42	**4,63**	4,09
1882	**4,54**	3,89	4¼—5	4¼—4¾	5—5½	4,37	4,57	4,05

Tabelle XXIII c.
Zinssätze 1883—1910.

	Reichs-Diskont	Markt-Diskont	Baugeld	mit einer Provision von	Zinsfuß für 1. Hypothek	Zinsfuß für 2. Hypothek	Verzins. d. am Ende d. Jahr. umlauf. Pfandbrf. d. deutsch. Hyp.-Bank.	Verzins. der am Ende d. Jahres i. der Berliner Sparkasse vorhandenen Hypotheken	Verzins. der am Ende d. Jahres i. der Berliner Sparkasse vorhandenen Wertpapiere
1883	4,05	3,08	5-6	1-3	4¼-4¾	5-5½	4,30	4,58	4,04
1884	*4,00*	2,90	-	-	4¼-4¾	5-5½	4,22	4,53	4,03
1885	4,12	2,85	-	-	4-4¾	4½-5	4,10	4,52	4,00
1886	**3,28**	2,16	5	1-1½	3¾-4½	4½-5	3,94	4,43	3,83
1887	3,41	2,30	-	-	3¾-4½	4½-5	3,91	4,18	3,76
1888	*3,32*	2,11	4½-5	1	3¾-4½	4¼-5	3,88	4,07	3,71
1889	3,68	2,63	-	-	*3½-4½*	*4¼-5*	3,52	4,03	3,64
1890	**4,52**	3,78	-	-	**3¾**-4½	4½-5	*3,81*	*4,02*	3,59
1891	3,78	3,02	-	-	3¾-4½	4½-5	3,83	**4,03**	3,58
1892	3,20	1,80	5	1	3¾-4½	4½-5	**3,85**	4,03	3,54
1893	4,07	3,10	5	1	3¾-4½	4½-5	3,85	4,03	3,54
1894	*3,12*	1,74	-	-	3½-4¼	4½-5	3,83	4,03	3,47
1895	3,14	2,01	-	-	*3½-3⅞*	4¼-4¾	3,74	4,03	3,43
1896	3,66	3,04	-	-	3½-4¼	4¼-5	3,69	3,98	3,43
1897	3,81	3,09	*5*	1	3½-3¾	4¼-4¾	*3,66*	3,88	3,45
1898	4,27	3,55	5½-7	1-2	3¾-4½	4¼-5	3,66	3,84	3,93
1899	5,04	4,45	5½-6½	1-2	3⅞-3¾	4½-5½	3,67	3,81	3,93
1900	**5,33**	4,41	**6-6½**	1½-2½	**4-5**	4¾-5	-	3,89	3,40
1901	4,10	3,06	5-6½	1-2	3⅞-5	**5-6**	-	4,01	3,41
1902	*3,32*	2,19	4½-6	1-1½	4-5	4½-5	-	**4,04**	3,42
1903	3,84	3,01	4½-5	1	3¾-4⅜	4¾-5¼	-	4,03	3,42
1904	4.22	3,14	4¾-5	-	*3¾-4½*	4¾-5	-	4,00	3,43
1905	3,82	2,85	4½-5½	-	3¾-4½	4½-5½	-	3,97	3,44
1906	5,15	4,04	5-6½	-	3¾-4½	5-6½	-	3,94	3,44
1907	**6,03**	5,12	**5-7**	-	4-5	**5-7**	-	3,93	3,44
1908	4,75	3,53	5½-6½	-	**4¼-5**	5½-6½	-	-	-
1909	*3,92*	2,86	5-6	-	4¼-4½	5-6	-	-	-
1910	4,35	3,52	5	-	4-4¾	5-6	-	-	-

Tabelle XXIII d.
Realzinsfuß

	d. neubegeb. Darlehen d. preuß. Zentral-Bodenkredit-Akt.-Gesellsch. (berechnet n. d. Durchschnittskurs d. Pfandbriefe)			der Staatspapiere (berechn. bis 1895 nach preuß. Anleih., 1895—1908 n. d. Reichsanl.)			
	5%	4%	3½%	4½%	4%	3½%	3%
1870	5,25	—	—	**4,82**	—	—	—
1871	5,25—5,17	—	—	—	**4,47**	—	—
1872	5,25—5,16	—	—	4,45	4,17	—	—

Realzinsfuß. (Fortsetzung von Tabelle XXIIId.)

	d. neubegeb. Darlehen d. preuß. Zentral-Bodenkredit-Akt.-Gesellsch. (berechnet n. d. Durchschnittskurs d. Pfandbriefe)			der Staatspapiere (berechn. b. 1895 nach preuß. Anleihen, 1895—1908 n. d. Reichsanl.)			
	5%	4%	3½%	4½%	4%	3½%	3%
1873	5,25—5,15	—	—	4,31	4,16	—	—
1874	5,25—5,14	—	—	*4,26*	*4,01*	—	—
1875	5,25—5,14	—	—	—	4,05	—	—
1876	5,25—5,19	—	—	4,29	4,07	—	—
1877	5,25—5,16	—	—	**4,33**	**4,20**	—	—
1878	5,25—5,17	—	—	4,29	4,19	—	—
1879	4,75—4,63	—	—	4,27	4,08	—	—
1880	—	4,32	—	4,29	4,01	—	—
1881	—	4,28	—	4,25	3,93	—	—
1882	—	4,29	—	—	3,94	—	—
1883	—	4,26	—	—	3,93	—	—
1884	—	4,25—4,22	—	—	3,88	—	—
1885	—	4,25—4,22	—	—	3,85	—	—
1886	—	4,25—4,14	3,79	—	3,79	3,42	—
1887	—	4,25—4,15	3,88	—	3,77	3,51	—
1888	—	—	3,78	—	*3,71*	3,39	—
1889	—	—	*3,75*	—	3,74	*3,35*	—
1890	—	**4,25—4,17**	3,90	—	3,74	3,49	—
1891	—	4,25—4,14	—	—	**3,76**	**3,55**	3,52
1892	—	4,25—4,13	—	—	3,74	3,50	3,47
1893	—	4,25—4,12	—	—	3,73	3,48	3,48
1894	—	—	3,82	—	3,76	3,40	3,28
1895	—	—	3,75—3,70	—	*3,80*	*3,35*	*3,02*
1896	—	—	*3,75—3,69*	—	3,79	3,35	3,02
1897	—	—	3,75—3,73	—	—	3,38	3,07
1898	—	—	3,78	—	—	3,41	3,14
1899	—	4,25—4,15	—	—	—	3,51	3,31
1900	—	4,25—4,24	—	—	—	**3,65**	**3,46**
1901	—	**4,26**	—	—	—	3,52	3,36
1902	—	4,25—4,14	—	—	—	3,43	*3,25*
1903	—	4,25—4,11	3,85	—	—	*3,42*	3,28
1904	—	—	3,91	—	—	3,43	3,33
1905	—	—	3,86	—	—	3,45	3,33
1906	—	4,25—4,16	—	—	—	3,52	3,42
1907	—	4,28	—	—	—	3,70	3,56
1908	—	**4,31**	—	—	—	**3,78**	**3,60**

Zur Tabelle XXIV und XXV.

Beide Tabellen sind dem Deutschen Ökonomisten entnommen. Die Gründungen von Aktiengesellschaften wie die Emissionen von Aktien stellen nicht in ihrer Gesamtheit Neuanforderungen an den Kapitalmarkt dar, sondern sie umfassen zum Teil Formveränderungen für bestehende Kapitalinvestitionen; dennoch gibt die Bewegung der Ziffern eine Anschauung über die wechselnde Höhe des Kapitalbedarfs in Handel und Industrie.

Tabelle XXIV.

Emissionen in Deutschland.

Kurswert in Millionen Mark

	Deutsche Papiere					Ausländische Papiere	
	Sämtliche Werte	Staats- u. Kommunalpapiere	Eisenb.- und Industrie-Obligat.	Pfandbriefe	Aktien	festverzinsliche Papiere	Aktien
1883	*754*	103	46	191	113	262	38
1884	904	*95*	54	188	*38*	481	42
1885	899	71	42	*154*	52	453	56
1886	1015	182	*18*	252	78	450	33
1887	1008	220	35	215	128	405	4
1888	**1985**	**701**	31	325	260	590	77
1889	1742	*246*	24	**406**	**482**	525	59
1890	1521	473	**63**	*282*	306	359	27
1891	1217	525	29	342	76	230	15
1892	*1016*	369	*17*	438	*21*	168	4
1893	1266	436	71	350	66	376	—
1894	1429	295	58	**560**	122	338	46
1895	1375	*139*	45	500	372	300	18
1896	1896	160	91	450	588	489	80
1897	1945	167	68	483	594	608	25
1898	2407	261	150	365	811	691	19
1899	**2611**	660	124	447	**1147**	203	30
1900	1777	420	**264**	*126*	691	186	90
1901	1631	**799**	218	210	*203*	199	11
1902	2050	733	167	350	347	439	15
1903	*1666*	*526*	*67*	565	266	208	33
1904	1995	575	119	506	216	186	46
1905	**3090**	687	127	**569**	699	975	134
1906	2741	985	192	405	**940**	116	114
1907	*2212*	972	174	*326*	587	114	38
1908	3652	**1771**	**318**	636	699	205	13
1909	3590	1473	278	647	844	314	33
1910	2992	872	137	**650**	787	457	78

Tabelle XXV.

Gründungen von Aktiengesellschaften.

A. Zahl der Aktiengesellschaften, B. Kapital in Millionen Mark.

	Überhaupt Aktiengesellschaften		Im Baugewerbe		In der Industrie der Steine u. Erden	
	A	B	A	B	A	B
1871	207	759	—	—	—	—
1872	**479**	**1478**	—	—	—	—
1873	242	544	—	—	—	—
1874	90	106	—	—	—	—
1875	55	46	—	—	—	—
1876	*42*	*18*	—	—	—	—
1877	44	43	—	—	—	—
1878	42	13	—	—	—	—
1879	45	57	—	—	—	—
1880	97	92	—	—	—	—
1881	111	199	—	—	—	—
1882	94	56	—	—	—	—
1883	**192**	**176**	9	4	1	0,1
1884	153	111	6	12	10	6
1885	*70*	*53*	—	—	5	2
1886	113	104	5	2	10	4
1887	168	128	6	8	9	6
1888	184	194	8	5	11	18
1889	**360**	**403**	**14**	**34**	**31**	**30**
1890	236	271	12	7	21	12
1891	160	90	14	6	22	10
1892	127	80	4	2	15	12
1893	95	77	5	5	11	5
1894	92	88	3	2	12	5
1895	162	249	9	19	*6*	*5*
1896	182	269	10	19	9	10
1897	254	380	9	13	23	18
1898	329	464	19	27	23	22
1899	**364**	**544**	**19**	**37**	**29**	**25**
1900	261	340	22	31	33	23
1901	158	158	*9*	*6*	18	14
1902	*87*	*118*	8	7	*12*	*6*
1903	84	300	9	17	*7*	*4*
1904	184	141	11	17	15	16
1905	191	386	26	43	**17**	**21**
1906	212	**474**	**25**	**45**	13	13
1907	**240**	321	12	7	17	21
1908	155	170	10	12	8	10

Tabelle XXVI.

Rentabilität der Aktiengesellschaften.

A. Berücksichtigtes Kapital. B. Dividenden.

	Aller Aktiengesellschaften		Im Baugewerbe		In der Industrie der Baumaterialien	
	A	B	A	B	A	B
1873	—	—	171	**2,36**	22	**4,38**
1874	—	—	172	1,44	15	0,37
1875	—	—	167	**0,63**	10	*0,00*
1876	—	—	109	0,71	8	0,58
1877	—	—	106	0,48	12	1,02
1878	—	—	104	0,66	12	1,02
1879	—	—	106	0,75	10	2,64
1880	—	—	107	*0,38*	9	3,03
1881	—	—	95	0,50	12	2,81
1882	—	—	63	0,83	9	3,78
1883	—	—	80	1,34	9	5,79
1884	—	—	83	1,35	13	4,53
1885	—	—	103	1,93	16	6,37
1886	—	—	95	2,20	13	4,87
1887	—	—	104	2,56	18	7,16
1888	—	—	124	3,39	26	8,46
1889	—	—	136	3,80	29	8,59
1890	1379	**9,27**	118	2,95	29	**8,70**
1891	1397	8,47	124	**4,76**	31	6,51
1892	1407	6,80	89	3,93	32	4,83
1893	1435	6,06	97	3,58	37	*4,77*
1894	1469	*5,97*	101	3,34	43	6,66
1895	1576	7,39	85	3,35	43	7,88
1896	1695	8,99	98	*2,97*	47	9,63
1897	1767	9,32	101	3,43	58	**10,21**
1898	1748	9,82	118	3,49	88	8,35
1899	2649	9,94	115	**4,49**	94	**14,83**
1900	2513	**10,96**	110	*4,22*	79	11,65
1901	2374	7,98	67	**6,51**	86	5,24
1902	2433	*6,64*	72	4,02	88	*4,41*
1903	2512	7,20	97	*3,44*	90	5,14
1904	2509	8,61	95	4,56	91	6,53
1905	2689	9,51	88	4,24	88	8,61
1906	2855	10,58	110	**4,58**	97	**11,88**

Die Tabelle stammt bis 1900 von Wagon: „Die finanziellen Resultate der deutschen Aktiengesellschaften“ und ist fortgesetzt worden von Richard Calwer „Handel und Wandel 1901/1902, Das Wirtschaftsjahr 1903/1907“. Die Berechnungen beziehen sich auf die an der Berliner Börse gehandelten Aktien. Die Baugesellschaften sind Terrain- und Immobiliengesellschaften.

Tabelle XXVII.

Preise von Baumaterialien.

I. Der Hintermauerungsziegel, Kahnladungen frei Ufer Berlin, im Verkehr der Ziegeleibesitzer mit den Händlern.[1]
II. Des Cements, pro Faß inklusive Fastage frei Kahn oder Waggon Berlin.[2]

	I	II		I	II
1860	32,00	—	1886	25,75	6,75
1861	**33,00**	—	1887	**30,50**	6,00
1862	31,00	**9,40**	1888	27,00	6,60
1863	26,00	9,40	1889	29,50	6,55
1864	24,00	9,40	1890	24,40	6,50
1865	22,00	9,10	1891	21,50	5,75
1866	*22,00*	8,75	1892	21,25	*4,70*
1867	23,00	8,70	1893	18,00	4,80
1868	24,00	*8,60*	1894	17,00	5,00
1869	25,00	8,60	1895	17,00	5,10
1870	28,00	8,60	1896	*17,00*	5,20
1871	40,00	8,75	1897	23,00	5,50
1872	45,00	9,00	1898	25,00	**6,00**
1873	**50,00**	11,80	1899	25,00	6,10
1874	35,00	**11,90**	1900	26,00	5,00
1875	35,00	9,80	1901	26,00	4,20
1876	30,00	9,75	1902	26,00	4,25
1877	25,00	9,50	1903	27,00	4,20
1878	19,00	9,90	1904	**27,00**	*4,30*
1879	18,00	8,50	1905	—	4,50
1880	*18,00*	7,51	1906	—	5,50
1881	18,30	7,20	1907	—	5,75
1882	18,80	7,20	1908	—	**6,25**
1883	20,00	7,20	1909	—	5,75
1884	23,00	7,25	1910	—	4,25
1885	24,50	7,00			

[1] Heynemann, „Die Ziegelindustrie".
[2] Handelskammerbericht von Berlin 1910.

Literatur-Verzeichnis.

Zur Wohnungsfrage.

Abele, Weiträumiger Städtebau und Wohnungsfrage, Stuttgart 1900.

Arminius, Die Großstädte in ihrer Wohnungsnot. Leipzig 1877.

P. F. Aschrott, Errichtung und Verwaltung großer Arbeiter- und Miethäuser in Berlin, 1890.

Ballod, Karl, Wohnungsfragen und Gartenstadtproblem, Schmollers Jahrbuch für Gesetzgebung, Verwaltung und Volkswirtschaft, Bd. 32.

— Die Terraingesellschaften, Schmollers Jahrbuch, Bd. 32.

Baumert, Zum preußischen Wohnungsgesetzentwurf. Berlin 1901.

A. Beck, Die Mannheimer Wohnungsfrage und die Bau- und Bodenpolitik der Stadtgemeinde, 1907.

Bericht über den ersten allgemeinen deutschen Wohnungskongreß in Frankfurt a. M. Berlin 1905.

Bericht über den 6. Internationalen Wohnungskongreß in Düsseldorf. Berlin 1903.

A. Bosse, Die Förderung des Arbeiterwohnungswesens durch die Landesversicherungsanstalten. Jena 1909.

Braun, Adolf, Berliner Wohnungsverhältnisse. Berlin 1893.

Brentano, Die Wohnungszustände und die Wohnungsreform in München. München 1904.

Brett, Johann, Viktor, Nationalökonomie des Bodens. Berlin 1908.

Bruch, E., Berlins bauliche Zukunft und der Bebauungsplan. Berlin 1870.

Brückner, Die Entwicklung der großstädtischen Bevölkerung im Deutschen Reich. Allg. statist. Archiv 1890.

Bücher, Karl, Die Wohnungsenquete der Stadt Basel. Basel 1891.

Cahn, Ernst, Das Schlafstellenwesen und seine Reform. Stuttgart 1898.

Croner, Der Grundbesitzwechsel in Berlin. Berlin 1906.

Diestelkamp, Die Wohnungsverhältnisse unserer ärmeren Klassen. Berlin 1886.

Dunker, Ein Beitrag zur Statistik der Berliner Wohnungsverhältnisse, Monatsschrift für deutsches Städtewesen, 1857.

Eberstadt, R., Städtische Bodenfragen. Berlin 1894. — Rheinische Wohnungsverhältnisse und ihre Bedeutung für das Wohnungswesen in Deutschland. Jena 1903. — Die Spekulation im neuzeitlichen Städtebau. Jena 1907. — Die städtische Bodenparzellierung in England. Berlin 1908. — Handbuch des Wohnungswesens und der Wohnungsfrage. Jena 1910. — Unser Wohnungswesen und die Notwendigkeit der Schaffung eines preußischen Wohnungsgesetzes. Jena 1910.

Einfluß der Baugesellschaften zur ungeteilten Hand auf das Dresdener Baugewerbe in den Jahren 1902 bis 1905. Ratsdrucksache 128. Dresdener Stat. Amt 1907.

Faucher, Die Bewegung für Wohnungsreform, Vierteljahrschrift für Volkswirtschaft und Kulturgeschichte. Bd. 11 und 13.

Freudenberg, Karl, Das Verhältnis von Mietzins und Verschuldung in der Stadt Mannheim. Karlsruhe 1906.

— Grundrente und Grundkredit und die Entwicklung der Grundstückspreise in Karlsruhe, 1907.

Freund, Richard, Zur Berliner Arbeiterwohnungsfrage, 1892.

Fuchs, K. J., Zur Wohnungsfrage. Leipzig 1904.

— Die Wohnungsfrage, Entwicklung der deutschen Volkswirtschaftslehre, 1908.

— Über städtische Bodenrente, Archiv für Sozialwissenschaft und Sozialpolitik, 1907.

Gaebler, Idee und Bedeutung der Berliner gemeinnützigen Baugesellschaft. Berlin 1848.

Die Großstadt. Dresden 1903.

Hartmann, M., Die Bewegung städtischer Grundstücke in Preußen. Berlin 1907.

Der Berliner Hausbesitzer Not und Plage. 1880.

Heiß, Cl., Wohnungswesen und Lokalverkehr, Schmollers Jahrbuch 1902.

Hirschberg, E., Die Wohnungsfrage und die Eingemeindung der Berliner Vororte. Berlin 1905.

Hoffmann, C. W., Die Wohnungen der Arbeiter und Armen. Berlin 1852.

Huber, V. A., Die Wohnungsnot, Ausgewählte Schriften, 1861.

Jäger, Eugen, Die Wohnungsfrage. Berlin 1902/3.

Jolles, Hugo, Die allgemeine Monopolrente des städtischen Grundbesitzes, Zeitschrift f. d. gesamt. Staatswissensch. Bd. 62. 1906.

Karrer, Der Bauschwindel und der Schutz der Bauhandwerker. Zürich 1900.

Knies, K., Über die Wohnungsverhältnisse der unteren Volksschichten in Baden, Zeitschr. f. d. gesamt. Staatswissensch. 5. Bd. 1859.

Kohn, Albert, Unsere Wohnungsenquete im Jahre 1902 bis 1905. Berliner Ortskrankenkasse für die Gewerbebetriebe der Kaufleute, Handelsleute und Apotheker.

K o s k a , M., Die Förderung der Wohnungsfrage durch Baugenossenschaften.

K u n t z e , E d u a r d , Das Jubiläum vom Vogtland oder die Geschichte der Gründung und Entwicklung der Rosenthaler Vorstadt, Berlin 1855.

K r o k i s i u s , Die Berliner gemeinnützige Baugesellschaft. Berlin 1896.

L e d e r e r , E m i l , Die Unternehmungsform im Baugewerbe. Zeitschrift für Volkswirtschaft, Sozialpolitik und Verwaltung. 1908. Bd. 27.

— Die Spekulation im neuzeitlichen Städtebau, Archiv für Sozialpolitik und Gesetzgebung, Bd. 28. 1909.

L e t t e , Die Wohnungsfrage. 1866.

M a h r a u n , Die Ordnung der Arbeiterwohnungsfrage. Berlin 1888.

M a n e s , A l f r e d , Mietversicherung. Berlin 1908.

M a n g o l d t , K. v., Die städtische Bodenfrage, 1907.

M e i n e r , Bodenspekulation und Recht der Stadterweiterung in Plauen. Leipzig 1907.

M e y e r , J. A., Die wirtschaftlichen Verhältnisse des Grund und Bodens in der Stadt Gießen. Paderborn 1903.

M e w e s , W i l h e l m , Bodenwerte, Bau- und Bodenpolitik in Freiburg i. Br. während der letzten 40 Jahre. Karlsruhe 1905.

M i l d s c h u h , W., Mietzinsen und Bodenrente in Prag, 1869 bis 1902. (Vorwort von Wieser über die Theorie der städtischen Grundrente.) 1909.

M i t t e i l u n g d e s S t a t i s t i s c h e n A m t s d e r S t a d t D r e s d e n , 17. Heft. Die Lage des Dresdener Wohnungsmarktes 1901 (die Methode der Wohnungsstatistik).

M o h r , P a u l , Beiträge zur Frage der Bodenspekulation und ihrer Gewinne, Schmollers Jahrbuch, 31. Jahrgang. 1907.

O p p e n h e i m e r , F. v., Die Wohnungsnot und Wohnungsreform in England. Leipzig 1900.

O r t h , A., Zur baulichen Reorganisation der Stadt Berlin. Berlin 1875.

P a b s t , F r i t z , Ist die Grundrente an der Peripherie einer Stadt eine allgemeine Monopolrente? Jahrbuch für Nationalökonomie und Statistik, 33. Bd. 1907.

P e t e r , H e i n r i c h , Wert und Preis unbebauter Liegenschaften in modernen Großstädten. Karlsruhe 1910.

P h i l i p p o v i c h , E. v., Wohnungsverhältnisse in österreichischen Städten, insbesondere in Wien. Soziale Verwaltung in Österreich, Bd. 1, Heft 7. 1900.

P o h l e , L., Der Wohnungsmarkt unter der Herrschaft der privaten Bauspekulation. Zeitschr. f. Sozialwissensch. 1904.

— Die neuere Entwicklung der Wohnungsverhältnisse in Deutschland. Göttingen 1905.

— Die Wohnungsfrage. Leipzig 1910.

R e i c h a r d t , E., Die Grundzüge der Arbeiterwohnung. Berlin 1885.

Renauld, Johann Ritter v., Beiträge zur Entwicklung der Grundrente und Wohnungsfrage in Münden. 1904.

Roscher, H., Wohnungsstudien. Hamburg 1900.

Ruthenberg, Monatsschrift für deutsches Städtewesen, 1857.

Schäffler, A. und Paul Lechner, Nationale Wohnungsreform. Berlin 1895.

Schasler, Max, Villa oder Mietskaserne. Berlin 1868.

Schlesinger, Maximilian, Ziele und Zwecke der Berliner Mieterbewegung. Berlin 1888.

Schmidt, Hermann, Citybildung. 1909.

Schmoller, Gustav, Ein Mahnruf in der Wohnungsfrage. Zur sozialen Gewerbepolitik der Gegenwart. Leipzig 1890.

Schott, S., Das Wachstum deutscher Großstädte. Jahrbuch deutscher Städte, Bd. 11, Bd. 12.

Steinbrück, Karl, Die Entwicklung der Preise des städtischen und ländlichen Immobiliarbesitzes für Halle. Jena 1900.

Sinzheimer, L., Die Arbeiterwohnungsfrage. Stuttgart 1902.

Streuli, Adolf, Die Züricher Liegenschaftskrise. Zürich 1902.

Schriften des Vereins für Sozialpolitik. Bd. 30 und Bd. 31. Die Wohnungsnot der ärmeren Klassen in deutschen Großstädten (1886). — Bd. 94—97. Neue Untersuchungen über die Wohnungsfrage in Deutschland und im Ausland (1901). — Bd. 98. Verhandlungen der Generalversammlung (1902).

Trefzer, Fritz, Die Grundpreise in der Stadt Bern. 1894.

Untersuchungen über die Wohnungsverhältnisse der ärmeren Klassen in Berlin. Berlin 1893.

Verhandlungen der Eisenacher Versammlung zur Besprechung der sozialen Frage. Leipzig 1873.

Voigt, Andreas und Paul Geldner, Kleinhaus und Mietkaserne. Berlin 1905.

Voigt, Paul, Hypothekenbanken und Beleihungsgrenze. 1899.

— Grundrente und Wohnungsfrage in Berlin und den Vororten. Jena 1901.

Wagner, Adolph, Wohnungsnot und städtische Bodenfrage. Berlin 1901.

Walker, Karl, Die großstädtische Wohnungsnot. 1892.

Weber, Adolf, Über Bodenrente und Bodenspekulation in der modernen Stadt. Leipzig 1904.

— Boden und Wohnung. Leipzig 1908.

— Über das Leaseholdsystem, Archiv f. Sozialwissensch. Bd. 20.

Wieck, L., Die Terraingesellschaften und ihr Verhältnis zur Berliner Bautätigkeit. Berlin 1886.

Wiß, E., Über die Wohnungsfrage in Deutschland. Berlin 1872.

Die Wohnungsfrage, herausgegeben vom Zentralverein für das Wohl der arbeitenden Klassen. Berlin 1865.

Die Wohnungsfrage und das Reich. Göttingen 1900.
Wolff, Hellmuth, Haushöhe und Hausrente, Beitr. zur Statistik der Stadt Halle a. S. 1909. Heft 2.

Zum Realkredit.

Becker, E. J., Die Reform des Hypothekenbankwesens als Aufgabe des Norddeutschen Bundes. Berlin 1867.
Die Beleihung eines Berliner Grundstücks mit Neuen Berliner Pfandbriefen. 1909.
Brämer, H., Die Grundkreditinstitute in Preußen, Zeitschr. des preuß. statistischen Bureaus. Jahrg. 1867.
Braun, Die projektierte Hypothekenbank und der Kredit des Grundstücksbesitzers. Berlin 1848.
Berliner Gewerbe-, Industrie- und Handelsblatt. 1845.
Budde, Beiträge zum Reichs-Hypothekenbankgesetz. 1900.
Ehrlich, P., Das Reichshypothekenbankgesetz und seine wirtschaftliche Bedeutung. 1909.
Engel, E., Der Grundkredit und das Kapitalbedürfnis der Grundbesitzer befriedigt durch eine Preußische Bodenkreditbank. Berlin 1862.
— Ein Reformprinzip für Sparkassen, gleichzeitig ein Vorschlag zur Abhilfe der Kreditnot. Zeitschr. d. Kgl. Statistischen Bureaus. 1867.
— Hypotheken, Obligationen ausgebende Grundkreditinstitute, Zeitschr. d. Kgl. preuß. Stat. Bureaus. 1875.
Fränken, Karl, Der Staat und die Hypothekenbanken. Leipzig 1904.
Goldschmidt, Julian, Die deutschen Hypothekenbanken. 1880.
— Zur Kritik der deutschen Hypothekenbanken. Schmollers Jahrbuch, Jahrgang 25. 1901.
Haberland, Georg, Baugewerbe und Bauschwindel. 1894.
— Verluste der Bauhandwerker. 1895.
— Bauschöffenämter. 1896.
— Für das Bauhandwerk. 1902.
— Groß-Berlin. 1904.
— Der preußische Gesetzentwurf zur Verbesserung der Wohnungsverhältnisse. 1904.
— Kritik des Gesetzentwurfs zur Sicherung der Bauforderungen. 1906.
Hecht, Felix, Die deutschen Hypothekenbanken. 1903.
Heymann, E., Vor dem neuen Krach. 1878.
Hilbert, L., Die Kapitalanlage der Versicherungsgesellschaften. 1908.
Kletke, Die Geldkrise und der Pauperismus. Berlin 1847.
Knoblanck, Karl, Vervollständigte Vorschläge zu einer städtischen Pfandbriefkreditordnung. Frankfurt a. O. 1857.
Lehmann, Bodo, Bodenkredit und Hypothekenbanken. Berlin 1903.

L i m a n n , K a r l , Die Ursachen der Krisis der Hypothekenbanken. 1901.

L ö h r , J o s e f , Die volkswirtschaftliche Bedeutung der Hypothekenbanken. 1908.

M a s c h e r , J. A., Das deutsche Grundbuch- und Hypothekenwesen. Berlin 1869.

M ü l l e r - F ü h r e r , Die Hypothekenbankprozesse. Berlin 1904.

O e r t m a n n , Das Pfandrecht der Bauhandwerker. Konrads Jahrb. 3. Folge, Bd. 5.

O s s e n b a c h , Der städtische Realkredit und seine Beschaffung durch Gegenseitigkeitsinstitute der städtischen Hausbesitzer. Konrads Jahrb. Bd. 36. 1908.

P a b s t , F r i t z , Städtische Landschaften. Finanzarchiv 1909.

P i n n e r , M., Denkschrift für die Hauswirte Preußens, insbesondere Berlins. Berlin 1868.

R o d b e r t u s - J a g e t z o w , Zur Erklärung und Abhilfe der heutigen Kreditnot des Grundbesitzes. Berlin 1858.

— Die Handelskrisen und die Hypothekennot der Grundbesitzer.

S c h l e g e l , K a r l , Wie legt man Gelder in Hypotheken und Grundstücken an. Berlin 1906.

S c h m i d t , K a r l , Die Hypothekenbanken und der großstädtische Realkredit. Berlin 1899.

S c h n e i d e r , J., Praktische Ratschläge zur Beschaffung von Hypotheken. Berlin 1901.

D a s S p a r k a s s e n w e s e n i n D e u t s c h l a n d , Zentralverein für das Wohl der arbeitenden Klassen. 1864.

S t r a ß , K. F., Über die Idee eines städtischen Pfandbriefamtes für Berlin und andere Orte. Berlin 1845.

W i e g a n d , A u g u s t , Hypothekennot und das Pfandbriefsystem. Halle 1867.

W a s m u ß m a n b e i m A n k a u f u n d V e r k a u f v o n H ä u s e r n , G r u n d s t ü c k e n u n d B a u s t e l l e n w i s s e n ? Berlin 1904.

W e y e r m a n n , Zur Geschichte des Immobiliarkreditwesens in Preußen. Karlsruhe 1911.

Zur Wirtschaftsgeschichte.

A l b e r t , H e r m a n n , Die geschichtliche Entwicklung des Zinsfußes in Deutschland, 1895 bis 1908. Straßburg 1910.

B a m b e r g e r , L., Die 5 Milliarden. 1876.

B e r g m a n n , E u g e n v., Geschichte der nationalökonomischen Krisentheorie. 1895.

B e r l i n u n d s e i n e E i s e n b a h n e n , herausgegeben vom Ministerium der öffentlichen Arbeiten 1896.

B o u n i a t i a n , M e n t o r , Wirtschaftskrisen und Überkapitalisation. München 1908.

B u c h m a n n , E., Die Entwicklung der großen Berliner Straßenbahn. Berlin 1910.

D i e d e r i c i , Volkswohlstand. 1846.

E b e r s t a d t , R u d o l f , Die gegenwärtige Krise, ihre Ursachen und die Aufgabe der Gesetzgebung. Berlin 1902.

Eberstadt, Rudolf, Der deutsche Kapitalmarkt. Leipzig 1901.

Eßlen, Josef, Konjunktur und Geldmarkt, 1902—1908. Stuttgart 1909.

Eulenburg, F. R., Die gegenwärtige Wirtschaftskrise. Jahrb. f. Nationalökonomie, Bd. 26. 1902.

Frese, Wohnungsnot und Absatzkrise. Jahrb. f. Nationalökonomie. 3. Folge, Bd. 6.

Giertz, Alex, Chronik der Gemeinde Weißensee b. Berlin.

Grandke, H., Die Entstehung der Berliner Wäscheindustrie im 19. Jahrhundert. Schmollers Jahrb. 24. 1894.

Heinemann, Die Ziegelindustrie. Leipzig 1909.

Helfferich, Die österreichische Valuta seit dem Jahre 1848. Tübinger Zeitschr. für die gesamten Staatswissenschaften. Bd. 11.

Helfferich, Die Reform des deutschen Geldwesens nach dre Gründung des Reiches. Leipzig 1899.

Holtze, Geschichte der Stadt Berlin. 1906.

Homburger, Paul, Die Entwicklung des Zinsfußes in Deutschland, 1870—1903. 1905.

Huber, 40 Jahre deutscher Wirtschaftsgeschichte. Stuttgart 1906.

Juglar, Clement, Des crises commerciales et de leur retour périodique. Paris 1889.

Kahn, Julius, Die Geschichte des Zinsfußes in Deutschland seit 1815—1884.

Lamprecht, Karl, Zur jüngsten deutschen Vergangenheit. 1905.

Liefmann, Einfluß des Baugewerbes auf die Krisen. Schmoll. Jahrb. 1902, S. 229.

Maync, R., Der Diskont. Jena 1899.

Michaelis, Die Handelskrise von 1857.

Mohr, Paul, Die deutsche Zementindustrie. Schmollers Jahrb. 1902.

Meuriot, Des agglomérations urbains dans l'Europe contemporaine 1897.

Neurath, Die Wirtschaftskrisen, Wien 1897.

Oechelhäuser, Die wirtschaftliche Krise 1876.

Oehlert W., Der kleine Tiergarten. 1906.

Oldenberg, K., Zur Theorie der volkswirtschaftlichen Krisen. Schmollers Jahrbuch 29. 1903.

Oldenberg, Das deutsche Baugewerbe. 1888.

Pohle, L., Bevölkerungsbewegung, Kapitalbildung und periodische Wirtschaftskrisen. 1902.

— Die Entwicklung der deutschen Volkswirtschaft im 19. Jahrhundert.

Poschinger, Bankwesen und Bankpolitik in Preußen. Berlin 1878 und 1879.

Prion, W., Das deutsche Wechseldiskontgeschäft. Leipzig 1907.

Roscher, W., Zur Lehre von den Absatzkrisen. 1849/1886.

Die Reichsbank, 1876/1900. Berlin 1900.

Schmoller, Gustav, Zur Geschichte des deutschen Kleingewerbes im 19. Jahrhundert. 1870.
Schumpeter, Über das Wesen der Wirtschaftskrise. Zeitschrift für Volkswirtschaft, Sozialpolitik und Verwaltung, 19. Bd. 1910.
Schwabe, H., Berliner Südwest- und Zentralbahn. Berlin 1893.
Saß, Fr., Berlin und seine neueste Zeit und Entwicklung. Leipzig 1846.
Sombart, Der moderne Kapitalismus. Leipzig 1902.
— Die deutsche Volkswirtschaft im 19. Jahrhundert. Berlin 1905.
— Versuch einer Systematik der Wirtschaftskrisen. Archiv 1904.
Spangenberg, Geschichte der Berliner Börse. 1903.
Spiethoff, A., Die Quantitätstheorie. Festgabe für Wagner.
— Bemerkungen zu einer Theorie der Überproduktion. Schmoll. Jahrb. 1902. Bd. 26.
— Die Krisentheorie von Tugan-Baranowsky und L. Pohle. Schmollers Jahrbuch 1903, Bd. 27.
— Die äußere Ordnung des Kapital- und Geldmarktes. — Das Verhältnis von Kapital, Geld und Güterwelt. — Der Kapitalmangel in seinem Verhältnis zur Güterwelt. Schmollers Jahrbuch, Bd. 33. 1909.
Soetbeer, Die 5 Milliarden. 1874.
Streckfuß, 100 Jahre Berliner Geschichte. Berlin 1886.
Troeltsch, Walter, Über die neuesten Veränderungen im deutschen Wirtschaftsleben. Stuttgart 1899.
Tugan-Baranowsky, Studien zur Theorie und Geschichte der Handelskrise in England. 1901.
Voye, Ernst, Über die Höhe der verschiedenen Zinsarten in Preußen und ihre wechselseitige Abhängigkeit. 1902.
Wagon, Die finanzielle Entwicklung der deutschen Aktiengesellschaften. Jena 1903.
Wasserrab, Preise und Krisen. Stuttgart 1889.
Wiedfeldt, Otto, Berliner Industrie 1720—1890. Leipzig 1898.
Wirth, Max, Geschichte der Handelskrisen. 1882.

Berichte der Gemeindeverwaltung der Stadt Berlin 1840—1905
Berliner Statistisches Jahrbuch für Volkswirtschaft und Statistik. 1867—71.
Statistisches Jahrbuch der Stadt Berlin, 1872—1907.
Berichte über die Berliner Bevölkerungs- und Wohnungsaufnahmen, 1861—1905.
Mitteilungen des Statistischen Amts der Stadt Berlin, Nr. 2.
Statistische Monatsberichte von Groß-Berlin 1910—1911.
Veröffentlichungen des Charlottenburger Statistischen Amts 1895—1910.
Vierteljahrsberichte des Statistischen Amts der Stadt Schöneberg, 1908—1911.
Verwaltungsbericht der Stadt Rixdorf, 1908—1909.

Verwaltungsbericht der Stadt Lichtenberg, 15. Oktober 1907 bis 31. März 1909.
Verwaltungsbericht der Stadt Deutsch-Wilmersdorf, 1. April 1906 bis 31. März 1909.
Wilmersdorfer Blätter 1897—1911.
Verwaltungsberichte des Kgl. Polizeipräsidiums von Berlin 1871—1900.
Berichte des Berliner Pfandbriefamts, 1878—1905.
Jahresberichte der Handelskammer zu Berlin 1902—1910.
Bericht über Handel, Industrie in Berlin, 1851—1902.
Berliner Jahrbuch für Handel und Industrie 1902—1910.
Berichte über die Hypothekenbewegung in Berlin 1843—1872 im Justizministerialblatt.
Jahresberichte über den Grundstücks- und Hypothekenmarkt 1867—1910 in der Vossischen Zeitung.
Jahresberichte des Vereins Berliner Grundstücks- und Hypothekenmakler 1897—1910.
Deutscher Ökonomist 1883—1910.
Verwaltungsberichte der Reichsbank 1897—1910.
Handel und Wandel, 1901—1902, herausgegeben von R. Kalwer.
Das Wirtschaftsjahr 1903—1907, herausgegeben von R. Kalwer.
Geschäftsberichte der Berliner Großbanken, Hypothekenbanken und Berliner Terraingesellschaften.[1]
Geschäftsberichte des Kaiserlichen Aufsichtsamts für Privatversicherungen 1902—1910.
Zeitschrift des preußischen statistischen Bureaus.
Zeitschrift für Kapital und Rente.
Hübners Jahrbuch für Volkswirtschaft und Statistik.

[1] Die ich durch die Freundlichkeit des Herrn Direktor Schacht im Archiv der Dresdener Bank einsehen konnte.

Kolibri 360 GmbH
Ferdinand-Jühlke-Straße 7
99095 Erfurt, Deutschland
produktsicherheit@kolibri360.de

Druck:
CPI Druckdienstleistungen GmbH
im Auftrag der
Kolibri 360 GmbH
Ferdinand-Jühlke-Str. 7
99095 Erfurt